国家示范性高等职业院校重点建设专业教材

筑路材料及试验检测

Zhulu Cailiao ji Shiyan Jiance

主　编　刘　志

副主编　韦锦兵

主　审　周德军

人民交通出版社

内 容 提 要

　　本书是国家示范性高等职业院校重点建设专业教材,以工作任务驱动的方式,把学习内容和工作过程、技术理论知识和实践知识,专业能力、方法能力和社会能力进行整合。全书共分三个学习情境,分别为施工进场阶段常用材料及试验,路基、桥梁施工阶段的材料及试验,路面施工阶段的材料及试验。

　　本书是高等职业院校道路桥梁工程技术专业教学用书,也可作为路桥类工程技术人员的培训教材或自学用书。

图书在版编目（ＣＩＰ）数据

筑路材料及试验检测/刘　志主编. —北京:人民
交通出版社,2010.9
国家示范性高等职业院校重点建设专业教材
ISBN 978-7-114-08644-1

Ⅰ.①筑…　Ⅱ.①刘…　Ⅲ.①道路工程—建筑材料—
高等学校:技术学校—教材②道路工程—建筑材料—试验
—高等学校:技术学校—教材　Ⅳ.①U414

中国版本图书馆 CIP 数据核字(2010)第 167530 号

书　　名:	国家示范性高等职业院校重点建设专业教材
	筑路材料及试验检测
著 作 者:	刘　志
责任编辑:	戴慧莉
出版发行:	人民交通出版社
地　　址:	(100011)北京市朝阳区安定门外外馆斜街 3 号
网　　址:	http://www.ccpress.com.cn
销售电话:	(010)59757973
总 经 销:	人民交通出版社发行部
经　　销:	各地新华书店
印　　刷:	北京盈盛恒通印刷有限公司
开　　本:	787×1092　1/16
印　　张:	14
字　　数:	361 千
版　　次:	2010 年 9 月　第 1 版
印　　次:	2014 年 1 月　第 3 次印刷
书　　号:	ISBN 978-7-114-08644-1
定　　价:	32.00 元

贵州交通职业技术学院教材编写委员会

序

《教育部关于全面提高高等职业教育教学质量的若干意见》（教高［2006］16号）明确指出："高等职业教育作为高等教育发展中的一个类型，肩负着培养面向生产、建设、服务和管理第一线需要的高技能人才的使命"。探索类型发展道路、构建高技能人才培养模式、开发特色教学资源，是高职院校的历史责任。

2007年，贵州交通职业技术学院被列为国家示范性高等职业院校建设单位。国家示范性院校建设的核心是专业建设，而课程和教材又是专业建设的重要内容之一。如何通过课程的建构来推动人才培养模式的改革和创新？教材编写工作又如何与学校人才培养模式和课程体系改革相结合？如何实现课程内容适合高素质技能型人才的培养？这均是学院示范性建设中的重要命题。

令人欣慰的是学院教师历经3年的不断探索和实践，为学院示范建设作出了功不可没的成绩。其中教材建设就是部分成果的体现，也是全体专业教师、一线工程技术人员共同的智慧结晶和劳动成果。在这些教材中，既有工学结合的核心课程教材，也有专业基础课程教材。无论是哪种类型的教材，在编写中，学院都强调对教材内容的改革与创新，强调示范性院校专业建设成果在教材中的固化，强调教材为高素质技能型人才培养服务，强调教材的职业适应性。因为新教材的使用，必须根植于教学改革的成果之上，反过来又促进教学改革目标的实现，推进高职教育人才培养模式改革。

本教材与传统教材相比有如下三个方面的特点：

第一，该教材由原来传统知识体系的章节结构形式，改为工作过程的项目、模块结构形式；教材中的项目来源于岗位工作任务分析确定的工作项目所设计的教学项目，教材中的模块来源于完成工作项目的工作过程。

第二，教材的内容不再依据相关学科的理论知识体系，而来源于相应岗位的工作内容。教学内容的选取依据完成岗位工作任务对知识和技能的要求，建立在行业专家对相应岗位工作任务分析结果和专业教师深入行业进行岗位调研结果的基础上。注重学生实践训练、培养学生完成工作的能力。

第三，教材不再停留在对课程内容的直接描述，而是十分注重对教学过程的设计，注重学生对教学过程的参与。在教材的各个项目之前，一般都提出了该项目应该完成的工作任务，该任务可能是学习性的工作任务，也可能是真实的工作任务。

在这些教材的编写过程中，也倾注了相关企业有关专家的大量心血和辛勤劳动，在此谨向他们表示衷心的感谢！由于开发时间短，教学检验尚不充分，错误和不当之处难免，敬请专家、同行指教。

贵州交通职业技术学院教材编写委员会

2009.11.20

前　言

本教材以国家和交通运输部颁布的最新技术标准、规范和试验规程为依据,以充分体现任务引领、实践导向课程的设计思想,紧紧围绕不同施工阶段所涉及的筑路材料试验编写。在编写过程中,注重理论联系实际,将职业知识和职业意识教育相结合,强调现代教学技术手段与教学课件的综合运用和教学效果,力求使教材具有职业教育的特色以及具有针对性和可操作性,突出对学生的技术和技能的培养,注重学生综合素质的提高,充分体现高等职业教育的特点。

本书共分三个学习情境,分别是:施工进场阶段常用材料及试验,路基、桥梁施工阶段的材料及试验,路面施工阶段的材料及试验。

本书由贵州交通职业技术学院刘志主编,韦锦兵任副主编,杨婕、李琼参与编写,贵州交通职业技术学院试验检测中心周德军主审。具体分工是:引言、学习情境三由刘志和韦锦兵编写;学习情境一由杨婕编写;学习情境二由李琼编写。在教材的编写过程中,编者得到了贵州交通职业技术学院领导、老师和有关专家的指导和帮助,在此一并表示感谢。

由于编者学术水平和教学经验有限,教材中内容难免存在错误和疏漏,欢迎广大读者提出宝贵意见,以便修改和补充。

编　者

2010 年 5 月

目　　录

引　言

"筑路材料及试验检测"是一门研究道路、桥梁和排水工程建筑所用材料组成、性能、技术标准、检验方法和应用的一门学科,它既是学习专业课的必备基础知识,又是一门实用的专业技术。

本教材主要针对道路工程专业,因此定名为《筑路材料及试验检测》。筑路材料是道路桥梁工程结构建筑的物质基础,其性能对这些结构物的使用性能、耐用性能起着关键性的作用,也与工程造价密不可分,道路材料费用在道路工程总造价中占 40% ~ 70%。合理地选择和使用材料,充分发挥材料的性能,延长其使用寿命,同时确保经济合理,对道路工程施工具有一定的实用意义。

对《筑路材料及试验检测》课程的设计,是以实际工作任务为引领,以道路建设中各阶段涉及的材料为主线,贯穿课程的始终。将筑路材料及试验检测项目分解为:施工进场阶段常用材料及试验,路基、桥梁施工阶段的材料及试验,路面施工阶段的材料及试验,以此进行内容安排,让学生掌握每一阶段材料知识的应用过程。

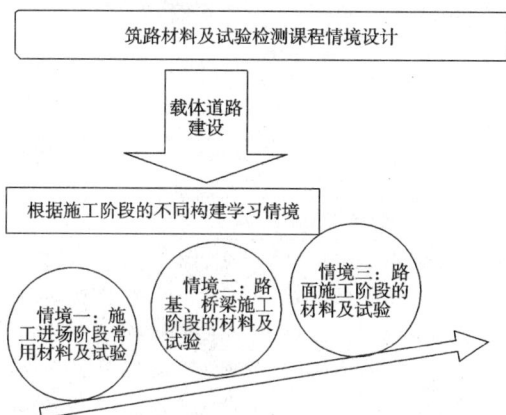

（一）筑路材料及试验检测的具体任务

序号	具 体 任 务
1	论述材料组成、结构、技术性质及其它们之间的关系
2	论述材料的检验方法,利用试验评定其技术性质
3	通过学习本课程,可以使学生们掌握材料的性能,选择和鉴定材料并能够正确使用材料

（二）道路材料及试验检测的研究对象与工程作用

		道路材料试验检测的研究对象
1	原材料	原材料包括砂石材料、胶结料类、钢材及工程聚合物材料
2	混合料	混合料包括水泥混凝土及砂浆、沥青混合料、无机结合料稳定材料及碎(砾)石混合料

	道路材料试验检测的工程作用	
1	砂石材料	砂石材料包括人工开采的岩石或轧制的碎石、天然砂砾石及各种性能稳定的工业冶金矿渣(如煤渣、高炉渣和钢渣等)。尺寸较大的块状石料经加工后,可用于砌筑道路、桥梁工程结构物或铺筑基础;松散集料可应用于生产水泥混凝土或沥青混合料,也可直接用于道路基层、垫层或低级路面层。一些具有活性的矿质材料或工业废渣,如粒化高炉矿渣、粉煤灰等经加工后可作为水泥原料
2	胶结料类	道路、桥梁结构物中的常用胶结料有水泥、沥青和石灰等,用于将松散的矿质集料胶结在一起,经捣实或压实后,成为具有一定强度的整体材料
3	钢材	钢材是重要的建筑材料,具有较高的强度和硬度,有一定的塑性和韧性,并能进行焊接、铆接和切割等工艺,因而广泛应用于建筑工程中。主要应用于桥梁结构及钢筋混凝土结构中
4	工程聚合物材料	用于路桥结构中的工程聚合物材料有塑料(合成树脂)、橡胶和纤维等。这些材料可以作为胶结料、填缝料、土工格栅,也可用于工程材料性能的改善,如聚合物水泥混凝土、改性沥青等
5	水泥混凝土及砂浆	水泥混凝土是道路、桥梁结构中使用较多的工程材料,主要由水泥与砂石材料组成。它具有较高的强度和刚度,能承受较繁重的车辆荷载作用,故主要用于桥梁结构和高等级道路面层结构。水泥砂浆主要由水泥和细集料组成,用于砌筑和抹平结构物中
6	沥青混合料	以砂石材料和沥青材料组成的各种沥青混合料,如沥青混凝土、沥青碎石等,具有较高的强度、柔韧性和耐久性,是高等级道路的面层结构及桥梁结构铺装层的重要材料
7	无机结合料稳定材料	以少量水泥、石灰(粉煤灰)稳定土或稳定碎(砾)石组成的混合料,具有一定的强度和扩散应力的能力,但不耐磨,耐久性较差,是高等级道路路面基层材料或低级路面层常用的材料
8	碎(砾)石混合料	各种碎石或砾石混合料,具有一定的承载能力,但易松散、耐久性差,它是用于道路垫层或低级路面的基层或面层的材料

(三)道路材料及试验检测的研究内容

	道路材料试验检测的研究内容	
1	道路材料的组成与结构	材料的基本性质在很大程度上取决于材料的组成(化学组成、矿物成分)、结构等内部因素。由于近代测试手段的发展,对材料组成结构与性能之间的关系有了较深刻的认识。这对于合理使用材料、进一步改进和完善材料性质、发展新材料有重要意义
2	道路材料的物理性质	常用的基本物理性能指标为:物理常数(密度、孔隙率、空隙率)和吸水率。材料的物理常数可用于计算材料用量、配合比设计,且能反映其内部组成和构造;既与其吸水性有关,又与其力学性质及耐久性关系密切
3	道路材料的力学性质	在行车荷载作用下,道路材料将承受较大的竖向力、水平力和冲击力以及车轮的磨损作用。本课程将研究道路材料的强度、变形行为、抗磨性能等力学性能,以及这些性能的影响因素及评价方法和指标,并进一步考虑在不同的温度和时间条件下这些力学性能的变化规律
4	道路材料的耐久性	裸露于自然环境中的结构物,将受到各种自然因素的侵蚀作用,如温度变化、冻融循环、氧化、酸碱腐蚀等。本课程将根据道路材料所处的结构部位、环境条件,综合考虑引起材料性质衰变的外界条件和材料自身的内在原因,从而全面了解道路材料抵抗破坏的能力
5	道路材料的工艺性	工艺性是指材料适合于按一定工艺要求加工的性能。所选择的材料或混合料能否在现行的施工条件下,通过必要操作工序、技术性能达到预期的目标,并满足使用要求,这也是选择材料和确定设计参数时必须考虑的重要因素
6	道路材料技术性质试验	在工程实践中,都是通过试验来检测筑路材料的技术性质是否符合技术要求。将来工作在公路建设一线的高职生,必须掌握试验原理与方法

（四）道路材料的检验方法和技术标准

道路材料的检验方法和技术标准		
1	检验方法	室内、室外及模拟试验方法
2	检验内容	物理性质试验、力学性质试验、化学性质试验、工艺性质试验
3	质量检验的标准化与技术标准	目前，我国建筑材料的标准分为国家标准、行业标准、地方标准和企业标准四个等级。其中： GB →指国家标准； JTJ →交通部门基本建设方面的规范； JC →建材行业标准； SH →石油化工行业标准

（五）道路材料及试验检测的学习内容、核心技能及学习后所具备的能力

1.道路与桥梁工程技术专业学生学习本课程的主要内容
（1）无机材料的性能、组成与构造、技术、标准、检验方法；
（2）有机材料的性能、组成与构造、技术、标准、检验方法；
（3）复合材料的性能、组成与构造、技术、标准、检验方法；
（4）复合材料的组成设计。

2.道路与桥梁工程技术专业学生学习本课程的核心技能

学 习 情 境	单 元 学 习
施工进场阶段常用材料及试验 核心技能： 1.会做石料技术性质常规试验； 2.会做集料技术性质常规试验； 3.会做工程用土技术性质常规试验； 4.会做石灰、水泥技术性质常规试验； 5.会做钢材技术性质常规试验	单元1 石料 单元2 集料 单元3 石灰、水泥 单元4 稳定土材料 单元5 钢材
路基、桥梁施工阶段的材料及试验 核心技能： 1.能够进行矿质混合料的配合比设计； 2.会操作水泥混凝土技术性质常规试验仪器； 3.能够进行水泥混凝土的配合比设计； 4.能够进行砂浆配合比计算； 5.能够进行无机结合料稳定类材料的配合比设计	单元1 矿质混合料的组成设计 单元2 水泥混凝土 单元3 建筑砂浆
路面施工阶段的材料及试验 核心技能： 1.会做沥青技术性质常规试验； 2.会做沥青混合料技术性质常规试验； 3.能够进行沥青混合料的配合比设计	单元1 沥青材料 单元2 沥青混合料 单元3 新型材料的应用

3.道路与桥梁工程技术专业学生学习本课程后应具备的能力

（1）能说明道路桥梁工程常用原材料的类型、来源及用途；

（2）能说明道路桥梁工程常用原材料的技术性质评价指标；

（3）会操作道路桥梁工程常用原材料技术性质检验的仪器；

（4）能说明道路桥梁工程常用混合材料的技术性质评价指标；

（5）会操作道路桥梁工程常用混合材料技术性质检验的仪器；

（6）能进行道路桥梁工程常用混合材料的组成设计；

（7）能根据试验检测技术规范对常用原材料及混合材料的成品质量进行检查和控制。

施工进场阶段常用材料及试验

核心技能：

1. 会做石料技术性质常规试验；
2. 会做集料技术性质常规试验；
3. 会做石灰、水泥技术性质常规试验；
4. 会做稳定土技术性质常规试验；
5. 会做钢材技术性质常规试验。

单元1 石　　料

学习目标

1. 学生能够掌握石料的各种技术性质；
2. 学生能够熟练掌握石料的真密度和毛体积密度的测定，正确地操作仪器，独立完成试验并会分析试验结果。

任务描述

准备4～5种岩石试样，装在托盘中，让学生观察岩石的性状，采用简易鉴别法，确定岩石的分类，并对岩石试样进行描述。

学习引导

本学习任务沿着以下脉络进行学习：

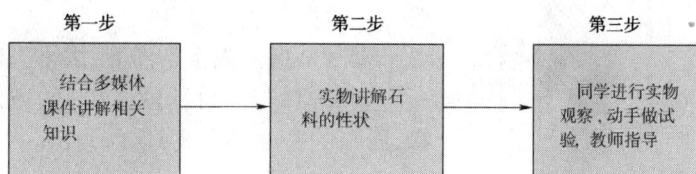

第一步	第二步	第三步
结合多媒体课件讲解相关知识	实物讲解石料的性状	同学进行实物观察、动手做试验，教师指导

一、石料概述

天然石材是采自地壳,不经过加工或经过机械加工的天然岩石所制得的材料。

天然石材具有较高的抗压强度、耐久性、耐磨性,产源分布广,便于就地取材。但石材性质较脆,抗拉强度低、表观密度大、硬度较高、开采加工困难。

相关链接 块状石材常用于砌筑基础、桥涵、挡土墙、护坡等,经人工加工成不同粒径的碎石及自然条件作用形成的卵石广泛用作混凝土的集料,并且是生产各种建筑材料的原料,如:石灰石、天然石膏等是生产硅酸盐水泥、石灰、石膏等胶凝材料的原料。

(一)岩石分类

根据生成条件,岩石可分为三大类,即岩浆岩、沉积岩、变质岩。

1.岩浆岩

岩浆岩又称火山岩,是由地壳内的岩浆冷凝而成。在地壳深处生成的称为深成岩,如花岗岩、正长岩等;由岩浆喷出地面后冷凝而成的称为喷出岩,如玄武岩、安山岩等。

2.沉积岩

沉积岩又称水成岩,是岩浆岩经过风化作用后再经沉积胶结而成。它包括化学沉积,如石膏、石灰岩等;有机沉积,如贝壳岩、白垩等;机械沉积,如砂、砾石等。

3.变质岩

变质岩是由岩浆岩、沉积岩经过高温、高压作用变质后形成的岩石。这种岩石比沉积岩更致密,如大理石、石英岩等。

(二)石料的技术性质

由于天然石材生成条件不同,所以石材的组成结构、矿物成分会有所变化,因而同一类岩石,它的性质也可能有很大差别。为了保证工程质量,在使用时必须对石材进行性质检验和鉴定。

天然石料的技术性质可分为物理性质、化学性质与力学性质。

二、石料的物理性质

石料的物理性质包括:物理常数、与水有关的性质、气候稳定性等。

(一)物理常数

石料的物理常数是石料矿物组成结构状态的反映。石料内部组成结构,主要是由矿质实体(V_s)、闭口孔隙(V_n)和开口孔隙(V_i)三部分组成。如图1-1所示为各部分的质量与体积的关系。

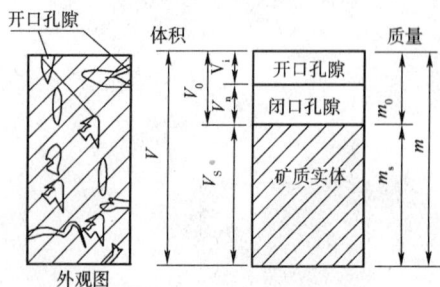

图1-1 石料结构的质量与体积关系示意图

1.密度

密度是指在规定条件下,烘干石料矿质单位体积(不包括开口与闭口孔隙体积)的质量。由图1-1可知,石料的密度可由式(1-1)表示。

$$\rho_t = m_s / V_s \qquad (1-1)$$

式中:ρ_t——石料的密度,g/cm³;

　　　m_s——石料矿质实体的质量,g;

　　　V_s——石料矿质实体的体积,cm³。

因试验是在空气中称量石料的质量,所以 $m_0 = 0$,$m_s = M$。故式(1-1)可以改写成为式(1-1′)。

$$\rho_t = M/V_s \tag{1-1′}$$

式中:M——石料试样质量,g;

　　　ρ_t、V_s 的意义同前。

石料密度的测定方法是将石料样品经磨细后,在 105~110℃的烘箱中烘干,用分析天平称取一定质量的石粉试样,置于容量瓶中,在规定的温度条件下,对不含水溶性的石粉以蒸馏水,对含水溶性的石粉以高沸点有机溶剂(如煤油),用置换法测定其体积,按式(1-1′)计算石料密度。

※※※※※※※※※※※※※※※※※※※※※※※※※※※※※※※※※※※※※※

工作任务一　石料密度试验

※※※※※※※※※※※※※※※※※※※※※※※※※※※※※※※※※※※※※※

1)试验目的和适用范围

岩石的密度(颗粒密度)是选择建筑材料、研究岩石风化、评价地基基础工程岩体稳定性及确定围岩压力等必需的计算指标。

本法用洁净水做试液时适用于不含水溶性矿物成分的岩石的密度测定,对含水溶性矿物成分的岩石应使用中性液体如煤油做试液。

2)仪器设备

(1)密度瓶:短颈量瓶,容积 100mL。

(2)轧石机、球磨机、瓷研钵、玛瑙研钵、磁铁块和孔径为 0.315mm(0.3mm)的筛子。

(3)砂浴、恒温水槽(灵敏度 ±1℃)及真空抽气设备。

(4)天平:称量 0.001g。

(5)烘箱:能使温度控制在 105~110℃。

(6)干燥器:内装氯化钙或硅胶等干燥剂。

(7)锥形玻璃漏斗和瓷皿、滴管、中骨匙和温度计等。

3)试样制备

取代表性岩石试样在小型轧石机上初碎(或手工用钢锤捣碎),再置于球磨机中进一步磨碎,然后用研钵研细,使之全部粉碎成能通过 0.315mm 筛孔的岩粉。

4)试验步骤

(1)用瓷皿称取石粉 100g,置于温度为 105~110℃的烘箱中烘至恒量,烘干时间一般为 6~12h,然后置于干燥器内冷却至室温(20℃±2℃)备用。

(2)用四分法取两份岩粉,每份试样从中称取 15g(m_1),精确至 0.001g。用漏斗灌入洗净烘干的密度瓶中,并注入试液至瓶的一半处,摇动密度瓶使岩粉分散。

(3)当使用洁净水做试液时,可采用沸煮法或真空抽气法排除气体。当使用煤油做试液时,应采用真空抽气法排除气体。采用沸煮法排除气体时,沸煮时间自悬液沸腾时算起不得少于 1h;采用真空抽气法排除气体时,真空压力表读数宜为 100kPa,抽气时间维持 1~2h,直至无气泡溢出为止。

(4)将经过排除气体的密度瓶取出擦干,冷却至室温,再向密度瓶中注入排除气体且同温条件的试液,使接近满瓶,然后置于恒温水槽(20℃±2℃)内。待密度瓶内温度稳定,上部悬液澄清后,塞好瓶塞,使多余试液溢出。从恒温水槽内取出密度瓶,擦干瓶外水分,立即称其质量(m_3)。

(5)倾出悬液,洗净密度瓶,注入排除气体并与试验同温度的试液至密度瓶,再置于恒温水槽内。待瓶内试液的温度稳定后,塞好瓶塞,将溢出瓶外试液擦干,立即称其质量(m_2)。

5)结果整理

用下式计算岩石的密度值,精确至 0.01g/cm^3:

$$\rho_t = m_1 / (m_1 + m_2 - m_3) \times \rho_{wt}$$

式中:ρ_t——石料的密度,g/cm^3;

m_1——岩粉的质量,g;

m_2——密度瓶与试液的合质量,g;

m_3——密度瓶、试液与岩粉的总质量,g;

ρ_{wt}——与试验同温度试液的密度,g/cm^3,洁净水的密度可查表,煤油的密度按下式计算:

$$\rho_{wt} = (m_5 - m_4) / (m_6 - m_4) \times \rho_w$$

式中:m_4——密度瓶的质量,g;

m_5——瓶与煤油的合质量,g;

m_6——瓶与经排除气体的洁净水的合质量,g;

ρ_w——经排除气体的洁净水的密度,可查表,g/cm^3。

以两次试验结果的算术平均值作为测定值,如两次试验结果之差大于 0.02g/cm^3 时,应重新取样进行试验。

※※※※※※※※※※※※※※※※※※※※※※※※※※※※※※※※※※※※※※※

工作任务一结束

※※※※※※※※※※※※※※※※※※※※※※※※※※※※※※※※※※※※※※※

2. 毛体积密度

毛体积密度指在规定条件下,烘干石料包括孔隙在内的单位体积固体材料的质量。由图 1-1 可知,石料包括孔隙在内的单位体积质量按式(1-2)计算:

$$\rho_h = m_s / (V_s + V_i + V_n) = M / V \qquad (1\text{-}2)$$

式中:ρ_h——石料的毛体积密度,g/cm^3;

V_i——开口孔隙体积,cm^3;

V_n——闭口孔隙体积,cm^3;

V——石料总体积,cm^3;

M、m_s、V_s 的意义同前。

块状石料体积的测定,可以采用两种方法:一种是将石料加工为规则形状的试件,用精密量具测量其几何形状计算体积;另一种是用蜡封法采用静水天平置换法求得体积,本法宜用于遇水崩解、溶解和干缩湿胀性松软石料的密度测定。

※※※※※※※※※※※※※※※※※※※※※※※※※※※※※※※※※※※※※※※

工作任务二　毛体积密度试验

※※※※※※※※※※※※※※※※※※※※※※※※※※※※※※※※※※※※※※※

1)试验目的和适用范围

岩石的毛体积密度(块体密度)是一个间接反映岩石致密程度、空隙发育程度的参数,也是评价工程岩体稳定性及确定围岩压力等必需的计算指标。根据岩石含水状态,毛体积密度可分为干密度、饱和密度和天然密度。

岩石毛体积密度试验可分为量积法、水中称量法和蜡封法。

量积法适用于能制备成规则试件的各类岩石;水中称量法适用于除遇水崩解、溶解和干缩湿胀外的其他各类岩石;蜡封法适用于不能用量积法或直接在水中称量进行试验的岩石。

2)试验仪器

(1)岩石加工设备:切石机、钻石机、磨平机及小锤等。

(2)天平:称量500g,感量0.01g。

(3)烘箱:温度应控制在105~110℃范围内。

(4)水中称量装置。

(5)游标卡尺。

3)试验步骤

(1)测天然密度时,应取有代表性的岩石制备试件并称量;测干密度时,将试件放入烘箱,在105~110℃下烘至恒重,烘干时间一般为12~24h。取出试件置于干燥容器内冷却至室温后,称干试件质量。

(2)将干试件浸入水中进行饱和,饱和方法可依岩石性质选用煮沸法或真空抽气法。

(3)取出饱和浸水试件,用湿纱布擦去试件表面水分,立即称其质量。

(4)将试样放在水中称量装置的丝网上,称取试样在水中的质量(丝网在水中质量可事先用砝码平衡)。在称量过程中,称量装置的液面应始终保持同一高度,并记下水温。

(5)本试验称量精确至0.01g。

4)试验结果整理

石料毛体积密度的计算公式为:

$$\rho_0 = m_0/(m_s - m_w) \times \rho_w$$
$$\rho_s = m_s/(m_s - m_w) \times \rho_w$$
$$\rho_d = m_d/(m_s - m_w) \times \rho_w$$

式中:ρ_0——天然密度,g/m^3;

　　ρ_s——饱和密度,g/m^3;

　　ρ_d——干密度,g/m^3;

　　m_0——试件烘干前的质量,g;

　　m_s——试件强制饱和后的质量,g;

m_d——试件烘干后的质量,g;

m_w——试件强制饱和后在洁净水中的质量,g;

ρ_w——洁净水的密度,可查表,g/m^3。

组织均匀的岩石,其密度试验结果应为 3 个试件测得结果的平均值;组织不均匀的岩石,密度应列出每个试件的试验结果。计算结果精确至 0.01g/m^3。

注:对于规则几何形状的试件,可以用测量试件几何尺寸的方法确定其体积密度。例如立方体试件,用游标卡尺准确测量试件的长、宽、高,在每个面上的上、中、下 3 个部位进行测量,以 3 次测量的算术平均值作为测量结果,精确至 0.1mm。对于圆柱体试件,从上、中、下 3 个截面沿互相垂直的方向量直径 6 次,再在互相垂直的直径与周围交点处测量高度 4 次,按照以上量得的直径和高度的算术平均值计算圆柱体试件体积,测量结果精确至 0.1mm。称量烘干后试件的质量再除以其相应体积,即得试件密度。

※※※※※※※※※※※※※※※※※※※※※※※※※※※※※※※※※※※※

工作任务二结束

※※※※※※※※※※※※※※※※※±※※和※※※※※※※※※※※※※※※※

3.孔隙率

孔隙率指石料孔隙体积占石料总体积的百分率。由图 1-1 可知,石料孔隙率可按式(1-3)计算:

$$n = V_0 / V = (1 - \rho_h / \rho_t) \times 100 \tag{1-3}$$

式中:n——孔隙率,%;

V_0——石料孔隙(包括开口和闭口孔隙)体积,cm^3;

V——意义同前;

ρ_h——石料的毛体积密度,g/cm^3;

ρ_t——石料的密度,g/cm^3。

(二)与水有关的性质

相关链接 石料与水作用后,水很快湿润石料的表层并填充了石料的孔隙。因此,水对石料破坏作用的大小,主要决定于石料造岩矿物性质及其组成结构状态(即孔隙分布情况和孔隙率的大小)等。为了了解水对石料破坏作用情况,在工程上常用吸水率或饱水率,耐水性、抗冻性指标来表示。

1.吸水率

吸水率指在室内常温(20℃±2℃)和常压条件下,石料试件最大的吸水质量占烘干石料试件质量的百分率,按式(1-4)计算:

$$\omega_x = (m_2 - m_1) / m_1 \times 100 \tag{1-4}$$

式中:ω_x——石料吸水率,%;

m_1——烘至恒量时的试件质量,g;

m_2——吸水至恒量时试件质量,g。

2.饱水率

饱水率指石料在室内常温(20℃±2℃)和真空抽气(真空度为 20mmHg)状态下,石料试件最大吸水的质量占石料试件干燥时质量的百分率。

吸水率、饱水率的大小主要取决于石料本身的矿物成分、组织结构、孔隙特征及其孔隙率的大小。石料的吸水率、饱水率的大小直接影响石料的耐水性及其抗冻性。

相关链接 ①当饱水系数 $s_r > 90\%$ 时，抗冻性较差。通常酸性岩石比碱性岩石吸水性较强，致密的石料吸水率小，而细小连通多孔的石料吸水率大。②通常认为在常压下测定的吸水率，此时水分只充填部分孔隙，而当石料开口孔隙内部空气被排空时，水分几乎充满开口孔隙的全部体积，所以饱水率大于吸水率。

3. 耐水性

耐水性指石料长期在饱水状态下而不被破坏，其强度也不显著降低的性质，以软化系数表示。

软化系数是指石料长期在饱水状态下的抗压强度与石料在干燥状态下的抗压强度的比值。按式(1-5)计算：

$$K_{软} = R_{压(饱)} / R_{压(干)} \qquad (1-5)$$

式中：$K_{软}$——石料的软化系数；

$R_{压(饱)}$——石料饱水后的抗压强度，MPa；

$R_{压(干)}$——石料干燥状态下的抗压强度，MPa。

相关链接 ①用在严重受水浸蚀或潮湿环境下的材料，其软化系数应在 0.85 以上。②对软化系数大于 0.8 的材料，是耐水材料。③软化系数小于 0.6 的材料不允许用于重要建筑物中。

4. 抗冻性

抗冻性指石料在饱水状态下，能抵抗多次冻结和融化作用而不被破坏的性能。

通常以石料在饱水状态下，能经受冻融循环的次数(质量损失不超过 5%，抗压强度降低不超过 25%)来表示。根据冻融循环次数，可将石料强度等级分为 M5、M10、M15、M25、M50 等(在温度下降至 -15℃ 冻结 4h 后，放入 20℃±5℃ 水中融解 4h 为冻融循环一次)。如无条件进行冻融试验，也可采用坚固性简易快速测定法，这种方法通过饱和硫酸钠溶液进行多次浸泡与烘干循环后来测定。

相关链接 冰冻破坏机理是由材料孔隙内水结冰所引起的。水在结冰时，体积约增大 9%，对孔壁产生可达 100MPa 的压力，在压力反复作用下，使孔壁开裂。所以，当石料吸收水分体积占开口孔隙体积 90% 以下时，石料不因冻结而产生破坏。

判断岩石抗冻性能好坏有两个指标：冻融后强度变化和质量损失。

(1)冻融后强度变化。一般要求抗压强度降低不大于 25%，按式(1-6)计算：

$$K_{冻} = (R_{(压)} - R_{压(冻)}) / R_{(压)} \times 100 \qquad (1-6)$$

式中：$K_{冻}$——抗冻性降低系数，%；

$R_{(压)}$——未经冻融循环试验的石料试件饱水抗压强度，MPa；

$R_{压(冻)}$——经若干次冻融循环试验后石料试件饱水抗压强度，MPa。

(2)质量损失。要求冻融后石料的质量损失不大于 5%，按式(1-7)计算：

$$Q_{冻} = (g_1 - g_2) / g_1 \times 100\% \qquad (1-7)$$

式中：$Q_{冻}$——抗冻质量损失率，%；

g_1——试验前烘干试件质量，g；

g_2——试验后烘干试件质量，g。

三、石料的力学性质

公路与桥梁工程结构物中用的石料,除了受上述物理性质影响外,还受到外力的作用,所以石料还应具备一定的力学性质。

力学性质主要由强度表示。石料的强度,主要取决于石料内部矿料组成与结构,石料内部孔隙及构造不同,其强度也有较大差异。石料密度越小,孔隙率越大,其强度越低。石料的强度值是用石料的标准试件通过试验测定。

石料的力学性质主要包括抗压、抗拉、抗折、磨耗、冲击韧性、硬度及磨光值等。

(一)抗压强度

通常将石料制成标准试件(取边长为 50mm ± 0.5mm 的正方体或直径与高均为 50mm ± 0.5mm 的圆柱体),经吸水饱和后,单轴受压,达到极限破坏时,单位承压面积所受的荷载即为抗压强度,按式(1-8)计算:

$$R = F/A \qquad\qquad (1-8)$$

式中:R——石料的抗压强度,MPa;

F——极限破坏时的荷载,N;

A——试件的截面积,mm^2。

※※※※※※※※※※※※※※※※※※※※※※※※※※※※※※※※※※※※※※

工作任务三　单轴抗压强度试验

※※※※※※※※※※※※※※※※※※※※※※※※※※※※※※※※※※※※※※

1. 试验目的和适用范围

单轴抗压强度试验是测定规则形状岩石试件单轴抗压强度的方法,主要用于岩石的强度分级和岩性描述。

本方法采用饱和状态下的岩石立方体(或圆柱体)试件的抗压强度来评价岩石强度(包括碎石或卵石的原始岩石强度)。

在某些情况下,试件含水状态还可以根据需要选择天然状态、烘干状态或冻融循环后状态。试件的含水状态要在试验报告中注明。

2. 试验仪器

(1)压力试验机:能按所要求的速率加载,加荷速率为 300 ~ 2 000kN。

(2)球形承压板:它分为上承压板和下承压板。

(3)岩石切片机。

(4)钻石机。

(5)磨石机。

(6)盛水容器。

3. 试验步骤

(1)用钻石机或岩石切片机切割石料,然后再用锯石机将试件制成 50mm 的正立方体试件或直径和高度均为 50mm 的圆柱体试件 6 个,在磨石机上将试件磨平,试件端面的平面度公差应小于 0.005mm,端面对于试件轴线垂直度偏差不应超过 0.25。

（2）从磨石机上取下试件，先对试件进行编号，再用卡尺量取试件尺寸，精确到0.1mm。圆柱体试件在顶面和底面分别测量两个相互正交的直径，并以其各自的算术平均值分别计算底面和顶面的面积，取其顶面和底面面积的算术平均值作为计算抗压强度所用的截面积。对立方体试件在顶面和底面各量取其边长，以两个面上相互平行的两个边长的算术平均值计算其承压面积。

（3）将编号后试件放入水槽中，对试件进行饱水处理。第一次注水至试件高度1/4处，隔2h后注水至试件高度1/2处，4h后将水加至试件高度3/4处，6h后将水加至高出试件顶面20mm以上。

（4）先将压板球面座用矿物油稍加润滑，以使在滑块自重作用下仍能闭锁。再将浸水48h后的试件取出，擦干试件表面水分。将试件放在下压板上，盖上球面座，使试件、压板和球面座彼此精确对准，放入压力试验机压力板上，并使它与加载机械设备对准。

（5）开动机器，使试件与压力机压板接触，先调整试验机度盘，使其指针读数对准零刻度，施加在试件上的荷载要始终保持一定的应力增长速度，调整试验机的油门，使施加应力的速率保持在0.1~0.5MPa/s的限度内。

试件破坏后，被动针留在破坏荷载位置，主动针归零，记录压力机被动针所指示最大荷载值，精度1%。

4.试验结果与数据整理

石料饱水抗压强度计算公式如下：

$$R = \frac{P}{A}$$

式中：R——岩石的抗压强度，MPa；

P——极限破坏时的荷载，N；

A——试件的截面积，mm^2。

单轴抗压强度试验结果应同时列出每个试件的试验值及同组岩石单轴抗压强度的平均值，计算精确至0.1MPa。有显著层理的岩石，取垂直于平行层理方向的试件强度平均值作为试验结果。

※※※

工作任务三结束

※※※

（二）抗拉强度

石料的抗拉强度是以标准试件在承受纯拉破坏时的极限强度（石料抗拉强度较抗压强度低得多，一般石料抗拉强度为抗压强度的1/50），按式（1-9）用劈裂法间接测其抗拉强度。

（1）计算立方体试件的间接抗拉强度 R_t（标准试件为边长50mm的正立方体）：

$$R_t = 2F/\pi bh = 0.636\ 6F/bh \tag{1-9a}$$

式中：R_t——试件的间接抗拉强度，MPa；

F——试件破坏时的极限荷载，N；

b——试件劈裂面宽度，mm；

h——试件劈裂面高度,mm。

（2）按圆柱体试件计算间接抗拉强度（标准试件直径和高度均为50mm的圆柱体）：

$$R_t = 2F/\pi DL = 0.636\ 6F/DL \tag{1-9b}$$

式中：R_t——试件的间接抗拉强度,MPa;

F——试件破坏时的极限荷载,N;

D——圆柱体试件直径,mm;

L——圆柱体试件高度,mm。

（三）抗折强度

将石料制成50mm×50mm×250mm的梁形试件,在单支点加荷载条件下,折断破坏时的极限强度,并按式（1-10）计算：

$$R_b = 3Pl/2bh^2 \tag{1-10}$$

式中：R_b——抗折强度,MPa;

P——极限荷载,N;

l——支点的跨距,采用200mm;

b——试件断面宽,mm;

h——试件断面高,mm。

在桥梁建筑中,石盖板涵必须试验其盖板的抗折强度。

通常石料抗折强度为抗压强度的1/5,但也不是一个固定值,抗折强度也随石料矿物成分及其内部组成结构而变化。

（四）磨耗度

磨耗度是指石料抵抗摩擦、撞击、边缘剪切等联合作用的能力,通常用磨耗率表示。

石料磨耗度试验方法有两种,一种是洛杉矶式（隔板式）磨耗机,另一种是狄法尔式（双筒式）磨耗机。按规范规定称取一定质量的石料,置于磨耗机中,使石料承受力学的综合作用,将石料通过1.6mm（方）,2mm（圆）筛孔质量损失来表示磨耗率。

磨耗率按式（1-11）计算：

$$Q_磨 = \frac{m_1 - m_2}{m_1} \times 100 \tag{1-11}$$

式中：$Q_磨$——石料磨耗率,%;

m_1——装入圆筒中试样质量,g;

m_2——试验后洗净烘干后试样质量,g。

磨耗试验是公路用石料的一个综合指标,也是评定石料等级的依据之一。

※※※※※※※※※※※※※※※※※※※※※※※※※※※※※※※※※※※※※※

工作任务四 石料磨耗度测定（洛杉矶法）

※※※※※※※※※※※※※※※※※※※※※※※※※※※※※※※※※※※※※※

1.试验目的

通过本试验可测定石料抵抗撞击、边缘剪切和摩擦等联合作用的能力。

2.试验仪器

(1)洛杉矶式(或搁板式)磨耗机。

(2)套筛:孔径有40mm、31.5mm、20mm、10mm、2mm的筛子各一个。

(3)台秤:称量10kg,感量5g。

(4)烘箱:能使温度控制在105℃±5℃范围内。

3.试验步骤

(1)将试样用套筛进行筛分,称量存留在各号筛的试样质量。把试样用水洗净,放入温度100~110℃的烘箱中烘至恒重,按规定要求称取试样。

(2)将按规定取得的试样装入磨耗机圆筒中,加直径为48mm的钢球12个,每个钢球的质量为405~450g,总质量为5 000g±50g,盖好筒盖,把计数器调整到零位。开动磨耗机,使磨耗机以30~33r/min的转速转动500转后停止,取出试样。

(3)磨耗后试样用直径2mm圆孔筛或边长1.6mm方孔筛,筛去试样中的石屑,然后用水洗净存留在筛上的试样,送入烘箱烘至恒重,冷却至室温后准确称量其质量 m_2。

4.试验结果整理

石料磨耗率 $Q_磨$ 计算公式:

$$Q_磨 = \frac{m_1 - m_2}{m_1} \times 100$$

式中:$Q_磨$——石料磨耗率,%;

m_1——装入圆筒中的试样质量,g;

m_2——试样洗净烘干后的质量,g。

石料的磨耗率取两次平行试验结果的算术平均值作为测定值,两次试验误差应不大于2%,否则应重新取样再做一次试验。

5.试验中注意的问题

(1)在试验过程中,应按洛杉矶法磨耗试验试样级配表中的规定要求选取各种粒径试样的质量 m_1。

(2)试验结果应注明冲洗筛的型号规格。

(3)两次试验误差应满足试验精度要求。

※※

工作任务四结束

※※

四、石料的化学性质

根据试验研究,按 SiO_2 含量多少将石料划分成酸性、碱性及中性。SiO_2 含量大于65%的石料称为酸性石料;SiO_2 含量为52%~65%的石料称为中性石料;SiO_2 含量小于52%的石料称为碱性石料。

随着科学技术的发展,矿质集料在混合料中与结合料起着复杂的物理—化学作用,石料的化学性质将影响着混合料的物理—力学性质。所以在选择与沥青结合的石料时,应考虑石料的酸碱性对沥青与石料黏结的影响。

五、石料的技术标准

（一）路用石料的技术分级

石料分级方法首先根据造岩的矿物成分、含量以及组织结构来确定岩石的名称，然后将不同名称的岩石，按路用要求划分为四类。各岩类按其石料在饱水状态下的抗压强度和磨耗度将石料划分为四个等级：

一级为抗压强度大，磨耗率低的岩石；

二级为抗压强度较大，磨耗率较低的岩石；

三级为抗压强度较低，磨耗率较大的岩石；

四级为抗压强度低，磨耗率大的岩石。

（二）路用石料的技术标准

路用石料的技术标准见表1-1。

路用石料的技术标准   表1-1

岩石类别	主要岩石名称	石料等级	技术标准		
			饱水极限抗压强度（MPa）	磨耗率（洛杉矶法）（%）	磨耗率（狄法尔法）（%）
岩浆岩类	花岗岩	1	>120	<25	<4
	玄武岩	2	100~120	25~30	4~5
	安山岩	3	80~100	30~45	5~7
	辉绿岩	4	—	45~60	7~10
石灰岩类	石灰岩	1	>100	<30	<5
		2	80~100	30~35	5~6
	白云岩	3	60~80	35~50	6~12
		4	30~60	50~60	12~20
砂岩与片麻岩类	石英岩	1	>100	<30	<5
	砂岩	2	80~100	30~35	5~7
	片麻岩	3	50~80	35~45	7~10
	石英岩麻岩	4	30~50	45~60	10~15
砾岩		1		<25	<5
		2		20~30	5~7
		3		30~50	7~12
		4		50~60	12~20

单元2　集　　料

学习目标

1. 完成本学习情境的学习，学生能够熟练掌握集料的真视密度和堆积密度的测定；

2.学生能够正确地操作仪器,独立完成试验并会分析试验结果。

任务描述

准备试样,装在托盘中,让学生观察。介绍相关试验仪器。

学习引导

本学习任务沿着以下脉络进行学习:

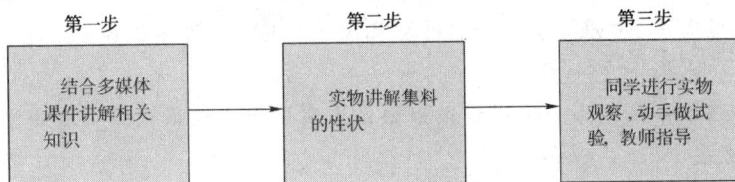

第一步 → 第二步 → 第三步

第一步	第二步	第三步
结合多媒体课件讲解相关知识	实物讲解集料的性状	同学进行实物观察,动手做试验,教师指导

一、集料概述

集料是指混合料中起骨架或填充作用的粒料,包括由岩石天然风化而成的砾石(卵石)和砂,以及由岩石经人工轧制的各种尺寸的碎石、机制砂、石屑等。

在天然风化的矿质混合料中,凡是粒径大于80mm者为漂石;粒径小于40mm而大于5mm者称为砾石(卵石);粒径小于5mm者为砂、石屑。

相关链接 集料可作混合料的填充物,工程上一般将集料分为粗集料和细集料两类。

(一)集料的分类

集料分为粗集料和细集料。

1.粗集料

在沥青混合料中,粗集料是指粒径大于2.36mm的碎石、破碎砾石、筛选砾石和矿渣等。

在水泥混凝土中,粗集料是指粒径大于4.75mm的碎石、砾石和破碎砾石等。

2.细集料

在沥青混合料中,细集料是指粒径小于2.36mm的天然砂、人工砂(包括机制砂)及石屑。

在水泥混凝土中,细集料是指粒径小于4.75mm的天然砂、人工砂。

相关链接 砂按来源可分为两类:①天然砂。岩石在自然条件下形成的,其粒径在5mm以下的颗粒为天然砂;按产源不同分为河砂、山砂和海砂。②人工砂。将岩石轧碎而成的,颗粒表面多棱角、较洁净,因为是由人工轧制而成,所以针片状颗粒和石粉含量较多,造价较高。

(二)集料的技术性质

天然集料的技术性质可分为物理性质与力学性质。

二、集料的物理性质

(一)细集料的物理性质

细集料的物理性质包括物理常数、级配(以砂为代表)。

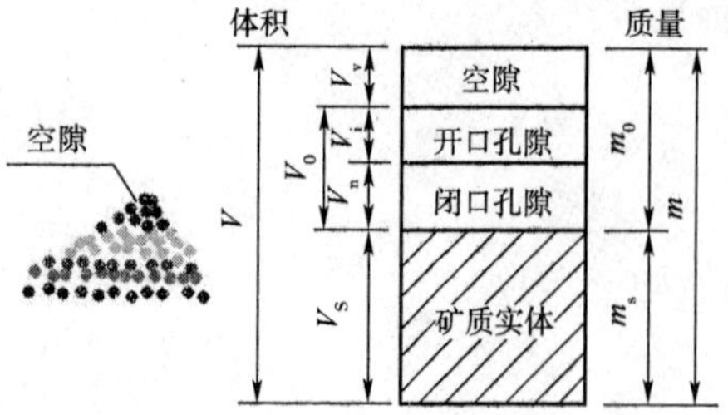

图 1-2 集料体积与质量关系示意图

1. 物理常数

细集料的物理常数不仅要考虑细集料颗粒中的孔隙,还要考虑颗粒间的空隙,如图 1-2 所示。

1）表观密度

表观密度是指在规定条件(105℃±5℃烘干至恒重)下,单位表观体积(包括集料矿质实体和闭口孔隙的体积)物质颗粒的干质量。由图 1-2 可知,细集料的表观密度如式(1-12)所示：

$$\rho_t = m_s / (V_s + V_n) \tag{1-12}$$

砂的表观密度大小,主要取决于砂的种类和风化程度,一般在 2.6 ~ 2.7g/cm³ 之间,是衡量砂质量的主要技术指标之一。

※※※※※※※※※※※※※※※※※※※※※※※※※※※※※※※※※※※※※※※

工作任务一　细集料表观密度试验

※※※※※※※※※※※※※※※※※※※※※※※※※※※※※※※※※※※※※※※

1）试验目的与适用范围

用容量瓶法测定细集料在 23℃ 时对水的表观相对密度和表观密度。本法适用于含有少量大于 2.36mm 部分的细集料。

2）仪器设备

(1)天平:称量 1kg,感量不大于 1g。

(2)容量瓶:500mL。

(3)干燥器、浅盘、滴管、漏斗、铝制料勺、温度计等。

(4)烘箱:能使温度控制在 105℃±5℃。

(5)烧杯:500mL。

3）试验步骤

(1)将试样在潮湿状态下拌匀,用四分法对试样进行缩分,将缩分后的试样称量 650g 左右放入烘箱,在温度为 105℃±5℃ 以下烘至恒重,取出试样放在干燥器并冷却至室温备用。

(2)从干燥器中取出试样,准确称量烘干试样 300g(m_0),向容量瓶中注入半瓶冷开水,通过漏斗所称量的 300g 试样装入容量瓶中。装完后摇转容量瓶,使试样在水中充分搅动以排除气泡,塞紧瓶塞,静置 24h(要求从试样加水静置的最后 2h 起至试验结束其温度相差不超过 2℃)。再加少量水至瓶颈刻线以下,为使其准确达到刻度线,可用滴管添水,使水面与瓶颈零刻度线平齐。用温度计测量水温,应保证试验温度在 20℃±5℃ 范围内进行,塞紧瓶塞,擦干瓶外壁水分,称量其总质量 m_1。

(3)倒出瓶中水和试样,把瓶的内外表面洗净,向瓶内注入冷开水,其水温与第一次静置时最后的温差不超过 2℃,计算表观密度时应考虑水的温度修正系数。用滴管添水至瓶颈零刻度线,塞紧瓶塞,擦干瓶外壁水分,称其总质量 m_2。

4）数据整理和分析

细集料的表观密度计算公式如下：

$$\rho'_t = (\gamma_a - a_t) \times \rho_w$$

$$\gamma_a = \frac{m_0}{m_0 + m_1 + m_2}$$

式中：ρ'_t——细集料的表观密度，g/cm^3；

    m_0——试样的烘干质量，g；

    m_1——试样、水及容量瓶总质量，g；

    m_2——水及容量瓶总质量，g；

    ρ_w——水在4℃时的密度；

    a_t——考虑称量时的水温对水相对密度影响的修正系数。

以两次试验结果的算术平均值作为测定值，计算结果精确至$0.01g/cm^3$。误差大于$0.01g/cm^3$时，应重新取样进行试验。

5)试验中注意的问题

(1)缩分后的试样应具有代表性。

(2)试验用水应为纯净水，水的温度应控制在规定范围内。

(3)滴管添水至瓶颈零刻度线应当以弯液面为准。

(4)两次平行试验结果的精度误差应当控制在$0.01g/m^3$范围内。

※※※※※※※※※※※※※※※※※※※※※※※※※※※※※※※※※※※※

工作任务一结束

※※※※※※※※※※※※※※※※※※※※※※※※※※※※※※※※※※※※

2)毛体积密度

毛体积密度是指砂的单位体积(含颗粒固体及闭口、开口孔隙体积)的颗粒的干质量，毛体积密度与表观密度很接近，为$2.6 \sim 2.7g/cm^3$。

3)堆积密度

堆积密度是指单位体积(含颗粒固体及其闭口、开口孔隙及颗粒间空隙体积)物质颗粒质量，有干堆积密度与湿堆积密度之分。

砂的堆积密度一般为$1\ 350 \sim 1\ 650kg/m^3$。紧装密度一般为$1\ 600 \sim 1\ 700kg/m^3$，其大小通过分层装填颠击后求得。

※※※※※※※※※※※※※※※※※※※※※※※※※※※※※※※※※※※※

工作任务二   **细集料堆积密度试验**

※※※※※※※※※※※※※※※※※※※※※※※※※※※※※※※※※※※※

1)试验目的

通过本试验可测定砂在自然状态下的堆积密度和计算空隙率。

2)仪器设备

(1)台秤：称量5kg，感量5g。

(2)容量筒：金属制、圆筒形，内径108mm，净高l09mm，筒壁厚2mm，筒底厚5mm，容积约为1L。

（3）漏斗及漏斗架：可调整漏斗口的高度。

（4）烘箱：能使温度控制在105℃±5℃。

（5）平板玻璃、浅盘、钢尺、铝制料勺、10mm钢筋等。

3）试验步骤

（1）试样制备。将试样在潮湿状态下拌均匀，用四分法缩分后，用浅盘装试样约3L，放入温度为105℃±5℃的烘箱中烘干至恒量，然后取出试样并冷却至室温后，分成大致相等的两份备用。

（2）步骤。

①称量容量筒的质量m_0。

②将容量筒放在漏斗架旁，调整漏斗架圆环的高度，使漏斗的出料口距容量筒口在50mm左右。

③用铝制料勺将试样通过漏斗装入容量筒，直到试样装满并超出容量筒口，然后用直尺将多余试样沿筒口中心线向两个相反方向刮平。

④称取质量m_1。注意在称量前的试验过程中应避免碰容量筒。

（3）容量筒校正。称量容量筒和玻璃板的质量。用温度为20℃±5℃的饮用水装满容量筒，再用玻璃板沿筒口滑移，使其紧贴水面。擦干筒外壁水分，然后称量，根据两次称量质量之差，就可用所盛水的质量计算出容量筒容积。

4）试验结果整理

细集料堆积密度ρ计算公式如下：

$$\rho = \frac{m_1 - m_0}{V} \tag{1-13}$$

式中：ρ——细集料堆积密度，g/m³,；

m_0——容量筒的质量，g；

m_1——容量筒和堆积砂的总质量，g；

V——容量筒容积，mL。

本试验以两次试验结果的算术平均值作为测定值，计算结果精确至0.01g/cm³。

5）空隙率计算

（1）目的。根据试验求出的细集料表观密度和堆积密度数值计算细集料的空隙率。

（2）计算公式。空隙率计算公式如下：

$$n = \left(1 - \frac{\rho}{\rho_a}\right) \times 100$$

式中：n——细集料的空隙率，%；

ρ——细集料的堆积密度或紧装密度，g/m³；

ρ_a——细集料的表观密度，g/cm³。

6）试验中应注意的问题

（1）堆积密度试验，试样通过漏斗装入容量筒时，漏斗的出料口距容量筒筒口最大高限不超过50mm，从装料起到开始称量前应避免碰容量筒，以避免影响粒料的紧密程度。

（2）紧装密度试验，分两层装料并按照要求使之达到规定的紧密程度。

（3）容量筒校正时，水温应控制在20℃±5℃范围内，并应考虑水温对水相对密度影响的修正系数。

※※※※※※※※※※※※※※※※※※※※※※※※※※※※※※※※※※※※

工作任务二结束

※※※※※※※※※※※※※※※※※※※※※※※※※※※※※※※※※※※※

4）含水率

含水率是指砂中所含水的质量占干砂质量的百分率。

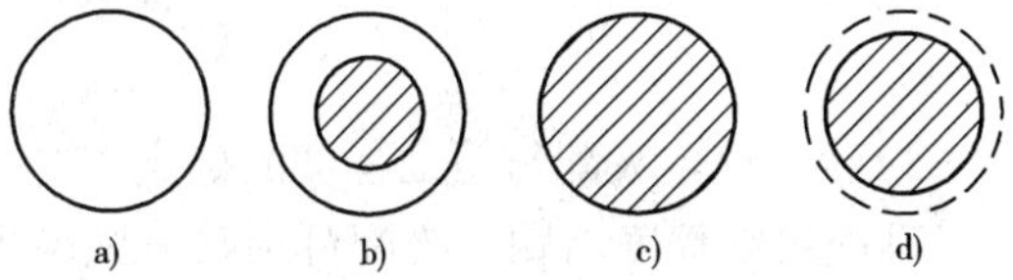

砂从干到湿有四种含水状态（图1-3）：完全干燥状态（烘干状态），它在105℃±5℃温度下烘干；气干状态（风干状态）；饱和面干状态（表干状态），是在颗粒表面干燥，内部孔隙吸水饱和时的状态；湿润状态（潮湿状态），颗粒内部吸水饱和，表面附有吸水状态。

图1-3　砂的四种含水状态
a）干燥状态；b）气干状态；c）饱和面干状态；d）湿润状态

相关链接　由于砂的含水状态不同，所以砂的体积及毛体积密度随之改变。通常砂的含水率为5%～8%时外观体积最大，可增加25%～30%，其原因是由于砂表面吸附一层水膜，使砂粒间距离增大，体积随之增大。当含水率小，不能形成水膜时则体积不会增大；当含水率过大，水膜破坏，砂颗粒相互滑动，体积缩小；当含水率达20%～25%时体积反而比干燥时减小。所以施工时如采用体积计量材料时，应先测出该砂在各种含水率时的体积换算系数，以便计算。在确定混凝土配合比时，砂的含水率以干燥状态为准计算，在含水状态时应进行换算。

5）饱和面干密度

饱和面干密度是指砂单位体积（含颗粒固体及其闭口、开口孔隙体积）颗粒的饱和面干颗粒质量。

6）空隙率

空隙率是指砂的颗粒之间空隙的体积占集料总体积的百分率。按式（1-14）计算：

$$n = \left(1 - \frac{\rho}{\rho'_{t}}\right) \times 100 \tag{1-14}$$

式中：n——细集料的空隙率，%；

　　　ρ——细集料的堆积密度或紧装密度，g/cm^3；

　　　ρ'_{t}——细集料的表观密度，g/cm^3。

砂的空隙率与其级配和颗粒形状有关，砂的空隙率一般为35%～45%，特细砂可达50%左右。

2.砂的粗细程度与颗粒级配

1）粗细程度

砂的粗细程度是指不同粒径砂总体积的粗细程度。

粗细程度与总表面积有关，为了获得比较小的总表面积，应尽量采用较粗的颗粒。在拌制混凝土时，由于过粗的颗粒会使砂空隙率增大而使混凝土拌和物产生泌水，影响和易性。所以在拌制时，应同时考虑砂的粗细程度和颗粒级配。

2）颗粒级配

砂的颗粒级配是指砂中大小颗粒相互搭配的比例情况（图1-4）。当采用相同粒径砂时，砂的空隙率最大;当两种不同粒径搭配时,空隙率减小;当两种以上粒径搭配时,空隙率更小。这样一级一级不同粒径按一定比例相互搭配填充空隙,使砂的空隙率达到最小。

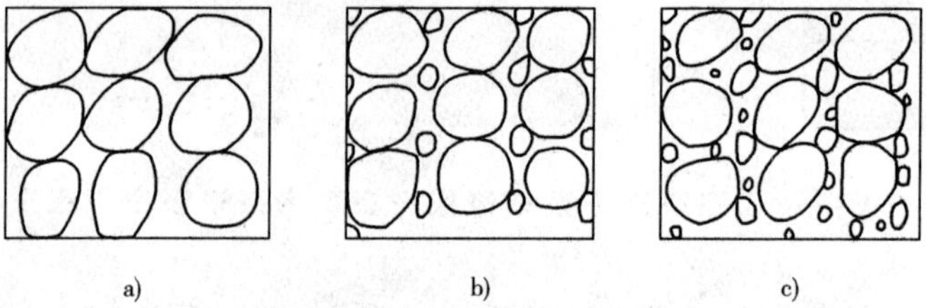

a)   b)   c)

图 1-4 颗粒级配示意图

3)砂的颗粒级配与粗细程度的确定

砂的粗细程度与颗粒级配可用筛分试验来测定。通过筛分可计算出 3 个参数,即分计筛余百分率、累计筛余百分率以及通过量百分率。根据参数可以绘制级配曲线及计算细度模数(用细度模数来表示砂的粗细程度)。

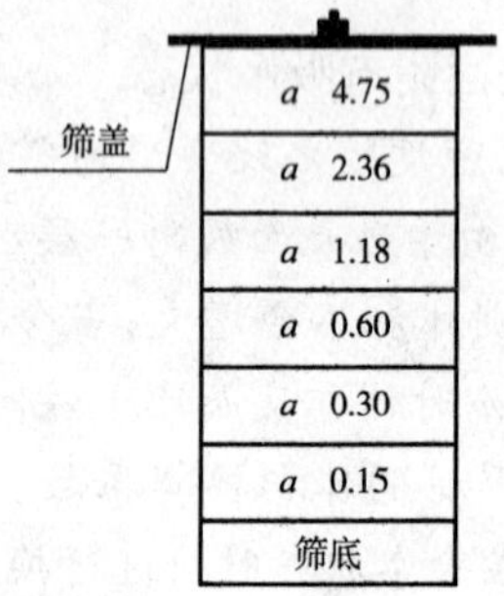

筛析法:一套标准筛(图 1-5)。筛的孔径如下:

(圆孔筛)5.0mm—4.75mm(方孔筛)

   2.5mm—2.36mm

   1.25mm—1.18mm

   0.63mm—0.6mm

   0.315mm—0.3mm

   0.16mm—0.15mm

图 1-5 水泥混凝土用砂筛析的一套标准筛

※※※※※※※※※※※※※※※※※※※※※※※※※※※※※※※※※※※※※※

工作任务三　**细集料筛分试验**

※※※※※※※※※※※※※※※※※※※※※※※※※※※※※※※※※※※※※※

1)试验目的

本试验可测定砂的颗粒级配,确定砂的粗细程度。

2)仪器设备

(1)标准筛。

(2)天平:称量 1 000g,感量不大于 0.5g。

(3)摇筛机。

(4)烘箱:能使温度控制在 105℃ ±5℃。

(5)其他:浅盘和硬、软毛刷等。

3)试验步骤

(1)水泥混凝土用砂筛分步骤。

用于筛分的试样,颗粒粒径不应大于 10mm,缩分前,应将试样通过 10mm 圆孔筛或9.5mm 方孔筛,并计算其筛余百分率。

①将试样在潮湿状态下充分拌匀,用四分法把试样缩分成两份,每份试样不少于 550g,把

试样放入 105℃ ±5℃ 的烘箱中烘到恒量,冷却至室温后备用。

②准确称取冷却后的烘干试样 500g,放入按筛孔大小顺序排列的套筛最上一层,即 5mm 筛上。将套筛装入摇筛机并卡紧,摇筛约 10min(无摇筛机时,可直接用手筛 10min),然后取出套筛。

③按筛孔大小顺序,在清洁的浅盘上逐个进行手筛,直至每分钟的筛出量不超过试样总质量的 0.1% 时为止。用钢丝刷或软毛刷仔细将筛网上的试样刷净,称量存留在筛上的试样质量,精确至 0.5g。将称量后试样倒入小铁盆中。

④将上一号筛通过部分,即浅盘上的试样并入下一号筛,与下一号筛中的试样一起筛分,筛后称量。按这样顺序逐次进行,直至各号筛全部筛完为止。

⑤所有各筛的分计筛余量与底盘中剩余量的总量与筛入前的试样总质量相比,其相差不得超过 1%(即相差不得超过 ±5g)。称量结束后,可以计算出筛分后试样分计筛余、累计筛余、通过百分率。

(2)沥青路面用细集料(天然砂、人工砂、石屑)筛分步骤。

①准确称取烘干试样 500g(m_1),准确至 0.5g,并将试样放入一洁净容器中加入足够数量的洁净的水,把集料全部盖没。用搅棒充分搅动集料,使集料表面洗涤干净,细粉悬浮液徐徐倒出,经过套筛流入另一容器,但不得有集料倒出。重复上述步骤,直到倒出的水洁净为止。

②用 1.18mm 筛及 0.075mm 筛组成套筛。仔细将容器中混有细粉的悬浮液徐徐倒出,经过套筛流入另一容器,但不得有集料倒出。重复上述步骤,直到倒出的水洁净为止。

③将容器中的集料倒入搪瓷盘中,用少量水冲洗,使容器上黏附的集料颗粒全部洗入搪瓷盘中。将筛子反扣过来,用少量水将筛上的集料冲洗入搪瓷盘中。操作过程中不得有集料散失。

④将搪瓷盘连同集料一起置于 105℃ ±5℃ 的烘箱中。

⑤将上一号筛通过部分,即浅盘上的试样并入下一号筛,与下一号筛中的试样一起筛分,筛后称重。按这样顺序逐次进行,直至各号筛全部筛完为止。

⑥所有各筛的分计筛余量与底盘中剩余量的总量与筛分前的试样总质量相比,其相差不得超过 1%(即相差不得超过 ±5g)。称量结束后,可以计算出筛分后试样的分计筛余、累计筛余、通过百分率。

4)试验结果整理

筛分试验应采用两个试样进行平行试验,并以其试验结果的算术平均值作为测定值(精确到 0.1)。如两次试验所得的细度模数之差大于 0.2,应重新进行试验。

(1)分计筛余百分率 a_i(%):

$$a_i = \frac{m_i}{m} \times 100 \tag{1-15}$$

式中:a_i——某号筛的分计筛余,%;

m_i——某号筛上筛余量,g;

m——试样总量,g。

(2)累计筛余百分率 A_i(%):

$$A_i = a_1 + a_2 + a_3 + \cdots + a_i \tag{1-16}$$

式中:a_i——某号筛的分计筛余百分率,%;

A_i——累计筛余百分率,%。

(3)通过百分率 P_i(%):

$$P_i = 100 - A_i \tag{1-17}$$

式中:P_i——通过百分率,%;

$\quad A_i$——累计筛余百分率,%。

分计筛余、累计筛余、通过量三者关系见表1-2。

分计筛余、累计筛余、通过量三者关系 表1-2

筛孔尺寸(mm)	分计筛余	累计筛余(%)	通过(%)
4.75	a_1	$A_1 = a_1$	$100 - A_1$
2.36	a_2	$A_2 = a_1 + a_2$	$100 - A_2$
1.18	a_3	$A_3 = a_1 + a_2 + a_3$	$100 - A_3$
0.60	a_4	$A_4 = a_1 + a_2 + a_3 + a_4$	$100 - A_4$
0.30	a_5	$A_5 = a_1 + a_2 + a_3 + a_4 + a_5$	$100 - A_5$
0.15	a_6	$A_6 = a_1 + a_2 + a_3 + a_4 + a_5 + a_6$	$100 - A_6$

5)试验中应注意的问题

(1)试样为特细砂时,在筛分时增加0.080mm的方孔筛一只。

(2)如试样含泥量超过5%时,则应先用水洗,然后烘干至恒重再进行筛分。

(3)无摇筛机时,可改用手筛。

(4)试样在各筛上的筛余量不得超过下式的量:

仲裁时
$$M_r = A \frac{\sqrt{d}}{300}$$

生产控制检验时
$$M_r = A \frac{\sqrt{d}}{300}$$

式中:M_r——在一个筛上的存留量,g;

$\quad A$——筛的面积,mm^2;

$\quad d$——筛孔尺寸,mm。

否则应将该筛余试样分成两份,再次进行筛分,并以其筛余量之和作为该筛余量。

(5)用两次试验结果的平均值计算各种参数,将试验结果与规范对照,评定细集料是否满足级配要求。

根据累计筛余百分率计算细度模数。

①当5mm筛上没有筛余量时,即$a_1 = 0, A_1 = 0$,细度模数按式(1-18)计算:

$$M_x = \frac{A_2 + A_3 + A_4 + A_5 + A_6}{100} \tag{1-18}$$

②当5mm筛上没有筛余量时,即$a_1 = 0, A_1 = 0$,细度模数按式(1-19)计算:

$$M_x = \frac{(A_2 + A_3 + A_4 + A_5 + A_6) - 5A_1}{100 - A_1} \tag{1-19}$$

式中: $\quad M_x$——细度模数;

$\quad A_1$、$A_2 \cdots A_6$——为5mm、2.5mm、$\cdots$、0.16mm各筛的累计筛余百分率,%。

※※※※※※※※※※※※※※※※※※※※※※※※※※※※※※※※※※※※※※※

工作任务三结束

※※※※※※※※※※※※※※※※※※※※※※※※※※※※※※※※※※※※※※※

细度模数越大,表示砂子越粗。水泥混凝土用砂按细度模数可分为粗砂、中砂、细砂三大类。

粗砂 $M_x = 3.7 \sim 3.1$;中砂 $M_x = 3.0 \sim 2.3$;细砂 $M_x = 2.2 \sim 1.6$。

一个良好的级配,要求空隙率最小,总表面积也不大,前者的目的是要使集料本身最为紧密,后者的目的是要使参加料最为节约。

【例1-1】 从工地取回烘干砂样500g做筛分试验,筛分结果如表1-3所示。计算该砂的细度模数,评定砂的粗细。

筛 分 结 果 表1-3

筛孔尺寸(mm)	9.5	4.75	2.36	1.18	0.6	0.3	0.15	底盘
筛余质量(g)	0	10	20	45	100	135	155	35

解:计算结果如表1-4所示。

计 算 结 果 表1-4

筛孔尺寸(mm)	9.5	4.75	2.36	1.18	0.6	0.3	0.15	底盘
筛余质量(g)	0	10	20	45	100	135	155	35
分计筛余(%)	0	2	4	9	20	27	31	7
累计筛余(%)	0	2	6	15	35	62	93	100

①计算细度模数:

$$M_x = \frac{(A_{2.36} + A_{1.18} + A_{0.60} + A_{0.30} + A_{0.15}) - 5 \times A_{4.75}}{100 - A_{4.75}}$$

$$= \frac{(6 + 15 + 35 + 62 + 93) - 5 \times 2}{100 - 2}$$

$$= 2.05$$

②该砂属于细砂。

(二)粗集料的物理性质

粗集料(碎石、卵石、矿渣)的物理性质,包括表观密度(通常为 $2.5 \sim 2.7$ g/cm³)、毛体积密度、饱和面干密度、堆积密度(干燥状态下为 $1\,450 \sim 1\,650$ kg/m³),碎石空隙率(为45%)、卵石空隙率(为35% ~45%)、振实密度、空隙率、含水率等。这些性质的具体数值可通过试验测得。

※※※※※※※※※※※※※※※※※※※※※※※※※※※※※※※※※※※※※※※

工作任务四 　粗集料表观密度试验

※※※※※※※※※※※※※※※※※※※※※※※※※※※※※※※※※※※※※※※

1)试验目的

本试验测定碎石、砾石等各种粗集料的表观相对密度、表干相对密度、毛体积相对密度、表观密度、表干密度、毛体积密度及粗集料的吸水率。为计算空隙率和混凝土配合比设计提供必要的数据。

2)仪器设备

(1)天平或浸水天平:其型号和尺寸应能允许在臂上悬挂试样的吊篮并浸入水中称量所盛物体的水中质量,称量应满足试样数量称量的要求,感量不大于最大称量的0.05%。

（2）容量瓶：1 000mL，也可用磨口的广口玻璃瓶代替，并带玻璃片。

（3）标准筛：4.75mm、2.36mm。

（4）烘箱：能使温度控制在105℃±5℃。

（5）刷子和毛巾等。

3）试验准备

将来样用4.75mm筛过筛，用四分法缩分至所需试样的最小质量。刷洗干净后分成两份备用。对沥青混合料的集料用2.36mm筛，分别筛去筛孔以下的颗粒。

将每份集料试样浸泡在水中，仔细洗去附在集料表面的尘土和石粉，经多次漂洗干净至水清澈为止。清洗过程中不得散失集料颗粒。

4）试验步骤

（1）取试样一份装入容量瓶中，注入洁净水，水面高出试样，轻轻摇动容量瓶，使附着在石料上的气泡溢出。盖上玻璃片，在室温下浸水24h。

（2）向瓶中加水至水面凸出瓶口，然后盖上容量瓶塞，或用玻璃片沿广口瓶瓶口迅速滑行，使其紧贴瓶口水面。玻璃片与水面之间不得有空隙。

（3）确认瓶中没有气泡，擦干瓶外的水分后，称取集料试样、水、瓶及玻璃片的总质量（m_2）。

（4）将试样倒入浅搪瓷盘中，稍稍倾斜搪瓷盘，倒掉流动的水，再用毛巾吸干漏出的自由水。需要时可称取带表面水的试样质量（m_4）。

（5）用拧干的湿毛巾轻轻擦干颗粒的表面水，至表面看不到发亮的水迹，即为饱和面干状态。当粗集料尺寸较大时，可逐颗擦干。既要将表面水擦掉，又不能将颗粒内部的水吸出。整个过程中不得有集料丢失。

（6）立即称取饱和面干集料的表干质量（m_3）。

（7）将集料置于浅盘中，放入105℃±5℃的烘箱中烘干至恒重。取出放入带盖的容器中冷却至室温，称取集料的烘干质量（m_0）。

（8）将瓶洗净，重新装入洁净水，盖上容量瓶塞，或用玻璃片紧贴广口瓶瓶口水面。玻璃片与水面之间不得有空隙。确认瓶中没有气泡，擦干瓶外水分后称取水、瓶及玻璃片的总质量（m_1）。

5）试验结果整理

粗集料表观密度：

$$\gamma_a = m_0/(m_0 + m_1 - m_2)$$

式中：γ_a——粗集料的表观相对密度，g/cm^3；

m_0——试样的烘干质量，g；

m_1——水、瓶及玻璃片的总质量，g；

m_2——试样、水、瓶及玻璃片的总质量，g。

$$\rho_a = \gamma_a \times \rho_T \quad \text{或} \quad \rho_a = (\gamma_a - \alpha_T) \times \rho_w \quad\quad (1-20)$$

式中：ρ_a——粗集料的表观密度，g/cm^3；

ρ_T——试验温度T时水的密度，可查表，g/cm^3；

α_T——试验温度T时的水温修正系数，可查表；

ρ_w——水在4℃时的密度，$1.000g/cm^3$。

以两次试验结果的算术平均值作为测定值，计算结果精确至$0.01g/cm^3$。误差大于

$0.01g/cm^3$ 时,应重新取样进行试验。

※※※

工作任务四结束

※※※

工作任务五 **粗集料堆积密度试验**

※※※

1)试验目的

本试验测定碎石或卵石的堆积密度,为计算空隙率提供必要的依据。

2)仪器设备

(1)磅秤:称量 50kg 或 100kg,感量 50g。

(2)容量筒:金属制圆铁筒,应根据最大粒径的不同选用。

(3)烘箱:能使温度控制在 $105℃ ±5℃$。

(4)振动台:频率为 2 800 ~ 3 200 次/min,负荷下的振幅为 0.35mm。

(5)平头铁锹、玻璃板。

3)试验步骤

(1)把从施工现场取来的试样拌匀后摊平,用四分法进行缩分。

(2)在磅秤上称量容量筒的质量 m_1。

(3)将容量筒置于平整干净的地板(或铁板)上,用平头铁锹铲起试样,铁锹的齐口至容量筒上口的距离应保持在 50mm 左右,使石子自由落入容量筒内。试样装满容量筒后,除去凸出筒口表面的颗粒,以合适的颗粒填入凹陷空隙,使表面稍凸起部分和凹陷部分的体积大致相等,然后称取试样和容量筒的总量 m_2(注意在称量前的试验过程中应避免碰容量筒)。

4)试验结果整理

粗集料堆积密度 ρ 按式(1-21)计算:

$$\rho = \frac{m_2 - m_1}{V} \tag{1-21}$$

式中:ρ ——粗集料堆积密度,g/m^3;

m_1 ——容量筒的质量,g;

m_2 ——容量筒和粗集料总质量,g;

V ——容量筒容积,mL。

以两次结果的算术平均值作为测定值,计算精确到 $10kg/m^3$。

5)试验中注意的问题

(1)试样应具有代表性,每次试验应满足一份试样最小质量的要求。

(2)堆积密度试验,试样用铁锹装入容量筒时,铁锹的齐口至容量筒上口的距离应保持在 50mm 左右,使石子自由落入容量筒内。从装料起到开始称量前应避免碰容量筒,以避免影响粒料的紧密程度。

（3）紧装密度试验,分两层装料并按照要求使之达到规定的紧密程度。

（4）容量筒校正时,水温应控制在20℃±5℃范围内,并应考虑水温对水相对密度影响的修正系数。

6）空隙率计算

（1）试验目的。

根据试验求出的粗集料表观密度和堆积密度数值,计算粗集料的空隙率。

（2）计算公式。

空隙率按式（1-22）计算:

$$n = \left(1 - \frac{\rho}{\rho'_t} \right) \times 100 \tag{1-22}$$

式中:n——粗集料的空隙率,%;

ρ——粗集料的堆积密度,kg/m³;

ρ'_t——粗集料的表观密度,kg/m³。

※※※

工作任务五结束

※※※

工作任务六 **粗集料筛分试验**

※※※

1）试验目的

本试验测定碎石或卵石的颗粒级配,为水泥混凝土配合比设计提供依据。

2）仪器设备

（1）试验筛:根据需要选用规定的标准筛。

（2）托盘天平或台秤:精确至试样量的0.1%。

（3）其他:浅盘、铲子、毛刷等。

3）试验准备

将从施工现场取来的试样充分拌匀,用四分法缩分到最小试样数量,风干后备用。每种试样准备两份,分别供水洗法和干筛法筛分使用,对水泥混凝土用集料,如果没有要求,也可不进行水洗,只进行干筛筛分。根据需要可按要求的集料最大粒径的筛孔尺寸过筛,除去超径部分颗粒后,再进行筛分。

按规定要求准确称量出试样质量,精确至0.1%（现场测试时要精确到0.5%）。

4）试验步骤

（1）干筛法。

①把试样倒入按大小筛孔尺寸顺序排好的筛中,盖上筛盖后进行筛分。先前后左右摇动套筛。使试样初步分离后按筛孔大小顺序过筛,一直到各号筛每分钟的通过量不超过试样总量的0.1%时,称量存留在筛上的试样质量。

②当某号筛上的筛余层厚度大于试样的最大粒径值时,应将该号筛上的试样分成两份分

别筛分。当筛余颗粒的粒径大于 20mm 时,筛分过程中允许用手指轻轻拨动颗粒,但不得逐颗塞过筛孔。直到各号筛每分钟的通过量不超过试样总量的 1% 为止。

③筛分后在筛上的所有分计筛余量和底盘剩余的总和与筛分前测定的试样总量相比,其相差不得超过 0.5%。

(2)水筛法。

①取一份试样,将试样置于 105℃ ±5℃ 烘箱中烘干至恒重,称取干燥集料试样的总质量(m_1),准确至 0.1%。将试样放入一洁净容器中,加入足够数量的洁净水,把集料全部盖没。用搅棒充分搅动集料,使集料表面洗涤干净,细粉悬浮在水中,但不得破坏集料或有集料从水中溅出。

②根据集料粒径大小选择组成一组套筛,其底部为 0.075mm 标准筛,上部为 2.36mm 或 4.75mm 筛。仔细将容器中混有细粉的悬浮液倒出,经过套筛流入另一容器,尽量不致将粗集料倒出,以免损坏标准筛面。重复上述步骤,直到倒出的水洁净为止。

③将套筛的每个筛子上的集料及容器中的集料全部回收在一个搪瓷盘中,容器上不得黏附集料的颗粒,将搪瓷盘连同集料一起置于 105℃ ±5℃ 烘箱中烘干至恒重,称取干燥集料试样的总质量(m_2),准确至 0.1%。m_1 与 m_2 之差即为通过 0.075mm 部分。

④将烘干的试样进行筛分(同干筛法)。当采用摇筛机筛分时,筛分后,应该逐个由人工补筛。将筛出通过的颗粒并入下一号筛,和下一号筛中试样一起过筛,直至每分钟的筛出量不超过筛上剩余的 1% 为止。按这样顺序进行,直到各号筛全部筛完为止。

⑤将全部要求筛孔组成套筛(但不需要 0.075mm 筛)。将已经洗去小于 0.075mm 部分的干燥集料置于套筛上(一般为 4.75mm 筛),将套筛装入摇筛机,摇筛约 10min,然后取出套筛,再按筛孔大小顺序,从最大的筛号开始,在洁净的浅盘上逐个进行手筛。

⑥称量各筛筛余试样质量,准确至总质量的 0.1%。所有各筛的分计筛余量和底盘中剩余量的总质量与筛分前后试样总量 m_2 相比,其相差不得超过 0.5%。

5)试验结果与数据整理

(1)分计筛余百分率 a_i(%):

$$a_i = \frac{m_i}{m} \times 100 \tag{1-23}$$

式中:a_i——某号筛的分计筛余,%;

m_i——某号筛上筛余量,g;

m——试样总量,g。

(2)累计筛余百分率 A_i(%):

$$A_i = a_1 + a_2 + a_3 + \cdots + a_i \tag{1-24}$$

式中:a_i——某号筛的分计筛余百分率,%;

A_i——累计筛余百分率,%。

(3)通过百分率 P_i(%):

$$P_i = 100 - A_i \tag{1-25}$$

式中:P_i——通过百分率,%;

A_i——累计筛余百分率,%。

（4）集料中小于 0.075mm 的含量（通过率）（%）：

$$P_{0.075} = \frac{m_1 - m_2}{m_1} \times 100 \qquad (1\text{-}26)$$

式中：$P_{0.075}$——集料中小于 0.075mm 的含量（通过率），%；

m_1——用于水洗的干燥集料总质量，g；

m_2——用于集料水洗后的干燥质量，g。

筛分应当进行两次平行试验，以两次结果的平均值计算各种参数。

6）试验中应注意的问题

（1）试样应具有代表性，每次试验应满足一份试样最小质量的要求。

（2）当筛分试样的粒径大于 20mm 时，在筛分过程中，允许用手指拨动颗粒。20mm 以下粒径在筛分过程中不允许用手指拨动颗粒。

（3）试验时可用摇筛机筛分，也可以用手筛。

（4）用两次试验结果的平均值计算各种参数，将试验结果与规范对照，评定粗集料是否满足规定级配范围的要求。

※※

工作任务六结束

※※

工作任务七 水泥混凝土用粗集料针、片状颗粒含量试验

※※

1）试验目的与适用范围

测定粒径大于 4.75mm 的粗集料的针、片状颗粒的总含量，以百分率计。

2）仪器设备

（1）水泥混凝土集料针状规准仪和片状规准仪。

（2）天平：感量不大于称量值的 0.1%。

（3）台秤：称量 10kg，感量 10g。

（4）筛：孔径分别为 4.75mm、9.5mm、16mm、19mm、26.5mm、31.5mm、37.5mm，根据需要选用。

3）试验步骤

（1）试样制备：将试样在室内风干至表面干燥，用四分法缩分至规定的数量，称量（m_0）。

（2）按规定的粒级用规准仪逐粒进行鉴定，凡颗粒长度大于针状规准仪上相应间距而不能通过者为针状颗粒。厚度小于片状规准仪上相应孔宽能通过者，为片状颗粒。

（3）称量由各粒级挑出的针状和片状颗粒的总量（m_1）。

4）试验结果与数据整理

碎石或卵石针、片状颗粒含量计算公式如下：

$$Q_c = \frac{m_1}{m_0} \times 100 \qquad (1\text{-}27)$$

式中：Q_c——碎石或卵石针、片状颗粒含量，%；

$\quad m_1$ ——试样的质量，g；

$\quad m_0$ ——试样所含针、片状颗粒的总质量，g。

※※※※※※※※※※※※※※※※※※※※※※※※※※※※※※※※※※※

工作任务七结束

※※※※※※※※※※※※※※※※※※※※※※※※※※※※※※※※※※※

工作任务八 ## 沥青路面用粗集料针、片状颗粒含量试验

※※※※※※※※※※※※※※※※※※※※※※※※※※※※※※※※※※※

1）试验目的

测定沥青混合料、各种基层、底层的 4.75mm 以上的粗集料中针、片状颗粒的含量，用于评价集料的形状和抗压碎的能力，评定粗集料在工程上的适用性。

2）仪器设备

（1）标准筛：方孔筛 4.75mm。

（2）游标卡尺：精密度为 0.1mm。

（3）天平：感量不大于 1g。

3）试验步骤

（1）按随机取样方法采集试样，用四分法缩分 1 000g 左右。不同规格的粗集料应按照其公称粒径分别取样检验。

（2）用 4.75mm 标准筛将试样过筛，称取试样的总质量 m_0，准确至 1g，试样数量不应少于 800g，并不少于 100 颗。

（3）把试样平摊于桌面上，先用目测挑出接近立方体的符合要求的颗粒，剩下可能属于针状和片状的颗粒。

（4）把欲测量的颗粒放在桌面上形成稳定的状态，然后用游标卡尺逐颗测量石料的长度（l）、宽度（b）及厚度（t）。将 $l/t \geqslant 3$ 的颗粒（即长度与厚度方向的尺寸之比大于 3 的颗粒）分别挑出来作为针、片状颗粒。称取针、片状颗粒的质量 m_1，准确至 1g。

4）试验结果与数据整理

粗集料针、片状颗粒含量 Q_c（%）计算公式如下：

$$Q_c = \frac{m_1}{m_0} \times 100$$

式中：Q_c——针、片状颗粒含量，%；

$\quad m_0$ ——试验用的试样总质量，g；

$\quad m_1$ ——针、片状颗粒的质量，g。

试验平行测得两次，如两次结果之差小于平均值的 20%，取平均值为试验值；如大于或等

于 20%，应追加测定一次，以三次结果的平均值作为测定值。

※※※※※※※※※※※※※※※※※※※※※※※※※※※※※※※※※※※※※

工作任务八结束

※※※※※※※※※※※※※※※※※※※※※※※※※※※※※※※※※※※※※

三、集料的力学性质

(一)坚固性

选取规定数量的集料，分别装在金属网篮浸入硫酸钠溶液中进行干湿循环试验。经 5 次循环后，观察其表面破坏情况，并用质量损失百分率来计算其坚固性。

(二)集料力学性质

主要包括压碎值、磨光值、磨耗值等。

1.集料力学性质压碎值

压碎值是指粗集料在连续增加的荷载下，抵抗压碎的能力。

※※※※※※※※※※※※※※※※※※※※※※※※※※※※※※※※※※※※※

工作任务九 **集料压碎值试验**

※※※※※※※※※※※※※※※※※※※※※※※※※※※※※※※※※※※※※

1)试验目的

本试验测定粗集料抵抗压碎的能力，间接地推测其相应的强度，以鉴定水泥混凝土粗集料的品质。

2)仪器设备

(1)压力机:500kN，应在 10min 内达到 400kN。

(2)压碎指标测定仪:组成部分有底盘、圆柱筒、加压盖。

(3)天平和台秤:称量 2~3kg，感量不大于 1g。

(4)标准筛:筛孔尺寸分为 13.2mm、9.5mm、2.36mm 的筛各一个。

(5)金属棒:直径 10mm，长 450~600mm，一端加工成半球形。

3)试验步骤

(1)采用风干石料用 13.2mm 和 9.5mm 的标准筛过筛，取 9.5~13.2mm 的试样 3 组各 3 000g，供试验用。

(2)置圆筒于底盘上，取试样 1 份，分三层均匀装入筒内，每次均将试样表面整平，用金属棒的半球面从石料表面上均匀捣实 25 下。最后用金属棒作为直刮刀将表面仔细整平。

(3)把加压块装好(应使加压保持平整)，将试样放到试验机上，对准后施加荷载。在 10min 内均匀地加压到 400kN，稳定 5s 然后卸荷，取出测定筒，倒出筒中试样并称其试验前质量 m_0，用孔径为 2.36mm 筛筛除被压碎的细粒，然后称量剩留在筛上试验后质量 m_1，准确至 1g。

4)试验结果与数据整理

$$Q_a = m_1 / m_0 \times 100 \tag{1-28}$$

式中:Q_a——粗集料压碎值,%;

    m_0——试样的质量,g;

    m_1——通过2.36mm筛的试样质量,g。

以三次试验结果的算术平均值作为压碎值的测定值。

※※※※※※※※※※※※※※※※※※※※※※※※※※※※※※※※※※※※

工作任务九结束

※※※※※※※※※※※※※※※※※※※※※※※※※※※※※※※※※※※※

工作任务十 **粗集料磨耗度试验**

※※※※※※※※※※※※※※※※※※※※※※※※※※※※※※※※※※※※

1)试验目的与适用范围

通过本试验可测定粗集料抵抗撞击、边缘剪切和摩擦等联合作用的能力。

本法适用于各种等级规格集料的磨耗试验。

2)试验仪器

(1)洛杉矶式(或搁板式)磨耗机。

(2)标准筛:筛孔孔径为37.5mm、26.5mm、19mm、16mm、9.5mm、1.7mm的筛各一个。

(3)台秤:称量10kg,感量5g。

(4)烘箱:能使温度控制在105℃±5℃范围内。

(5)钢球:直径约为46.8mm,质量为390~445g。

3)试验步骤

(1)取通过37.5~26.5mm筛的集料1 250g±25g试样;26.5~19mm筛的集料1 250g±25g;19~16mm筛的集料1 250g±10g;16~9.5mm筛的集料1 250g±10g,试样总质量为5 000g±10g(m_1)。把试样用水洗净,放入温度为100~110℃的烘箱中烘至恒重。

(2)将按规定取得的试样装入磨耗机圆筒中,加入钢球12个,总质量为5 000±50g。盖好筒盖,把计数器调整到零位。开动磨耗机,使磨耗机以30~33r/min的转速转动500转后停止,取出试样。

(3)磨耗后试样用直径边长1.7mm方孔筛,筛去试样中的石屑,然后用水洗净存留在筛上的试样,送入烘箱烘至恒重,冷却至室温后准确称量其质量m_2。

4)试验结果整理

石料磨耗率$Q_磨$计算公式如下:

$$Q_磨 = \frac{m_1 - m_2}{m_1} \times 100$$

式中:$Q_磨$——石料磨耗率,%;

    m_1——装入圆筒中的试样质量,g;

    m_2——试验后在1.7mm筛上洗净烘干后的试样质量,g。

石料的磨耗率取两次平行试验结果的算术平均值作为测定值，两次试验误差应不大于2%，否则应重新取样再做一次试验。

※※※※※※※※※※※※※※※※※※※※※※※※※※※※※※※※※※※※※

工作任务十结束

※※※※※※※※※※※※※※※※※※※※※※※※※※※※※※※※※※※※※

2. 冲击值

粗集料冲击值是表示集料抵抗冲击的性能，以质量百分率表示。

单元 3　石灰、水泥

学习目标

1. 完成本学习情境的学习，学生能够熟练掌握硅酸盐水泥熟料的技术性质，掌握其凝结时间、安定性及细度的检测；

2. 学生能够正确地操作仪器、独立完成试验并会分析试验结果。

任务描述

准备试样，装在托盘中，让学生观察。介绍相关试验。

学习引导

本学习任务沿着以下脉络进行学习：

第一步		第二步		第三步
结合多媒体课件讲解相关知识	→	实物讲解石灰及水泥的性状	→	同学进行实物观察，动手做试验，教师指导

一、概述

在建筑工程中，能以自身的物理化学作用，从浆体变成坚固的石状体，并能将松散材料（如碎石、砂等）胶结成为具有一定强度的整体结构的材料，统称为胶凝材料。按其化学成分的不同，建筑工程材料分为无机胶凝材料和有机胶凝材料两大类。沥青和各种天然树脂、合成树脂等属于有机胶凝材料；石灰、水泥、石膏等属于无机胶凝材料。

无机胶凝材料根据其硬化条件不同，可分为气硬性胶凝材料和水硬性胶凝材料。气硬性胶凝材料只能在空气中硬化、保持或继续提高强度，如：石灰、石膏、镁质胶凝材料和水玻璃等。水硬性胶凝材料则不仅能在空气中硬化，而且能更好地在水中硬化，且可在水中或适宜的环境中保持并继续提高强度。各种水泥都属于水硬性胶凝材料。

二、石灰

石灰是由以碳酸盐类岩石(石灰石、白云石、白垩、贝壳等)为原料,经过900~1 300℃高温的燃烧,分解出二氧化碳(CO_2)后所得到的一种胶凝材料。其主要成分为氧化钙(CaO)和氧化镁(MgO)。

根据成品加工方法的不同,石灰可分为块状生石灰、生石灰粉、消石灰和石灰浆。

①块状生石灰:由原料煅烧而成的原产品,主要成分为CaO。

②生石灰粉:由块状生石灰磨细而得到的细粉,其主要成分也为CaO。

③消石灰:将生石灰用适量的水消化而得到的粉末,也称熟石灰,其主要成分为$Ca(OH)_2$。

④石灰浆:将生石灰加多量的水(约为石灰体积的3~4倍)消化而得可塑性浆体,称为石灰膏,主要成分为$Ca(OH)_2$和水。如果水分加得更多,则呈白色悬浮液,称为石灰乳。

在道路工程中,随着半刚性基层在高等级路面中的应用,近年来石灰稳定土、石灰粉煤灰稳定土及其稳定碎石等广泛用于路面基层。在桥梁工程中,石灰砂浆、石灰水泥砂浆、石灰粉煤灰砂浆广泛用于污工砌体。

(一)石灰的生产工艺概述

用于燃烧石灰的原料,主要以富含氧化钙的岩石(如石灰石、白云石、白垩等)为主,也可应用含有氧化钙和部分氧化镁的岩石。

石灰石在燃烧过程中,碳酸钙的分解需要吸收热量,通常需加热至900℃以上,其化学反应可表示如下:

$$CaCO_3 \xrightarrow[178kJ/mol]{900℃} CaO + CO_2 \uparrow \tag{1-29}$$

碳酸钙在分解时,每100份质量的$CaCO_3$,失去44份质量的CO_2,而得到56份质量的CaO。但燃烧后得到的生石灰(CaO)体积,仅比原来石灰石($CaCO_3$)的体积减小10%~15%,所以石灰是一种多孔结构材料。

优质的石灰,色质洁白或带灰色,质量较轻,块状石灰堆积密度为800~1 000kg/m³。石灰在烧制过程中,往往由于石灰石原料的尺寸过大或窑中温度不匀等原因,使得石灰中含有未烧透的内核,这种石灰即称为"欠火石灰"。欠火石灰的未消化残渣含量高,有效氧化钙和氧化镁含量低,使用时缺乏黏结力。另一种情况是由于烧制的温度过高或时间过长,使得石灰表面出现裂缝或玻璃状的外壳,体积收缩明显,颜色呈灰黑色,块体密度大,消化缓慢,这种石灰称为"过火石灰"。过火石灰用于建筑结构物中仍能继续消化,以致引起体积膨胀,导致产生裂缝等破坏现象,故危害极大。

(二)石灰的消化和硬化

1. 石灰的消化

烧制成的生石灰为块状的,在使用时必须加水使其"消化"成为粉末状的"消石灰",这一过程也称"熟化",故消石灰也称"熟石灰"。其化学反应为:

$$CaO + H_2O \rightarrow Ca(OH)_2 + 64.9(kJ/mol) \tag{1-30}$$

消石灰的主要化学成分为氢氧化钙$Ca(OH)_2$。式(1-30)中理论需水量仅为石灰的24.32%,但是由于石灰消化是一个放热反应过程,实际加水量达70%以上。在石灰消化时,应注意加水速度。对活泼性大的石灰,如加水过慢,水量不够,则已消化的石灰颗粒生成

$Ca(OH)_2$,包围于未消化颗粒周围,使内部石灰不易消化,这种现象称为"过烧"现象;相反,对于活泼性差的石灰,如加水过快,则发热量少,水温过低,增加了未消化颗粒,这种现象称为"过冷"现象。石灰消化时,为了消除"过火石灰"的危害,可在消化后"陈伏"半月左右再使用。石灰浆在陈伏期间,在其表面应有一层水分,使之与空气隔绝,以防止碳化。

2. 石灰的硬化

石灰的硬化过程包括干燥硬化和碳酸化两部分。

1)石灰浆的干燥硬化

石灰浆体干燥过程,由于水分蒸发形成网状孔隙,这时滞留在孔隙中的自由水由于表面张力的作用而产生毛细管压力,使石灰粒子更加密实,而获得"附加强度"。

此外,由于水分的蒸发,引起 $Ca(OH)_2$ 溶液过饱和而结晶析出,并产生"结晶强度"。但从溶液中析出 $Ca(OH)_2$ 数量极少,因此强度增长不显著。其反应为:

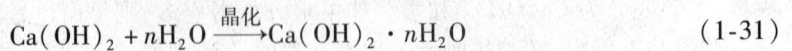

$$Ca(OH)_2 + nH_2O \xrightarrow{\text{晶化}} Ca(OH)_2 \cdot nH_2O \qquad (1-31)$$

2)硬化石灰浆的碳化

石灰浆体经碳化后获得的最终强度,称为"碳化强度"。石灰碳化作用只有在有水条件下才能进行,其化学反应式为:

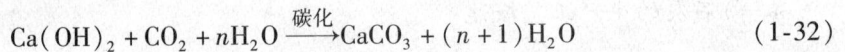

$$Ca(OH)_2 + CO_2 + nH_2O \xrightarrow{\text{碳化}} CaCO_3 + (n+1)H_2O \qquad (1-32)$$

(三)石灰的技术要求和技术标准

1. 有效氧化钙和氧化镁$[(CaO)_{ef} + MgO]$含量

石灰中产生黏结性的有效成分是活性氧化钙和氧化镁,它们的含量是评价石灰质量的主要指标。

2. 生石灰产浆量和未消化残渣含量

产浆量是单位质量(1kg)的生石灰经消化后,所产石灰浆体的体积(L)。石灰产浆量越高,则表示其质量越好。未消化残渣含量是生石灰消化后,未能消化而存留在5mm圆孔筛上的残渣占试样的百分率。

3. 二氧化碳(CO_2)含量

生石灰或生石灰粉中 CO_2 含量指标,是为了控制石灰石在煅烧时"欠火"造成产品中未分解完成的碳酸盐增多。CO_2 含量越高,即表示未分解完全的碳酸盐含量越高,则($CaO + MgO$)含量相对降低,导致影响石灰的胶结性能。

4. 消石灰粉游离水含量

游离水含量,指化学结合水以外的含水量。理论上,$Ca(OH)_2$ 中结合水占24.32%,也就是说,氧化钙理论消化水量是氧化钙质量的24.32%。但是,由于消化是一放热反应,部分水被蒸发,所以实际消化加水量是理论值的一倍左右。多加的水残留于氢氧化钙中,残余水分蒸发后,留下孔隙会加剧消石灰粉碳化现象的产生,因而影响其使用质量。

三、水泥

水泥是一种多组分的人造矿物粉料,它与水拌和后成为塑性胶体,既能在空气中硬化,又能在水中硬化,并能将砂石等材料胶结成具有一定强度的整体,所以水泥是一种水硬性胶凝材料。

在道路与桥梁工程中通常应用的水泥有:硅酸盐水泥、普通硅酸盐水泥、矿渣硅酸盐水泥、火山灰质硅酸盐水泥和粉煤灰硅酸盐水泥五大品种水泥。由于道路路面工程对水泥的特殊要求,近年来已生产了道路水泥。此外,在某些特殊工程中,还使用高铝水泥、膨胀水泥、快硬水泥等。水泥品种繁多,随着水泥科学的发展,还会有许多新品种水泥涌现,而硅酸盐水泥是最重要的一种水泥。为此本章主要对硅酸盐水泥作较详细地阐述,其他水泥仅作一般介绍。

凡由硅酸盐水泥熟料、0~5%石灰石或粒化高炉矿渣、适量石膏磨细制成的水硬性胶凝材料,称为硅酸盐水泥[即国外通称的波特兰水泥(Portland cement)]。

硅酸盐水泥分两种类型,不掺加混合材料的称Ⅰ型硅酸盐水泥,代号 P·Ⅰ。在硅酸盐水泥熟料粉磨时掺加不超过质量5%石灰石或粒化高炉矿渣混合材料的称Ⅱ型硅酸盐水泥,代号 P·Ⅱ。

按用途和性能,水泥分为:用于一般土木建筑工程的通用水泥;专门用途的专用水泥;某些性能比较突出的特性水泥。主要水泥的分类见表1-5。

水 泥 的 分 类　　　　　表 1-5

类别	组别	名称	强度等级	类别	组别	名称	强度等级	类别	组别	名称	强度等级
硅酸盐类水泥(主要成分硅酸钙)	通用水泥	硅酸盐水泥(波特兰水泥)	42.5R、52.5 52.5R、62.5 62.5R、72.5	硅酸盐类水泥	特性水泥	抗硫酸盐硅酸盐水泥(抗硫酸盐水泥)	32.5 42.5	特性水泥		硫黄耐酸胶结料	约40.0
		普通硅酸盐水泥(普通水泥)	32.5、42.5、42.5R 52.5、52.5R 62.5、62.5R			中热硅酸盐水泥(中热水泥)	42.5 52.5	专用水泥		低热微膨胀水泥	32.5 42.5
		矿渣硅酸盐水泥(矿渣水泥)	27.5 32.5			低热矿渣硅酸盐水泥(低热矿渣水泥)	32.5 42.5	无熟料(少熟料)类水泥(主要成分氧化铝/氧化硅)	地方性其他水泥	砌筑水泥	12.5、17.5 22.5
		火山灰质硅酸盐水泥(火山灰水泥)	42.5 42.5R 52.5			白色硅酸盐水泥(白水泥)	32.5、42.5、52.5、62.5			钢渣矿渣水泥	27.5、32.5 42.5
		粉煤灰硅酸盐水泥(粉煤灰水泥)	52.5R 62.5R	铝酸盐类水泥(主要成分铝酸钙、硫铝酸钙)	特性水泥	高铝水泥	三天强度值 42.5、52.5 62.5、72.5			石膏矿渣水泥	20.2、250、30.0、40.0、50.0、60.0
		复合硅酸盐水泥(复合水泥)	32.5、42.5、42.5R、52.5、52.5R			铝酸盐自应力水泥	35.0 (45)			石灰矿渣水泥	5.0、10.0、15.0、20.0、25.0、30.0、40.0
	专用水泥	道路硅酸盐水泥(道路水泥)	42.5 52.5 62.5			自应力硫铝酸盐水泥	37.5 (60、45、35)				
		油井水泥	A、B、C、D E、F、G、H、J			快硬硫铝酸盐水泥	42.5、52.5 62.5			石灰火山灰水泥	5.0、10.0、15.0、20.0、25.0、30.0
	特性水泥	快硬硅酸盐水泥(快硬水泥)	32.5 37.5 42.5			明矾石膨胀水泥	52.5、62.5				
		快凝快硬硅酸盐水泥	双快—15.0 双快—20.0			Ⅰ型低碱度硫铝酸盐水泥(Ⅰ型低碱度水泥)	42.5 52.5			赤泥硫酸盐水泥	30.0、40.0 50.0

注:①强度等级栏括号内为自应力值 MPa。
　　②"R"表示早强。

（一）硅酸盐水泥生产工艺概述

1.硅酸盐水泥生产原料

生产硅酸盐水泥的原料，主要是石灰质原料和黏土质原料两类。石灰质原料（如石灰石、白垩、石灰质凝灰岩等）主要提供 CaO，黏土质原料（如黏土、黏土质页岩、黄土等）主要提供 SiO_2、Al_2O_3 以及 Fe_2O_3。有时两种原料化学组成不能满足要求，还要加入少量校正原料（如黄铁矿渣）等调整。生产硅酸盐水泥原料的化学组成列于表 1-6。

硅酸盐水泥生产原料的化学组成　　　　　　　表 1-6

氧化物名称	化学成分	常用缩写	大致含量（%）	氧化物名称	化学成分	常用缩写	大致含量（%）
氧化钙	CaO	C	62~67	氧化铝	Al_2O_3	A	4~7
氧化硅	SiO_2	S	19~24	氧化铁	Fe_2O_3	F	2~5

其生产流程可由图解如下（图 1-6）：

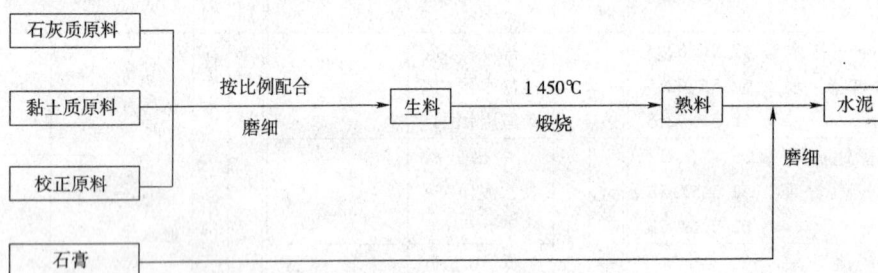

图 1-6　硅酸盐水泥的生产流程

2.硅酸盐水泥生产工艺概述

各种原料按一定的化学成分比例配制，并经磨细到一定的细度，均匀混合，制备成"生料"。

生料的制备方法有干法和湿法两种。

制备好的生料可以在立窑或回转窑中进行煅烧，生料中的 $CaO—SiO_2—Al_2O_3—Fe_2O_3$ 经过复杂的化学反应，温度达 1 450℃ 左右而生成以硅酸钙为主要成分的硅酸盐"熟料"。

为调节水泥的凝结速度，在烧成的熟料中加入质量 3% 左右的石膏（$CaSO_4 \cdot 2H_2O$）共同磨细，即为硅酸盐水泥。

硅酸盐水泥的生产工艺，概括起来包括以下几点：

（1）生料的配制和磨细；

（2）将生料煅烧，使之部分熔融形成熟料；

（3）将熟料与适量石膏共同磨细成为硅酸盐水泥。

（二）硅酸盐水泥的化学成分和矿物组成

1.硅酸盐水泥的矿物组成

硅酸盐水泥的主要化学成分是由石灰质原料来的氧化钙（CaO）、由黏土质原料（或校正原料）来的氧化硅（SiO_2）、氧化铝（Al_2O_3）和氧化铁（Fe_2O_3）。经过高温煅烧后，$CaO—SiO_2—Al_2O_3—Fe_2O_3$ 四种成分化合为熟料中的主要矿物组成:硅酸三钙（$3CaO \cdot SiO_2$，简式 C_3S）、硅酸二钙（$2CaO \cdot SiO_2$，简式 C_2S）、铝酸三钙（$3CaO \cdot Al_2O_3$，简式 C_3A）和铁铝酸四钙（$4CaO \cdot$

$Al_2O_3 \cdot Fe_2O_3$,简式 C_4AF)。水泥原料的各化学成分及其经燃烧后水泥熟料的矿物组成可归纳如下式：

$$
\begin{array}{lll}
[\text{原料}] & [\text{主要成分}] & [\text{矿物组成}] \\
\text{石灰质材料} & \left.CaO\right\} & \left\{\begin{array}{l} 3CaO \cdot SiO_2 \\ 2CaO \cdot SiO_2 \\ 3CaO \cdot Al_2O_3 \\ 4CaO \cdot Al_2O_3 \cdot Fe_2O_3 \end{array}\right. \\
\text{黏土质材料} \left\{\begin{array}{l} SiO_2 \\ Al_2O_3 \\ Fe_2O_3 \end{array}\right. & \xrightarrow[\text{煅烧}]{\triangle} &
\end{array}
$$

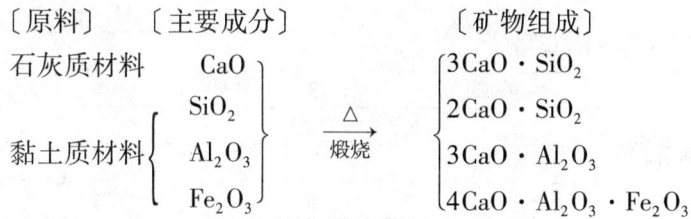

硅酸盐水泥熟料四种主要矿物化学组成与含量列于表1-7。

硅酸盐水泥熟料的矿物组成 表1-7

矿物组成	化学组成	常用缩写	大致含量(%)	矿物组成	化学组成	常用缩写	大致含量(%)
硅酸三钙	$3CaO \cdot SiO_2$	C_3S	35~65	铝酸三钙	$3CaO \cdot Al_2O_3$	C_3A	0~15
硅酸二钙	$2CaO \cdot SiO_2$	C_2S	10~40	铁铝酸四钙	$4CaO \cdot Al_2O_3 \cdot Fe_2O_3$	C_4AF	5~15

2. 水泥熟料主要矿物组成的性质

1）硅酸三钙（Tricalcium silicate）

硅酸三钙是硅酸盐水泥中最主要的矿物组分，其含量通常在50%左右，它对硅酸盐水泥性质有重要的影响。硅酸三钙遇水，反应速度较快，水化热高，水化产物对水泥早期强度和后期强度起主要作用。

2）硅酸二钙（Dicalcium silicate）

硅酸二钙在硅酸盐水泥中的含量约为10%~40%，也为主要矿物组分，遇水时对水反应速度较慢，水化热很低，它的水化产物对水泥早期强度贡献较小，但对水泥后期强度起重要作用。耐化学侵蚀性和干缩性较好。

3）铝酸三钙（Tricalcium aluminate）

铝酸三钙在硅酸盐水泥中含量通常在15%以下。它是四种组分中遇水反应速度最快，水化热最高的组分。铝酸三钙的含量决定水泥的凝结速度和释热量。通常为调节水泥凝结速度，需掺加石膏、硅酸三钙与石膏形成的水化产物，对水泥早期强度起一定作用。耐化学侵蚀性差，干缩性大。

4）铁铝酸四钙（Tetracalcium aluminoferrie）

铁铝酸四钙在硅酸盐水泥中，通常含量为5%~15%。遇水反应较快，水化热较高，强度较低，但对水泥抗折强度起重要作用。耐化学侵蚀性好，干缩性小。

3. 硅酸盐水泥组成矿物性能的比较

硅酸盐水泥熟料中这四种矿物组成的主要特性是：

（1）反应速度 以铝酸三钙（C_3A）最快，硅酸三钙（C_3S）较快，铁铝酸四钙（C_4AF）也较快，硅酸二钙（C_2S）最慢。

（2）释热量 C_3A最大，C_3S较大，C_4AF居中，C_2S最小。

（3）强度 C_3S最高，C_2S早期低，但后期增长率较大。故C_3S和C_2S为水泥强度主要来源。C_3A强度不高，C_4AF含量对抗折强度有利。

（4）耐化学侵蚀性 C_4AF最优，其次为C_2S、C_3S，C_3A最差。

（5）干缩性 C_4AF和C_2S最小，C_3S居中，C_3A最大。

硅酸盐水泥的主要矿物组成的特性归纳如表1-8所示。

矿物组成	硅酸三钙 （C_3S）	硅酸二钙 （C_2S）	铝酸三钙 （C_3A）	铁铝酸四钙 （C_4AF）
与水反应迅速	中	慢	快	中
水化热	中	低	高	中
对强度的作用　早期	良	差	良	良
对强度的作用　后期	良	优	中	中
耐化学侵蚀	中	良	差	优
干缩性	中	小	大	小

水泥中各种单矿物成分在水化后,其抗压强度和释热量随龄期而增长,如图1-7所示。

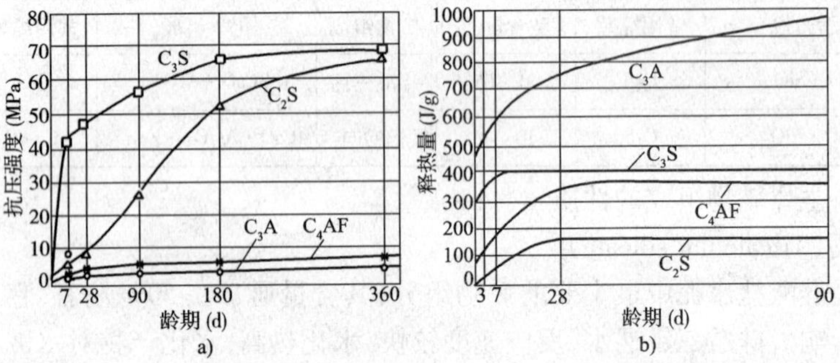

图1-7　水泥熟料矿物的抗压强度与释热量

a)水泥熟料矿物在不同龄期的抗压强度；b)水泥熟料矿物在不同龄期的释热量

4.矿物组成对水泥性能的影响

以上是以单矿物组分来讨论其个别性能,水泥是由多种矿物组分组成的,改变各矿物组分的含量比例以及它们之间的匹配,则可生产各种性能特异的水泥。例如,提高 C_3S 含量可制得高强度水泥；降低 C_3S、C_3A 含量,增加 C_2S 含量则可制得低热大坝水泥；提高 C_4AF 和 C_2S 含量则可制得高抗折强度的道路水泥。

（三）硅酸盐水泥的凝结和硬化

硅酸盐水泥是由多种化合物组成的,这些化合物与水作用后,最终将导致水泥的凝结、硬化。因此在研究硅酸盐水泥凝结硬化以前,先要研究硅酸盐水泥的水化。

1.硅酸盐水泥的水化

硅酸盐水泥熟料矿物的水化包括如下内容。

（1）硅酸三钙的水化　在常温下,硅酸三钙的水化可大致用式（1-33）表述：

$$3CaO \cdot SiO_2 + nH_2O \longrightarrow x\,CaO \cdot SiO_2 \cdot yH_2O + (3-x)Ca(OH)_2 \qquad (1-33)$$
（水化硅酸钙）　　　　　　（氢氧化钙）

式（1-33）定性地表明 C_3S 水化反应产物为水化硅酸钙（C-S-H）和氢氧化钙（CH）。

（2）硅酸二钙的水化　C_2S 的水化过程和 C_3S 极为相似。其水化过程可以表述如下式：

$$2\,CaO \cdot SiO_2 + mH_2O \longrightarrow x\,CaO \cdot SiO_2 \cdot yH_2O + (2-x)Ca(OH)_2 \qquad (1-34)$$
（硅酸二钙）　　　　　　（水化硅酸钙）　　　　　　（氢氧化钙）

式（1-34）定性地表明 C_2S 的水化反应产物也为水化硅酸钙（C-S-H）和氢氧化钙（CH）。

（3）铝酸三钙的水化　C_3A 在纯水中反应可生成 C_4AH_{19}、C_4AH_{13} 和 C_2AH_8 等水化铝酸钙,但这些水化产物都是不稳定的,不是最后的生成物。在硅酸盐水泥浆体中,熟料中 C_2A 实际上是在有石膏存在的情况下反应的,其水化反应为：

$$3CaO \cdot Al_2O_3 + 3CaSO_4 \cdot 2H_2O + 26H_2O \rightarrow 3CaO \cdot Al_2O_3 \cdot 3CaSO_4 \cdot 32H_2O \quad (1-35)$$

（铝酸三钙）　　　（石膏）　　　　　　　　　　　（钙钒石）

式(1-35)反应生成产物 $3CaO \cdot Al_2O_3 \cdot 3CaSO_4 \cdot 32H_2O$ 称为三硫型水化铝酸钙或称钙钒石（AF_t）。

当石膏消耗完毕后，水泥中尚未水化的 C_3A 与式(1-35)中的钙钒石（AF_t）生成单硫型水化铝酸钙（AF_m），如式(1-36)：

$$3CaO \cdot Al_2O_3 \cdot 3CaSO_4 \cdot 32H_2O + 2[3CaO \cdot Al_2O_3] + 4H_2O \rightarrow 3[3CaO \cdot Al_2O_3 \cdot CaSO_4 \cdot 12H_2O]$$

（钙钒石）　　　　　　　　　　　　　　　　　　　　　　　　　　　（单硫型水化铝酸钙）

$$(1-36)$$

（4）铁铝酸四钙的水化　C_4AF 水化与 C_2A 相似，在有石膏存在时，其反应与式(1-35)和式(1-36)相似，生成三硫型水化铁铝酸钙 $[3CaO(Al_2O_3, Fe_2O_3) \cdot 3CaSO_4 \cdot 32H_2O]$ 和单硫型水化铁铝酸钙 $[3CaO(Al_2O_3, Fe_2O_3) \cdot CaSO_4 \cdot 12H_2O]$。

从以上各化学反应方程式可以看出，硅酸盐水泥水化后主要有表1-9所示几种水化产物。

硅酸盐水泥的水化产物的化学组成　　　　　　　　　　　　表1-9

水 化 产 物 名 称	化 学 组 成	常 用 缩 写
1. 水化硅酸钙	$xCaO \cdot SiO_2 \cdot yH_2O$	C-S-H
2. 氢氧化钙	$Ca(OH)_2$	CH
3. 三硫型水化铝酸钙（钙钒石）	$3CaO \cdot Al_2O_3 \cdot 3CaSO_4 \cdot 32H_2O$	$C_3A_3CS \cdot H_{32}$ 或 AF_t
4. 单硫型水化铝酸钙（单硫盐）	$3CaO \cdot Al_2O_3 \cdot CaSO_4 \cdot 12H_2O$	$C_3ACS \cdot H_{12}$ 或 AF_m
5. 三硫型水化铁铝酸钙	$3CaO(Al_2O_3, Fe_2O_3) \cdot 3CaSO_4 \cdot 32H_2O$	$C_3(A,F)_3CSH_{32}$
6. 单硫型水化铁铝酸钙	$3CaO(Al_2O_3, Fe_2O_3) \cdot CaSO_4 \cdot 12H_2O$	$C_3(A,F)CSH_{12}$

充分水化的水泥浆体中，主要水化产物中，C-S-H 凝胶约占70%，CH 结晶约占20%，AF_t 和 AF_m 约占7%，其余是未水化的水泥和次要组分。

2. 硅酸盐水泥的凝结和硬化

水泥与水拌和后，熟料矿物水化反应，生成各种水化生成物，随着时间的推延，具有塑性的水泥浆体经过凝结、硬化逐渐成为具有一定强度的石状体。这种研究塑性水泥浆体如何转变和形成坚硬水泥石结构的理论，称为水泥凝结硬化理论。在历史上曾有以下三种著名的理论：

①H·吕查德里的"结晶理论"，认为水泥水化后，由于水化物过饱和结晶析出，而使水泥石产生强度。

②W·米哈爱利斯的"胶体理论"，认为水泥水化后，由于水化硅酸钙凝胶填充水泥颗粒间的孔隙，不断致密而提高了强度。

③A·久巴依可夫的"溶解、结晶和胶化"三阶段硬化理论，以及后来 n·A·列宾捷尔的三维空间"凝聚—结晶"网状结构学说。

这些经典理论，使人们对水泥的凝结硬化过程有了一定的科学认识。随着近代科学的发展，扫描电子显微镜等新技术在这一理论研究上的应用，近年来，一些研究者又作出了许多新的贡献，但是仍然存在许多问题有待深入研究。现将水泥凝结硬化的认识简介如下：

1）凝结硬化过程的物态变化

水泥浆体由可塑态，逐渐失去塑性，进而硬化产生强度，其物理化学变化过程，从物态变化可以分为三个阶段（即潜化期、凝结期和硬化期）来描述。

（1）潜化期　水泥与水接触以后，很快就发生化学反应（如前述），但在表观上无法察觉到，水泥浆体仍然在相当一段时间内保持可塑性状态，实际上是潜在化学的活动状态阶段，所以称为"潜化期"（或称诱导期）。

（2）凝结期　经过一段时间（大约1h后），水泥浆体开始失去塑性，例如用稠度仪的标准针刺入，不能刺到底，表明水泥浆体开始凝结。再经过一段时间（大约6~8h）水泥浆体完全失去塑性，用标准针不能刺入浆体（即使能刺入也不能超过1mm），表示水泥浆体凝结终了。这段时间称为"凝结期"。

（3）硬化期　凝结期的终了，也就是硬化期的开始，水泥浆体逐渐硬化，成为刚性的固体，强度随时间不断增长。这段时间称为"硬化期"，硬化期可以延续至很长时间，但28d基本表现出大部分强度。

凝结硬化过程的物态变化，给予工程中实用的凝结和硬化概念，但尚未能解释水泥水化的机理。水泥凝结硬化过程如图1-8所示。

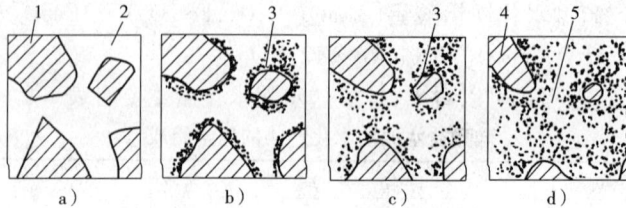

图1-8　水泥凝结硬化过程示意图

a)分散在水中未水化的水泥颗粒;b)在水泥颗粒表面形成水化物膜层;c)膜层长大并互相连接（凝结）;d)水化物进一步发展,填充毛细孔（硬化）

1-水泥颗粒;2-水分;3-凝胶;4-水泥颗粒的未水化内核;5-毛细孔

2）凝结硬化过程的释热率的变化

按照水泥水化释热率随时间而变化的关系，可以把水泥水化过程分为四个阶段：

（1）诱导前期　水泥加水后，立即发生急剧放热反应，放热率剧增，可达最大值，然而几分钟后又降至很低，这个阶段称为诱导前期，在此期间出现第一释热峰，一般认为是钙矾石（AF_t）的形成所产生的。

（2）诱导期　在诱导期前后，由于Ca^{2-}浓度的提高，相当一段时间（2~4h）里，反应速率极其缓慢，放热率也很低。这一阶段反应几乎休止，故称为潜化期或称诱导期。（有些研究者将诱导前期和诱导后期合并称为诱导期，故凝结硬化四阶段成为三阶段。）

（3）凝结期　诱导期结束，实质上就是凝结期的开始。由于诱导期的潜化作用，这时反应又重新加速，所以放热率也很快增加，出现了第二个释热峰。一般认为，这是与硅酸三钙水化后形成水化硅酸钙（C-S-H）和氢氧化钙（CH）相的原因。这一阶段中由于C-S-H和AF_t形成网状结构，水泥浆失去塑性，开始凝结，故称为凝结期。

（4）硬化期　在终凝以后，又出现第三个释热峰，一般认为这是由于石膏耗尽后，钙矾石（AF_t）转变为单硫盐（AF_m）所产生的。在这一阶段各种水化产物数量增加，孔隙减少，强度增加，逐渐硬化，故称为硬化期。

水泥水化放热曲线的研究，将放热峰与水泥水化产物的形成联系起来，为水泥的凝结硬化奠立了研究的基础。但对水泥凝结硬化机理还未能作出完善的解释，有待进一步研究。

（四）硅酸盐水泥的技术性质和技术标准

按照我国现行国家标准《硅酸盐水泥、普通硅酸盐水泥》规定，硅酸盐水泥的技术性质包括下列项目。

1. 化学性质

为了保证水泥的使用质量,要求水泥的化学指标(水泥中有害的化学成分)不超过最大允许限量。若超过最大允许限量,即意味着对水泥性能和质量可能产生有害或潜在的影响。

1)氧化镁含量

在水泥熟料中,常含有少量未与其他矿物结合的游离氧化镁,这种多余的氧化镁是高温时形成的方镁石,它水化为氢氧化镁速度很慢,常在水泥硬化以后才开始水化,在水化时产生体积膨胀,可导致水泥石结构产生裂缝甚至破坏,因此它是引起水泥安定性不良的原因之一。

我国现行国家标准规定,水泥中氧化镁含量不得超过5%。加水泥中氧化镁经压蒸安定性试验合格,则水泥中氧化镁含量允许放宽到6.0%。

2)三氧化硫含量

水泥中的三氧化硫主要是在生产时为调节凝结时间加入石膏而来的;也可能是煅烧熟料时加入石膏矿化剂而带入熟料中的。适量石膏虽能改善水泥性能(如提高水泥强度,降低收缩性,改善抗冻、耐蚀和抗渗性等),但石膏超过一定限量后,水泥性能会变坏,甚至引起硬化后水泥石体积膨胀,导致结构物破坏。因此,对水泥中二氧化硫最大允许含量,必须加以限制。

3)烧失量

水泥煅烧不佳或受潮后,均会导致烧失量增加。烧失量测定是以水泥试样在950~1 000℃下烧灼15 20min冷却至室温称量。

4)不溶物

水泥中不溶物是用盐酸溶解滤去不溶残渣,经碳酸钠处理再用盐酸中和,高温灼烧后称量。

2.物理性质

水泥物理性质技术要求包括:细度、凝结时间、安定性和强度。

1)细度

细度是指水泥颗粒粗细的程度。细度越细,水泥与水起反应的面积越大,水化越充分,水化速度越快。所以相同矿物组成的水泥,细度越大,早期强度越高,凝结速度越快,析水量减少。已有研究认为,水泥颗粒粒径在45μm以下才能充分水化,在75μm以上,水化不完全。实践表明,细度提高,可使水泥混凝土的强度提高,工作性得到改善。但是,水泥细度提高,在空气中的硬化收缩也较大,使混凝土发生裂缝的可能性增加。此外,细度提高导致粉磨能耗增加,成本提高。为充分发挥水泥熟料的活性,改善水泥性能;同时考虑能耗的合理分配,因此,对水泥细度必须予以合理控制。水泥细度可用下列方法表示。

(1)筛析法。以80μm方孔筛上的筛余量百分率表示。我国现行国家标准规定,筛析法有负压筛法和水筛法两种,有争议时,以负压筛法为准。

(2)比表面积法。以每千克水泥总表面积(m²)表示。我国现行国标规定,比表面积测定采用《水泥比表面积测定方法　勃氏法》(GB/T 8074—2008)勃压透气法测定。

※※

工作任务一　水泥细度检验方法

※※

一、负压筛法

1.试验目的与适用范围

水泥的细度影响水泥的技术性质,相同矿物成分的熟料,水泥越细,强度越高(特别是早期强度),凝结时间越快,安定性越好;但水泥过细,提高了生产成本费,而且储运过程易受潮。

本方法规定用 80μm 筛检验水泥细度的检测方法。

本法适用于硅酸盐水泥、普通硅酸盐水泥、矿渣硅酸盐水泥、粉煤灰硅酸盐水泥、火山灰硅酸盐水泥、复合硅酸盐水泥、道路硅酸盐水泥及指定采用本法的其他品种水泥。

2. 仪器设备

(1)负压筛。

①负压筛由圆形筛框和筛网组成,筛网为金属丝编织方孔筛,方孔边长 0.080mm,负压筛应附有透明筛盖,筛盖与筛上口应有良好的密封性。

②筛网应紧绷在筛框上,筛网和筛框接触处,应用防水胶密封,防止水泥嵌入。

(2)负压筛析仪。

①负压筛析仪由筛座、负压筛、负压源及收尘器组成,其中筛座由转速为 30r/min ± 2r/min 的喷气嘴、负压表、控制板、微电机及壳体等部分构成。

②筛析仪负压可调范围为 4 000 ~ 6 000Pa。

③负压源和收尘器,由功率 600W 的工业吸尘器和小型旋风收尘筒或由其他具有相当功能的设备组成。

(3)天平:最大称量为 100g,分度值不大于 0.05g。

3. 试验步骤

(1)筛析试验前,应把负压筛放在筛座上,盖上筛盖,接通电源,检查控制系统,调节负压至 4 000 ~ 6 000Pa。

(2)称取试样 25g,置于洁净的负压筛中,盖上筛盖,放在筛座上,开动筛析仪连续筛析 2min,在此期间如有试样附着在筛盖上,可轻轻地敲击,使试样落下。筛毕,用天平称取筛余物。

(3)当工作负压小于 4 000Pa 时,应清理吸尘器内水泥,使负压恢复正常。

4. 数据整理

水泥试样筛余百分数 A 按下式计算:

$$A = \frac{\omega_0}{m} \times 100\%$$

式中:ω_0——水泥筛余物的质量,g;

m——水泥试样的质量,g。

结果计算至 0.1%。

二、水筛法

1. 仪器设备

(1)标准筛:采用方孔边长 0.080mm 金属丝网筛布,筛框有效直径 125mm,高 80mm。筛布应紧绷在筛框上,接缝处应用防水胶密封。

(2)水筛架:用于支撑筛子,并带动筛子转动,转速约 50r/min。

(3)喷水:直径 55mm,面上均匀分布 90 个孔,孔径为 0.5 ~ 0.7mm,安装高度离筛布 50mm

为宜。

（4）天平：最大称量 100g，分度值不大于 0.05g。

2.试验步骤

（1）筛析试验前，应检查水中有无泥、砂，调整好水压及水筛架的位置，使其能正常运转，喷头底面和筛网之间距离为 35～75mm。

（2）称取试样 50g，置于洁净的水筛中，立即用淡水冲洗至大部分细粉通过后，放在水筛架上，用水压为 0.05MPa±0.02MPa 的喷头连续冲洗 3min。筛毕，用少量水把筛余物冲至蒸发器中等水泥颗粒全部沉淀后，小心倒出清水，烘干并用天平称量筛余物。

结果计算与负压筛法相同。

三、干筛法

在没有负压筛析和水筛的情况下，允许有手工干筛法。采用方孔边长 0.080mm 和铜丝网筛布，筛框有效直径 150mm，高 50mm。筛布应紧绷在筛框上，接缝处必须严密，并附有筛盖，试验步骤如下：

（1）称取水泥试样 50g，倒入干筛内。

（2）用一只手执筛往复摇动，另一只手轻轻拍打，拍打速度每分钟约 20 次，每 40 次向同方向转动 60°，使试样均匀分布在筛网上，直至每分钟通过的试样量不超过 0.05g 为止。

（3）称量筛余物，按前式计算试验结果。

※※

工作任务一结束

※※

2）水泥净浆标准稠度

为使水泥凝结时间和安定性的测定结果具有可比性，在此两项测定时必须采用标准稠度的水泥净浆。我国国标规定，水泥净浆稠度是采用稠度仪测定，以试针沉入深度为 28mm±2mm 时的净浆为"标准稠度"，此时的用水量为标准用水量。

3）凝结时间

凝结时间是水泥从加水开始，到水泥浆失去可塑性所需的时间。凝结时间分初凝时间和终凝结时间，初凝时间是从水泥加水到水泥浆开始失去塑性的时间；终凝时间是从水泥加水到水泥浆完全失去塑性的时间。

凝结时间测定，我国国标规定采用凝结时间测定仪测定。方法是将标准稠度用水量制成的水泥净浆装在试模中，在凝结时间测定仪上，以标准针测试。从加水时起，至试针沉入净浆中，距底板为 2～3mm 时所需的时间为"初凝时间"；从加水拌和起，至试针沉入净浆不超过 0.5～1mm 时所经历的时间为"终凝时间"。

水泥的凝结时间对水泥混凝土的施工有重要的意义。初凝时间太短，将影响混凝土拌和料的运输和浇灌；终凝时间过长，则影响混凝土工程的施工进度。我国现行国标《硅酸盐水泥、普通硅酸盐水泥》规定，硅酸盐水泥初凝时间不得早于 45min；终凝时间不得迟于 390min。普通硅酸盐水泥初凝时间不得早于 45min，终凝时间不得迟于 10h。

工作任务二 水泥标准稠度用水量与凝结时间试验

1）试验目的

检验水泥的凝结时间与体积安定性时,水泥浆和稠度影响试验结果,为便于比较,规定用标准稠度的水泥净浆试验。所以,测凝结时间与安定性之前,先要测定水泥标准稠度用水量。

水泥凝结时间的长短与施工关系密切,初凝过早,给施工造成困难;终凝太迟,将影响施工进度。国家标准对初、终凝时间都有规定,因此,必须了解水泥的凝结时间。

本方法规定了水泥标准稠度用水量和凝结时间的检测方法。

本法适用于硅酸盐水泥、普通硅酸盐水泥、矿渣硅酸盐水泥、粉煤灰硅酸盐水泥、火山灰硅酸盐水泥、复合硅酸盐水泥、道路硅酸盐水泥及指定采用本法的其他品种水泥。

2）仪器设备

①水泥净浆标准稠度与凝结时间测定仪:该仪器由铁座与可以自由滑动的金属圆棒构成,用松紧丝调整金属棒的高低。金属棒上附有指针,利用量程为 $0 \sim 75\text{mm}$ 的标尺指示金属棒下降距离。

测定标准稠度时,试锥法(代表法)金属棒下装一金属空心试锥,锥底直径 40mm,高 50mm;装净浆用的锥模,上口内径 60mm,锥高 75mm。

标准法维卡仪:标准稠度测定用试杆有铲长度为 $50\text{mm} \pm 1\text{mm}$,由直径为 $\phi10\text{mm} \pm 0.05\text{mm}$ 的圆柱形耐腐蚀金属制成。测定凝结时间时取下试杆,用试针代替试杆。试针由钢制成,其有效长度:初凝针为 $50\text{mm} \pm 1\text{mm}$、终凝针为 $30\text{mm} \pm 1\text{mm}$、直径为 $\phi1.13\text{mm} \pm 0.05\text{mm}$ 的圆柱体。滑动部分的总质量为 $300\text{g} \pm 1\text{g}$。与试杆、试针连接的滑动杆表面应光滑,能靠重力自由下落,不得有紧涩和晃动现象。

盛装水泥净浆的试模应由耐腐蚀、有足够硬度的金属制成,试模为深 $40\text{mm} \pm 0.2\text{mm}$、顶内径 $\phi65\text{mm} \pm 0.5\text{mm}$、底内径 $\phi75\text{mm} \pm 0.5\text{mm}$ 的截顶圆锥体,每只试模应配备一个大于试模、厚度 $>2.5\text{mm}$ 的平板玻璃底板。

②净浆搅拌机:符合 JC/T 729 的要求。

③湿气养护箱:应使湿度控制在 $20\text{℃} \pm 1\text{℃}$,相对湿度大于 90%。

④天平:量程 $1\,000\text{g}$,感量 1g。

⑤量水器:最小刻度为 0.1mL,精度 1%。

3）试验步骤

(1)标准稠度用水量的测定(标准法)。

①测定前准备工作。检查维卡仪的金属棒能否自由滑动;调整至试杆接触玻璃板时指针对准零点;搅拌机运行正常。

②水泥净浆的拌制。用水泥净浆搅拌机搅拌,搅拌锅和搅拌叶片先用湿布擦过,将拌和水倒入搅拌锅内,然后在 $5 \sim 10\text{s}$ 内小心将称好的 500g 水泥加入水中,防止水和水泥溅出。拌和时,先将锅放在搅拌机的锅座上,升至搅拌位置,启动搅拌机,低速搅拌 120s,停拌 15s,同时将叶片锅壁上的水泥浆刮入锅中间,接着高速搅拌 120s 停机。

③标准稠度用水量的测定。拌和结束后,立即将拌制好的水泥净浆装入已置于玻璃板上

的试模中,用小刀插捣,轻轻振动数次,刮去多余的净浆;抹平后迅速将试模和底板移动至维卡仪上,并将其中心定在试杆上,降低试杆直至与水泥净浆表面接触,拧紧螺栓 1~2s 后,突然放松,使试杆垂直自由沉入水泥净浆中。在试杆停止沉入或释放试杆 30s 时记录试杆距底板之间的距离,拔起试杆后,立即擦净。整个操作应在搅拌后 1.5min 内完成。以试杆沉入净浆并距底板 6mm±1mm 的水泥净浆为标准稠度净浆,其拌和水量为该水泥的标准稠度用水量(P),按水泥质量的百分比计。

(2)凝结时间的测定。

①测定前准备工作。调整凝结时间测定仪的试针,使其接触玻璃板时的指针对准零点。

②试件的制备。以标准稠度净浆一次装满试模,振动数次刮平,立即放入湿气养护箱中。记录水泥全部加入水中的时间作为凝结时间的起始时间。

③初凝结时间的测定:试件在湿气养护箱中养护至加水后 30min 时进行第一次测定,测定时,从湿气养护箱中取出试模放到试针下,降低试针,使其与水泥净浆表面接触。拧紧螺丝 1~2s,突然放松,试针垂直自由地沉入水泥净浆。观察试针停止下沉或释放试针 30s 时指针的读数。临近初凝时,每隔 5min 测定一次。当试针沉至距底板 40mm±1mm 时,为水泥达到初凝状态。由水泥全部加入水中至初凝状态的时间为水泥的初凝时间,用"min"表示。

④终凝时间的测定。为了准确观测试针沉入的状况,在终凝针上安装了一个环形附件,在完成初凝时间测定后,立即将试模连同浆体以平移的方式从玻璃板取出,翻转 180°,直径大端向上,小端向下放在玻璃板上,再放入湿气养护箱中继续养护,临近终凝时间每隔 15min 测定一次。当试针沉入试体 0.5mm 时,即环形附件开始不能在试体上留下痕迹时,为水泥达到终凝状态,由水泥全部加入水中至终凝状态的时间为水泥终凝时间,用"min"表示。

⑤测定时应注意,在最初测定的操作时应轻轻扶持金属柱,使其徐徐下降,以防试针撞弯,但结果以自由下落为准;在整个测试过程中试针沉入的位置至少要距试模内壁 10mm。临近初凝时,每隔 5min 测定一次,临近终凝时每隔 15min 测定一次,到达初凝或终凝时立即重复测定一次,当两次结论相同时才能定为到达初凝或终凝状态。每次测定不能让试针落下原针孔,每次测试完毕须将试针擦净并将试模放入湿气养护箱内,整个测试过程要防止试模受振。

注:可以使用能得出与标准中规定方法相同结果的凝结时间自动测定仪,使用时不必翻转试体。

(3)标准稠度用水量的测定(代用法)。

①试验前的准备工作。检查维卡仪的金属棒能否自由滑动;调整至试锥杆接触玻璃板时指针对准零点;搅拌机运行正常。

②水泥净浆的拌制与标准法相同。

③标准稠度的测定。

a. 采用代用法测定水泥标准稠度用水量可用调整水量和不变水量两种方法的任一种测定。采用调整水量方法时,拌和水量按经验找水;采用不变水量方法时,拌和水量用 142.5mL,水量精确到 0.5mL。

b. 拌和结束后,立即将拌制好的水泥净浆装入锥模中,以小刀插捣,轻轻振动数次,刮去多余的净浆。抹平后迅速放到试锥下面固定的位置上,将试锥降至净浆表面,拧紧螺丝 1~2s后,突然放松,让试锥垂直自由沉入水泥净浆中。到试锥停止下沉或释放试锥 30s 时记录试锥下沉深度,整个操作应在搅拌后 1.5min 内完成。

c. 用调整水量方法测定时,以试锥下沉深度 28mm±2mm 时的净浆为标准稠度净浆。其拌和水量为该水泥的标准稠度用水量(P),按水泥质量的百分比计。如下沉深度超出范围,需另称试样,调整水量,重新试验,直至达到28mm ± 2mm 为止。

d. 用不变水量方法测定时,根据测得的试锥下沉深度 $S(mm)$ 按下式(或仪器上对应标尺)计算得到标准稠度用水量 $P(\%)$。

$$P = 33.4 - 0.185S$$

当试锥下沉深度小于13mm 时,应改用调整水量法测定。

4)数据整理(略)

※※※※※※※※※※※※※※※※※※※※※※※※※※※※※※※※※※※※※

工作任务二结束

※※※※※※※※※※※※※※※※※※※※※※※※※※※※※※※※※※※※※

4)安定性

水泥与水拌制成的水泥浆体,在凝结硬化过程中,一般都会发生体积变化。如果这种体积变化是在凝结硬化过程中发生的,则对建筑物的质量并没有什么影响。但是如果混凝土硬化后,由于水泥中某些有害成分的作用,在水泥石内部产生了剧烈的、不均匀的体积变化时,在建筑物内部产生破坏应力,将导致建筑物的强度降低。若破坏应力发展到超过建筑物的强度,则会引起建筑物的开裂、崩塌等严重质量事故。表征水泥硬化后体积变化均匀性的物理性能指标,称为水泥的体积安定性。

影响体积安定性的因素主要为:熟料中氧化镁含量;水泥中三氧化硫含量。

测定水泥安定性的方法有沸煮法和压蒸法。

※※※※※※※※※※※※※※※※※※※※※※※※※※※※※※※※※※※※※

工作任务三 **水泥安定性检测方法**

※※※※※※※※※※※※※※※※※※※※※※※※※※※※※※※※※※※※※

一、水泥安定性检测(标准法)

1.试验目的及适用范围

由于水泥成分中含有游离氧化钙、氧化镁及三氧化硫等,这些成分在水泥硬化过程中熟化缓慢。当混凝土产生强度后,仍继续熟化,引起混凝土膨胀而使建筑物开裂。本试验可鉴定由于游离氧化钙而引起水泥体积变化,以表示水泥体积安定性是否合格。

安定性的测定方法可以用试饼法,也可以用雷氏法,有争议时以雷氏法为准。试饼法是通过观察水泥净浆试饼沸煮后的外形变化来检验水泥的体积安定性;雷氏法是测定水泥净浆在雷氏夹中沸煮后的膨胀值。

本法规定了水泥安定性的检测方法。

本法适用于硅酸盐水泥、普通硅酸盐水泥、矿渣硅酸盐水泥、粉煤灰硅酸盐水泥、火山灰硅酸盐水泥、复合硅酸盐水泥、道路硅酸盐水泥及指定采用本法的其他品种水泥。

2.仪器设备

（1）沸煮箱。有效容积约为 410mm×240mm×310mm，篦板结构应不影响试验结果，篦板与加热器之间的距离大于 50mm。箱的内层由不易锈蚀的金属材料制成，能在 30min±5min 内将箱内的试验用水由室温升至沸腾并可以保持沸腾状态 3h 以上，整个试验过程中不需补充水量。

（2）雷氏夹。由铜质材料制成，当一根指针的根部先悬挂在一根金属丝或尼龙丝上，另一根针的根部再挂上 300g 质量的砝码时，两根指针的针尖距离增加应在 17.5mm±2.5mm 范围之内。当去掉砝码后针尖的距离能恢复至挂砝码前的状态。

（3）雷氏夹膨胀值测定仪标尺最小刻度为 1mm。

（4）玻璃板、抹刀、直尺。

（5）其他仪器设备与标准稠度用水量相同。

3. 试验步骤

（1）采用雷氏夹测定时，每个雷氏夹需配备质量约 75～80g 玻璃两块；若采用试饼法测定，需准备两块约 100mm×100mm 的玻璃板。每种方法每个试样需成型两个试件。与水泥净浆接触的玻璃板和雷氏表面都要稍涂上一层油。

（2）按标准稠度用水量加水，按水泥净浆的拌制方法制备标准稠度净浆。将预先准备好的雷氏夹放在已稍擦油的玻璃板上，并将已制好的标准黏稠度净浆装满雷氏夹。装浆时一只手轻轻扶持雷氏夹，另一只手用宽 10mm 的小刀插捣数次然后抹平，盖上稍涂油的玻璃板，接着立刻将雷氏夹移至湿气养护箱内养护 24h±2h。

（3）调整好沸煮箱内的水位，使之在整个沸煮过程中都能没过试件，不需要中途加水，同时保证在 3h±5min 之内。

（4）脱去玻璃板取下试件，先测量雷氏夹指针尖端的距离 A，精确至 0.5mm，接着将试件放入水中板上，指针朝上，试件之间相互不交叉，然后在 30min±5min 内加热至沸腾，并恒沸 3h±5min。

（5）沸煮结束后，即放掉箱中的热水，打开箱盖，待箱体冷却至室温，取出试件进行判别。

（6）测量雷氏夹指针尖端间的距离 C，精确至 0.5min，当两个试件煮后增加距离 $(C-A)$ 的平均值不大于 5mm 时，即可认为该水泥安定性合格；当两个试件的 $(C-A)$ 值相差超过 4mm 时，应用同一样品立即重做一次试验。再如此，则认为该水泥为安定性不合格。

二、水泥安定性检测（代用法）

（1）采用试饼法测定时，将制好的净浆取出一部分分成两等分，使之呈球形，放在预先准备好的玻璃板上，轻轻振动玻璃板并用湿布擦净的小刀由边缘向中央抹动，做成直径为 70～80mm、中心厚约 10mm、边缘渐薄、表面光滑的试饼，接着将试饼放在湿气养护箱内养护 24h±2h。

（2）调整好沸煮箱内的水位，使之在整个沸煮过程中都能没过试件，不需中途添补试验用水，同时保证水在 30min±5min 内加热至沸腾，并恒沸 3h±5min。

（3）沸煮结束后，放掉箱中的热水，打开箱盖，待箱体冷却至室温，取出试件进行判别，目测试饼未发现裂缝，用钢直尺检查也没有弯曲的试饼，为安定性合格；反之为不合格。当两个试饼判别结果有矛盾时，该水泥的安定性为不合格。

（4）数据整理（略）。

三、压蒸法

由于氧化镁引起的安定性不良,可采用压蒸法。按我国现行试验法,是将水泥制成净浆试体,做压蒸法试验。膨胀率不超过0.5%则认为合格。

※※※

工作任务三结束

※※※

5)强度

强度是水泥技术要求中最基本的指标,它直接反映了水泥的质量水平和使用价值。水泥强度测定时可以将水泥制成水泥净浆、水泥砂浆或水泥混凝。净浆法只能反映水泥浆的内聚力,未能反映出水泥浆对砂石材料的胶结力,与水泥在混凝土中的实际使用情况有差距,因此通常不采用此方法。混凝土法虽可较好地反映水泥在使用中的实际情况,但砂石材料条件很难统一,并且会增加检验工作的复杂性。目前,只有个别国家采用混凝土法作为砂浆法的参比检验。砂浆法不仅可避免净浆法的缺点,又可克服混凝土法条件统一的困难,所以国际上都采用砂浆法作为水泥强度的标准检验方法。我国也采用水泥胶砂来评定水泥的强度。

水泥的强度除了与水泥本身的性质(如熟料的矿物组成、细度等)有关外,并与水灰比、试件制作方法、养护条件和时间等有关。按我国现行行业标准《公路水泥及水泥混凝土试验规程》(JTG E30—2005)规定,是以1:3的水泥和标准砂,按规定的水灰比(0.44或0.46),用标准制作方法,制成4cm×4cm×16cm的标准试件。在标准养护条件下,达到规定龄期(3d、28d或3d、7d、28d)时,测定其抗折和抗压强度。按现行国家标准规定的最低强度值来评定其所属强度等级。

(1)水泥强度等级　按规定龄期抗压强度和抗折强度来划分。在规定各龄期的抗压强度和抗折强度均符合某一强度等级的最低强度值的要求时,以28d抗压强度值(MPa)作为强度等级,硅酸盐水泥强度等级分为42.5、42.5R、52.5、52.5R、62.5、62.5R六个强度等级。

(2)水泥型号　为提高水泥早期强度,我国现行标准将水泥分为普通型和早强型(或称R型)两个型号。早强型水泥的3d抗压强度较同强度等级的普通型强度提高10%~24%;早强型水泥的3d抗压强度可达28d抗压强度的50%。水泥混凝土路面用水泥,在供应条件允许的情况下,应尽量优先选用早强型水泥,以缩短混凝土养护时间,提早通车。

为了确保水泥在工程中的使用质量,生产厂在控制出厂水泥28d的抗压强度时,均留有一定的富裕强度。在设计混凝土强度时,可采用水泥实际强度。通常富裕强度系数为1.00~1.13。

我国现行国家标准《通用硅酸盐水泥》(GB 175—2007)规定:凡氧化镁、三氧化硫的初凝时间、安定性中的任一项不符合标准规定,均为废品。凡细度、终凝时间、不溶物和烧失量中的任一项不符合标准规定,或混合材掺加量超过最大限量,或强度低于商品强度等级规定的指标时,称为不合格品。废品水泥在工程中严禁使用。

工作任务四 水泥胶砂强度检验方法

※※※

1.试验目的与适用范围

本法规定水泥胶砂强度检验基准方法的仪器、材料、胶砂组成、试验条件、操作步骤和计算结果。

本法适用于硅酸盐水泥、普通硅酸盐水泥、矿渣硅酸盐水泥、粉煤灰硅酸盐水泥、复合硅酸盐水泥、道路硅酸盐水泥及石灰石硅酸盐水泥的抗折与抗压强度检验。

2.仪器设备

(1)水泥胶砂搅拌机:应符合《行星式水泥胶砂搅拌机》(JC/T 681—2005)的要求。

(2)抗折试模:三个40mm×40mm×160mm的试模。

(3)振实台。

(4)抗折强度试验机。

(5)抗压强度试验机:200~300kN为宜。

(6)抗压夹具:面积为40mm×40mm。

3.试验步骤

1)每锅材料数量

每锅材料数量见表1-10。

表1-10

材料数量 水泥品种	水 泥 (g)	标 准 砂 (g)	水 (mL)
硅酸盐水泥	450±2	1350±5	225±1
普通硅酸盐水泥			
矿渣硅酸盐水泥			
粉煤灰硅酸盐水泥			
复合硅酸盐水泥			
石灰石硅酸盐水泥			

2)搅拌

每锅胶砂用搅拌机进行机械搅拌,先使搅拌机处于待工作状态,然后按以下的程序操作:

(1)把水加入锅里,再加入水泥,把锅放在固定架上,上升至固定位置。

(2)然后立即开动机器,低速搅拌30s后,在第二个30s开始的同时均匀地将砂加入,把机器转至高速再拌30s。

(3)停拌90s,在第一个15s内用胶皮刮具将叶片和锅壁上的胶砂刮入锅中间。再在高速下继续搅拌60s。各个搅拌阶段时间误差控制在±1s以内。

3)用振实台成型

(1)胶砂制备后立即使其成型,将空试模和模套固定在振实台上,用一个适当勺子直接从搅拌锅里将胶砂分两层装入试模。装第一层时,每个槽里约放300g胶砂,用大播料器垂直架在模套顶部,沿每个模槽来回一次将料层播平,接着振实60次。再装入第二层胶砂,用小播料器播平,再振实60次,移走模套,从振实台上取下试模,用一金属直尺以近似90°的角度架在试模顶的一端,然后沿试模长度方向以横向锯割动作慢慢向另一端移动,一次将超过试模部分的胶砂刮去,并用同一直尺以近乎水平的状态将试体表面抹平。

(2)在试模上作标记或加字条标明试件编号和试件相对于振实台的位置。两个龄期以上的试件,编号时应将同一试模中的三条试件分在两个以上的龄期内。

4)脱模

对24h龄期的试件,应在破型试验前20min内脱模;对24h以上龄期的试件,应在成型后20~24h之间脱模。

5)养护

将做好标记的试件立即水平或竖直放在20℃±1℃水中养护,水平放置时刮平面应朝上。试件放在不易腐烂的篦子上,并彼此间保持一定距离,以让水与试件的六个面接触,养护期间试件之间间隔或试体上表面的水深不得小于5mm。

6)强度试验

(1)抗折强度试验。

①将试件一个侧面放在试验机支撑圆柱上,以50N/s±10N/s的速度均匀地将荷载垂直地加在棱柱体相对侧面上,直至折断。

②保持两个半截棱柱体处于潮湿状态直至抗压试验。

③抗折强度 R_f 按下式计算:

$$R_f = 1.5 F_f L/b^3$$

式中:R_f——抗折强度,MPa;

F_f——折断时施加于棱柱体中部的荷载,N;

L——支撑圆柱之间的距离,mm;

b——棱柱体正方形截面的边长,mm。

④抗折强度的评定:以一组三个棱柱体抗折强度结果的平均值作为试验结果。当三个强度值中有超出平均值±10%时,应剔除后再取平均值作为抗折强度试验结果。

(2)抗压强度试验。

①抗折试验后的两个断块应立即进行抗压试验,抗压试验必须用抗压夹具进行,试验体受压面为40mm×40mm。试验时以半截棱柱体的侧面作为受压面,试体的底面靠近夹具定位销,并使夹具对准压力机压板中心。

②压力机加荷速度应控制在2 400N/s±200N/s,均匀地加荷直至破坏。

③抗压强度 R_c 按下式计算:

$$R_c = F_c/A$$

式中:R_c——抗压强度,MPa;

F_c——破坏时的最大荷载,N;

A——受压部分面积,mm^2。

④抗压强度的评定:以一组三个棱柱体上得到的六个抗压强度测定值的算术平均值作为试验结果。如六个测定值中有一个超出六个平均值的±10%,就应剔除这个结果,

以剩下五个的平均数为结果,如果五个测定值中再有超过它们平均数±10%的,则此组结果作废。

4.注意事项

(1)试件龄期是从水泥加水搅拌开始算起,一般只检测3d与28d强度。

(2)每个养护池只养护同类型的水泥试件。最初用自来水装满养护池,随后随时加水,保持适当的恒定水位,不允许在养护期间全部换水。

(3)试件从水中取出后,在强度试验前应用湿布覆盖。

※※※

工作任务四结束

※※※

硅酸盐水泥的技术标准,按我国现行国标《通用硅酸盐水泥》(GB 175—2007)的有关规定执行。

(五)硅酸盐水泥石的腐蚀和防止

1.水泥石的腐蚀

硅酸盐水泥应用于配制成各种道路与桥隧结构物的混凝土,在正常环境条件下,水泥石将继续硬化,强度不断增长。但是在某些环境条件(如受到某些侵蚀性液体或气体的作用)下,也能引起水泥石强度的降低,严重的甚至引起混凝土的破坏,这种现象称为水泥石的腐蚀。现将道路与桥隧构筑物中,可能遇到的几种腐蚀因素简述如下。

1)溶析性侵蚀

溶析性侵蚀又称淡水侵蚀或溶出侵蚀,就是硬化后混凝土中的水泥水化产物被淡水溶解而带走的一种侵蚀现象。

水泥石中的各种水化物与水作用时,$Ca(OH)_2$溶解度最大,首先被溶出。在水量不多或静水和无压情况下,由于周围的水迅速被溶出的$Ca(OH)_2$所饱和,溶出作用很快就中止。但在大量或流动的水中,由于$Ca(OH)_2$不断被溶析,不仅混凝土的密度和强度降低,而且水泥石液相中$Ca(OH)_2$的浓度降低,将导致水化硅酸钙(CSH)和水化铝酸钙的不断分解,形成低碱性水化物的混凝土,水泥石内部不断受到破坏,强度不断降低,最终引起整个结构物的破坏。

2)硫盐酸的侵蚀

通过海湾、沼泽或跨越污染河流的线路,沿线桥涵墩台有时会受到海水、沼泽水、工业污水的侵蚀,这时如水中含有碱性硫酸盐(如Na_2SO_4、K_2SO_4等),当溶液中SO_4^{2-}离子大于1 400mg/L时,碱性硫酸盐就能与水泥石中的氢氧化钙作用产生硫酸钙。硫酸钙($CaSO_4 \cdot 2H_2O$)能结晶析出。

当SO_4^{2-}离子浓度低时,硫酸钙也能与水泥石中的固态水化铝酸钙作用,生成水化硫铝酸钙晶体。因为水化铝酸钙与硫酸钙作用生成水化硫铝酸钙的反应是在固相中进行的,水化硫铝酸钙结合着大量结晶水,其体积约为原来的水化铝酸钙体积的2.5倍,因此,水泥石产生很大的内应力,使混凝土结构的强度降低和造成破坏。

3)镁盐侵蚀

在海水、地下水或矿泉水中,常含有较多的镁盐,主要以氯化镁、硫酸镁形态存在。镁盐与水泥石中的氢氧化钙起置换作用。生成溶解度小且强度不高的氢氧化镁,使液相中氢氧化钙浓度降低,从而引起水泥石中氢氧化钙、水化硅酸钙、水化铝酸钙等强度组分的分解,导致水泥石的破坏。此外,氯化钙易溶于水,二水石膏能引起硫酸盐的破坏作用。

4)碳酸侵蚀

在工业污水或地下水中常溶解有较多的二氧化碳(CO_2),这种水对水泥石有侵蚀作用。二氧化碳与水泥石中的氢氧化钙作用,可生成碳酸钙,碳酸钙再与水中的碳酸作用,生成重碳酸钙。当水中含有较多碳酸,并超过平衡浓度,则水泥石中的氢氧化钙,转变为可溶的碳酸氢钙,而使水泥石的强度下降。

2.水泥石腐蚀的防止

为防止、减轻水泥石的腐蚀作用,通常可采取下列措施。

1)根据腐蚀环境特点,合理选用水泥品种

选用硅酸二钙含量低的水泥,使水化产物中 $Ca(OH)_2$ 含量减少,以提高耐软水溶析的作用。选用 C_3A 含量低的水泥,则可降低硅酸盐类的腐蚀作用。又如选用掺混合材水泥,可提高水泥的抗腐蚀能力。

2)提高水泥石的紧密度

因为水泥水化所需含水量仅为水泥质量的 10% ~ 15%,而实际用水量(由于施工等因素的要求)则高达水泥质量的 40% ~70%,多余的水分蒸发后形成连通的孔隙,腐蚀介质就容易渗入水泥石内部,还可能在水泥石的孔隙间产生结晶膨胀,从而加速了水泥的腐蚀。因此,在施工中应合理选择水泥混凝土的配合比,降低水灰比,改善集料级配,掺加外加剂等措施提高其密实度。此外,还可在混凝土表面进行碳化处理,使表面进一步密实,也可减少侵蚀介质渗入内部。

3)敷设耐蚀保护层

当腐蚀作用较强时,可在混凝土表面敷设一层耐腐蚀性强且不透水的保护层(通常可采用耐酸石料、耐酸陶瓷、玻璃、塑料或沥青等)。

(六)掺混合材水泥和其他品种水泥

1.掺混合材水泥

为了改善硅酸盐水泥的某些性能,同时达到增加产量和降低成本的目的,在硅酸盐水泥熟料中掺加适量的各种混合材料与石膏共同磨细得水硬性胶凝材料,称为掺混合材水泥。

水泥混合材料按其在混合水泥中的作用,可分为活性混合材料和非活性混合材料两类。

1)活性混合材料

近年来也采用兼具有活性和非活性的窑灰。它是一种矿物材料,磨成细粉,与石灰(或石灰和石膏)拌和在一起,加水后在常温下能生成具有胶凝性的水化产物,并能在水中硬化。此类材料称为活性混合材料,主要包括粒化高炉矿渣、火山灰质混合材料和粉煤灰。

2)非活性混合材料

将磨细的石英砂、石灰石、黏土、慢冷矿渣及炉渣等掺入水泥中,与水泥不起或起微弱的化学作用(即无或有微弱的化学活性),仅起提高产量、降低强度等级、降低水化热和改善新拌混凝土和易性等作用,因此将这些材料也称为填充性混合材料。

3)窑灰

窑灰是从水泥回转窑窑尾废气中收集下的粉尘。窑灰的性能介于非活性混合材料和活性混合材料之间。窑灰的主要组成物质是碳酸钙、脱水黏土、玻璃态物质、氧化钙,另有少量熟料矿物、碱金属硫酸盐和石膏等。

2. 普通硅酸盐水泥

凡由硅酸盐水泥熟料 6% ~15% 混合材料、适量石膏磨细制成的水硬性胶凝材料,称为普通硅酸盐水泥,简称普通水泥。代号为 P.O。

掺活性混合材料时,最大掺量不得超过 15% ,其中允许用不超过水泥质量 5% 的窑灰或不超过水泥质量 10% 的非活性混合材料来代替。

掺非活性混合材料时,最大掺量不得超过水泥质量的 10% 。

普通水泥由于掺加混合材料的数量少,性质与不掺混合材料的硅酸盐水泥相近。实际上不应属于掺混合材料硅酸盐水泥。

按现行国家标准,普通硅酸盐水泥分为 42.5、42.5R、52.5、52.5R 四个强度等级。

3. 矿渣硅酸盐水泥

凡由硅酸盐水泥和粒化高炉矿渣、适量石膏磨细制成的水硬性胶凝材料称为矿渣硅酸盐水泥,简称矿渣水泥,代号 P.S。水泥中粒化高炉矿渣掺加量按质量百分比计为 20% ~70%。允许用石灰、窑灰、粉煤灰和火山质混合材料中一种材料代替矿渣,代替数量不得超过水泥质量的 8% ,替代后水泥中粒化高炉矿渣不得少于 20%。

矿渣水泥的密度一般为 2.8 ~3.1g/cm³,堆积密度约为 1 000 ~1 200kg/m³,较硅酸盐水泥略小,且颜色较淡。

矿渣水泥的水化,首先是水泥熟料矿物矿渣水泥的水化,首先是水泥熟料矿物的水化,然后矿渣才能参加反应。同时,在矿渣水泥中,水泥熟料矿物的含量比硅酸盐水泥少得多。因它凝结稍慢,早期(3d,7d)强度较低。但在硬化后期,28d 以后的强度发展将超过硅酸盐水泥。一般情况下,矿渣掺入量越多,早期强度越低,但后期强度增长率越大。另外,矿渣水泥需要较长时间的潮湿养护,外界温度对硬化速度的影响也比硅酸盐水泥敏感。在低温时,其硬化很慢,显著降低其早期强度,而采用蒸汽养护等湿热处理,对于加快硬化速度极为有效,并且在处理完毕后强度仍能很好地增长。

矿渣水泥的干缩性较大,如养护不当,在未充分水化之前干燥,就易产生裂缝。同时,对矿渣水泥与硅酸盐水泥强度增长情况进行比较,可知矿渣水泥保水性差,泌水性较大,拌制混凝土时容易析出多余水分,形成毛细管通路。矿渣水泥具有较好的化学稳定性,对硫酸盐或氯盐溶液有较强的抵抗能力。对于淡水所引起的溶出性侵蚀,也具有较好的抗蚀能力。同时,矿渣水泥中的水化硅酸钙凝胶结构较为紧密,对于阻止侵蚀性介质的扩散也有一定的帮助。但矿渣水泥并不是对常见类型的侵蚀都有较好的抗蚀性,如对酸性水和镁盐的侵蚀,矿渣水泥因为能起缓冲作用的 Ca(OH)₂ 较少,其抵抗能力较普通水泥为差,而且抗冻性和抗干湿交替循环等性能也不如普通水泥。

此外,矿渣水泥由于相对降低了 C₃S 和 C₃A 的含量,水化和硬化过程较慢,因此水化热比普通水泥小得多。矿渣水泥与钢筋的黏结力较好,能防止钢筋的锈蚀。因为硬化后 Ca(OH)₂含量低,且矿渣是水泥的耐火添加料,所以矿渣水泥还具有耐热性较强的特点。

4. 复合硅酸盐水泥

凡由硅酸盐水泥、两种或两种以上规定的混合材料、适量石膏磨细制成的水硬性胶凝材料,称为复合硅酸盐水泥(简称复合水泥)。

按我国现行国标《复合硅酸盐水泥》规定,对复合水泥的技术要求为:氧化镁、三氧化硫、细度、安定性等指标与《矿渣硅酸盐水泥、火山灰质硅酸盐及粉煤灰硅酸盐水泥》相同,其凝结时间,终凝为12h。此外,强度分为32.5、32.5R、42.5、42.5R、52.5、52.5R 六个。

5. 道路硅酸盐水泥

随着我国高等级道路的发展,水泥混凝土路面已成为主要路面类型之一。对专供公路、城市道路和机场道面用的道路水泥,我国已制定了国家标准。现根据我国现行国家标准《道路硅酸盐水泥》就有关技术要求和技术标准分述如下。

1)定义

以适当成分用火烧至部分熔融,所得以硅酸钙为主要成分的铁铝酸钙的硅酸盐熟料称为道路硅酸盐水泥熟料。由道路硅酸盐水泥熟料 0~10% 活性混合材料和适量石膏磨细制成的水硬性胶凝材料,称为道路硅酸盐水泥(简称道路水泥)。

2)技术要求

(1)化学组成

在道路水泥或熟料中含有下列有害成分时必须加以限制:

①氧比镁含量。道路水泥中氧化镁含量不得超过 5.0%。

②三氧化硫含量。道路水泥中三氧化硫不得超过 3.5%。

③烧失量。烧失量不得大于 3.0%。

④游离氧化钙含量。道路水泥熟料中游离氧化钙含量,旋窑生产者不得大于 1.0%;立窑生产者不得大于 1.8%。

⑤碱含量。国标《道路硅酸盐水泥》(GB 13693—2005)规定,如用户提出要求时,由供需双方商定。但按《水泥混凝土路面施工及验收规范》规定:碱含量不得大于 0.6%。

(2)矿物组成

①铝酸三钙含量。道路水泥熟料中铝酸三钙含量不得大于 5.0%。

②铁铝酸四钙含量。道路水泥熟料中铁铝酸四钙含量不得小于 16.0%。

(3)工程应用

道路水泥是一种强度高,特别是抗折强度高、耐磨性好、干缩性小、抗冲击性好、抗冻性和抗硫酸性比较好的专用水泥。它适用于道路路面、机场跑道道面、城市广场等工程。由于道路水泥具有干缩性小、耐磨、抗冲击等特性,因此,可减少水泥混凝土路面的裂缝和磨耗等病害;减少维修、延长路面使用年限,可获得显著的社会效益和经济效益。

6. 快硬硅酸盐水泥

凡以硅酸盐水泥熟料和适量石膏磨细制成的,以 3d 抗压强度表示水泥强度等级的水硬性胶凝材料,称为快硬硅酸盐水泥(简称快硬水泥)。

工程应用:快硬水泥具有早期强度增进率高的特点,其 3d 抗压强度可达到强度等级,后期强度仍有一定增长,因此适用于紧急抢修工程、冬季施工工程。用厂制造预应力钢筋混凝土或混凝土预制构件,可提高早期强度,缩短养护期,加快周转。不宜用于大体积工程。快硬水泥的缺点是收缩率较大,容易吸湿降低温度,储存期超过一个月,须重新检验。

7. 膨胀水泥

膨胀水泥是硬化过程中不产生收缩、而具有一定膨胀性能的水泥。

1)按胶结材料的不同分类

按胶结材料的不同,可分为下列几种:

（1）硅酸盐型膨胀水泥　用硅酸盐熟料、铝酸盐水泥和二水石膏按适当比例共同粉磨或分别研磨再混合均匀，可制得硅酸盐型膨胀水泥。由于水化后生成钙矾石、水化氢氧化钙等水化产物，因这些水化生成物的体积均大于原来的体积，因而造成硬化水泥浆体的体积膨胀。

（2）铝酸盐型膨胀水泥　用高铝水泥熟料和二水石膏按适当比例，再加助磨剂经磨细，制成铝酸盐型膨胀水泥。

（3）硫铝酸盐型膨胀水泥　用中、低品位的矾土、石灰和石膏为原料，适当配合磨细后经燃烧得到的硫铝酸钙、硅酸二钙为主要矿物的熟料，再配以二水石膏磨细制得的具有膨胀性的水硬性胶凝材料，称为硫铝酸盐型膨胀水泥。

2）按膨胀值分类

按膨胀值分为下列几种：

（1）收缩补偿水泥　这种水泥膨胀性能较弱，膨胀时所产生的压应力大致能抵消干缩所引起的应力，可防止混凝土产生干缩裂缝。

（2）自应力水泥　这种水泥具有较强的膨胀性能，当它用于钢筋混凝土中时，由于它的膨胀性能，使钢筋受到较大的拉应力，而混凝土则受到相应的压应力。当外界因素使混凝土结构产生拉应力时，就可被预先具有的压应力抵消或降低。这种靠水泥自身水化产生膨胀来张拉钢筋达到的预应力称为自应力。混凝土中所产生的压应力数值即为自应力值。

工程应用：在道桥工程中，膨胀水泥常用于水泥混凝土路面、机场道面或桥梁修补混凝土中。

单元4　稳定土材料

学习目标

1. 学生能够了解稳定土材料的组成、性质及组成设计方法。
2. 学生能够掌握稳定土材料的组成、性质及应用。

任务描述

准备稳定土材料，让学生观察材料的性状，并对其进行描述。

学习引导

本学习任务沿着以下脉络进行学习：

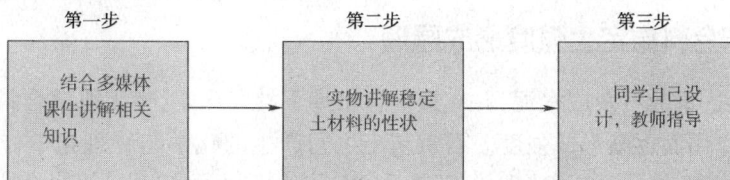

第一步	第二步	第三步
结合多媒体课件讲解相关知识	实物讲解稳定土材料的性状	同学自己设计，教师指导

稳定土是在粉碎的或原来松散的土（包括各种粗、中、细粒土）中，掺入足量的石灰、水泥、

工业废渣、沥青及其他材料后,经拌和、压实及养生后,得到的具有较高后期强度、整体性和水稳定性均较好的一种材料。这类材料的耐磨性差,不适宜作为路面的面层,常用作路面的基层和底基层。由于稳定土材料具有较大的抗变形能力,故称为半刚性基层稳定土材料。它包括石灰稳定土、水泥稳定土、石灰稳定工业废渣和综合稳定土。

一、无机结合料稳定土组成材料的要求

1. 土质

土的矿物成分对无机结合料稳定土性质具有重要影响。试验表明,除有机质或硫酸盐含量高的土以外,各类砂砾土、砂土、粉土和黏土均可用无机结合料稳定。一般规定土的液限不大于40,塑性指数不大于20。级配良好的土用无机结合料稳定时,既可节约无机结合料用量,又可取得满意的效果。重黏土中黏土颗粒含量多,不易粉碎和拌和,用石灰稳定时,容易使路面造成缩裂。粉质黏土的稳定效果最佳。用水泥稳定重黏土时,不易粉碎和拌和,会造成水泥用量过高而不经济。级配良好的砾石—砂—黏土稳定效果最佳。

2.无机结合料

1)水泥

各种类型的水泥都可用于稳定土。水泥的矿物成分和分散度对其稳定效果有明显的影响。对同一种土,硅酸盐水泥比铝酸盐水泥稳定效果好。在水泥矿物成分相同、硬化条件相似的情况下,其强度随水泥比表面和活性的增大而提高。稳定土的强度还与水泥的用量有关,不存在最佳水泥剂量,而存在一个经济用量。通常在保证土的性质能起根本变化,且能保证稳定土达到所规定的强度和稳定性的前提下,取尽可能低的水泥剂量。

2)石灰

各种化学组成的石灰均可用于稳定土。在剂量不大的情况下,钙质石灰比镁质石灰稳定土的初期强度高。镁质石灰稳定土在剂量较大时,后期强度优于钙质石灰稳定土。石灰的最佳剂量,对黏性土和粉性土为占干土重的8%~16%,对砂性土为10%~18%。

3)粉煤灰

粉煤灰是火力发电厂排出的废渣,属硅质或硅铝质材料,其本身很少或没有黏结性,但它以细分散状态与水和消石灰或水泥混合,可以发生反应形成具有黏结性的化合物。所以,石灰粉煤灰可用来稳定各种粒料和土,又称二灰土。

粉煤灰加入土中既能起填充作用,与石灰反应的产物也起胶结作用。由此而达到改善稳定土的水稳定性、提高强度与密实度的目的。

3.含水率

水分是稳定土的一个重要组成部分。水分以满足稳定土形成强度的需要,同时使稳定土在压实时具有一定的塑性,以达到所需的压实度。水分还可使稳定土在养生时具有一定的湿度。最佳含水率用重型击实试验法确定。

二、无机结合料稳定土强度形成原理

在土中掺入适量的石灰或水泥,并在最佳含水率下拌匀压实,使无机结合料与土发生一系列的物理、化学作用而逐渐形成强度。石灰与土之间产生的化学与物理化学作用可分为四个方面:离子交换作用;结晶作用;碳酸化作用;火山灰作用。水泥与土之间产生的化学与物理化学作用可分为三个方面:离子交换及团粒化作用;硬凝反应;碳酸化作用。

(一)石灰土强度形成原理

1. 离子交换作用

在石灰土中,由于水的作用使部分熟石灰离解成 Ca^{++} 和 $(OH)^-$ 离子,溶液呈现出强碱性,随着 Ca^{++} 浓度增大,灰土中土粒表面原来吸附的 Na^{++}、K^+ 等一价离子被石灰中的二价 Ca^{++} 离子替换。原来的钠(钾)土变成了钙土,减少了土粒表面吸附水膜的厚度,使土粒相互之间更为接近,随着分子引力增加,许多单个土粒结成小团粒,组成一个稳定的结构。它在初期发展迅速,使土的塑性降低、最佳含水率增加和最大密实度减小。

2. 结晶作用

熟石灰掺入土中,由于水分较少,只有少部分离解,一部分 $Ca(OH)$ 进行化学作用,绝大部分饱和 $Ca(OH)$ 在灰土中自行结晶,其化学反应式如式(1-37):

$$Ca(OH)_2 + nH_2O \rightarrow Ca(OH)_2 \cdot nH_2O \tag{1-37}$$

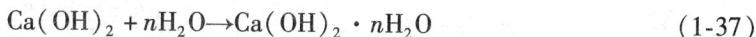

由于结晶作用,把土粒胶结成整体,使石灰土的整体性得到提高。

3. 碳酸化作用

灰土中的 $Ca(OH)_2$ 与空气中的 CO_2 作用,生成 $CaCO_3$ 结晶,其化学反应式如(1-38):

$$Ca(OH)_2 + CO_2 \rightarrow CaCO_3 + H_2O \tag{1-38}$$

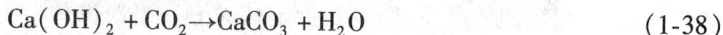

$CaCO_3$ 是坚硬的结晶体,它和其他生成复杂的盐类把土粒胶结起来,从而大大地提高了土的强度和整体性。结晶作用与碳酸化作用使石灰土后期板体性、强度和稳定性得到提高。

4. 火山灰作用

石灰中的 $Ca(OH)_2$ 与土中活性 SiO_2 和活性 Al_2O_3 起化学反应,生成含水的硅酸钙和含水铝酸钙,它们在水分作用下能够逐渐结硬,其反应如式(1-39)、式(1-40):

$$xCa(OH)_2 + SiO_2 + (n-1)H_2O \rightarrow xCaO \cdot SiO_2 \cdot nH_2O \tag{1-39}$$

$$xCa(OH)_2 + Al_2O_3 + (n-1)H_2O \rightarrow xCaO \cdot Al_2O_3 \cdot nH_2O \tag{1-40}$$

火山灰反应是在不断吸收水分的情况下逐渐发生的,因而具有水硬性。是构成石灰土早期强度的主要原因。

(二)水泥稳定土强度形成原理

1. 离子交换及团粒化作用

水泥水化后的胶体中 $Ca(OH)_2$ 和 $Ca^{++} + (OH)$ 一起共存,其离子交换作用与石灰土相同。

离子交换的结果使大量的土粒形成较大的土团。由于水泥水化生成物 $Ca(OH)_2$ 具有强烈的吸附活性,使较大的土团进一步结合,形成水泥土的链条状结构,封闭了各土团之间的孔隙,形成坚固的联结,这是水泥土具有一定强度的主要原因。

2. 硬凝反应

随水泥水化反应的深入,溶液中析出大量 Ca^{++},当 Ca^{++} 的数量超过离子交换需要量后,则在碱性环境中与黏土矿物中的 SiO_2 和 Al_2O_3 进行化学反应,生成不溶于水的结晶矿物,从而增大了土的强度。

3. 碳酸化作用

水泥稳定土与石灰土碳酸化作用基本相同。使土固结产生强度,但比硬凝反应的作用差一些。

三、影响稳定土强度的因素

(一)稳定土材料的性质

1. 土质

对于石灰稳定土和石灰粉煤灰稳定土,可用亚砂土、亚黏土、粉土类和黏土类土。规范规定:用于石灰稳定土的土,其塑性指数为 10% ~20% 的黏性土较适宜,而不适宜稳定塑性指数 10% 以下的低塑性土。对于水泥稳定土,可用各种砂砾、粉土和黏土,但含级配良好的粗、中颗粒的土比单纯细粒土的稳定效果要好。有机质和硫酸盐含量高的土,均不宜用于石灰稳定土和水泥稳定土。

2. 稳定剂品种及用量

当采用石灰做稳定剂时,必须测定石灰的有效氧化钙和氧化镁含量,宜用技术等级Ⅲ级以上的石灰,以提高石灰稳定土的强度。用水泥稳定土时,硅酸盐水泥要比铝酸盐水泥效果好一些,且不宜采用快硬或早强水泥。水泥稳定土的强度随水泥剂量增加而增加;石灰稳定土的强度则不是这种规律,一般存在一最佳石灰剂量值,超过或低于此值,石灰稳定土强度则较低。在二灰土中,粉煤灰的品质、用量将决定其强度。当粉煤灰中小于 0.045mm 颗粒含量、SiO_2 及 $SiO_2 + RO$(R 指 Ca^{2+} 或 Mg^{2+})和 $SiO_2 + Al_2O_3$ 含量、碱含量较多时,烧失量又较低时,火山灰作用较强。另外,若二灰土中石灰与粉煤灰比例大致在 1:2 ~ 1:4 时,二灰土的强度较高。

3. 含水率

在一般情况下,在最佳含水率下压实的干密度较大的试件强度也高,因此,实际施工中尽可能达到最佳含水率,并注意养护中水分的蒸发,以保证某些稳定剂的水化。

4. 密实度

密实度越大,材料有效受荷面积越大,强度越高,受水影响的可能性减少。密实度应通过选材和合适的施工工艺综合控制。

5. 施工时间长短的影响

施工时间长短的影响主要针对水泥稳定土而言,水泥稳定土从开始加水拌和到完全压实的时间要尽可能短,一般不要超过 6h。若碾压或湿拌的时间拖长,水泥就会产生部分结硬,影响水泥稳定土的压实度,导致水泥稳定土强度损失。

6. 养生条件

稳定土的强度发展需要适当的温度、湿度。必须在潮湿的条件下养护,否则其强度将显著下降。同时,养生温度越高,强度增长越快。

(二)稳定土材料的变形性能

1. 缩裂特性

1)干缩

随着无机结合料稳定土强度的不断形成,水分逐渐消耗以及蒸发,体积发生收缩,收缩变形受到约束时,逐渐产生裂缝,称为干缩裂缝。试验表明,若以最佳含水率状态下各种无机结合料稳定土的干缩系数的大小排序为:石灰土 > 石灰砂砾 > 二灰土 > 二灰砂砾 > 水泥砂砾。稳定土干缩裂缝的产生与结合料的种类与用量、含细粒土的多少及养护条件有关。石灰稳定土比水泥稳定土容易产生干缩裂缝。对于含细粒土较多的无机结合料稳定土,常以干缩为主,故应加强初期养护,保证稳定土表面潮湿,减轻其干缩裂缝。

2)温缩

无机结合料稳定土具有热胀冷缩性质。随着气温的降低,稳定土会产生冷却收缩变形,收缩变形受到约束时,逐渐形成裂缝,称为温缩裂缝。试验表明,若以最佳含水率状态下各种无机结合料稳定土的温缩系数大小排序为:石灰土 > 石灰砂砾 > 二灰土 > 水泥砂砾 > 二灰砂砾。其温缩裂缝的产生与结合料的种类与用量、土的粗细程度与成分以及养护条件有关。石灰稳定土比水泥稳定土的温缩大,细粒土比粗粒土的温缩大。掺入一定数量的粉煤灰可以降低温缩系数。早期养生良好的无机结合料稳定土易于成型,早期强度高,可以减少裂缝的产生。

2. 裂缝防治措施

1)改善土质

稳定土用土越黏,则缩裂越严重。所以采用黏性较小的土,或在黏性土中掺入砂土、粉煤灰等,以降低土的塑性指数。

2)控制压实含水率及压实度

稳定土因含水率过多产生的干缩裂缝显著,压实度低时产生的干缩比压实度大时严重。因此,稳定土压实时含水率比最佳含水率略小为好,并尽可能达到最佳压实效果。

3)掺加粗粒料

掺入一定数量(掺入量 60% ~ 70%)的粗粒料,如砂、碎石、砾石等,使混合料满足最佳组成要求,可以提高其强度和稳定性,减少裂缝产生,同时可以节约结合料和改善碾压时的拥挤现象。

(三)稳定土材料的疲劳特性

在重复荷载作用下,材料的强度与其静力极限强度相比则有所下降。荷载重复作用的次数越多,这种强度下降越大,即疲劳强度越小。材料从开始至出现疲劳破坏的荷载作用次数称之为材料的疲劳寿命。通过试验表明,石灰粉煤灰稳定材料的抗疲劳性能优于水泥砂砾。

由于在一定的应力条件下,疲劳寿命决定于材料的强度,故在多数情况下凡有利于水泥(石灰)类材料强度的因素,对提高疲劳寿命也有利。

(四)稳定土材料水稳定性和冰冻稳定性

稳定类基层材料除具有适当的强度,除能承受设计荷载以外,还应具备一定的水稳定性和冰冻稳定性,否则,稳定类基层由于面层开裂、渗水或者两侧路肩渗水,将使稳定土含水率增加,强度降低,从而使路面过早破坏。在冰冻地区,冰冻将加剧这种破坏。评价水稳定性和冰冻稳定性可用浸水强度试验和冻融循环试验。影响水稳定性及冰冻稳定性的主要因素如下:

(1)土类。细土含量多、塑性指数大的土,水稳定性、抗冰冻能力差。

(2)稳定剂种类及剂量。石灰粉煤灰粒料和水泥粒料的水稳性最好,石灰稳定土其水稳定性不好。当稳定剂剂量不足时,胶结作用弱,透水性大,强度达不到要求,其稳定性也差。

(3)密实度。密实度大时,透水能力降低,水稳定性增强。

(4)龄期。由于某些稳定剂如水泥、石灰或二灰的强度形成需要一定的时间,因此,这类稳定土其水稳定性随龄期的增长而增大。

四、稳定类材料组成设计

稳定类材料组成设计,也称混合料设计,即根据对某种材料规定的技术要求,选择合适的原材料,掺配用料(需要时),确定结合料的种类和数量及混合料的最佳含水率。

(一)设计标准

我国《公路路面基层施工技术规范》(JTJ 034—2000)规定:对石灰粉煤灰集料(或土)混合料进行组成设计时,采用无侧限抗压强度为设计标准。

各种无机结合料稳定土的强度标准(按7d龄期)初步建议值见表1-11。

无机结合料稳定类材料的抗压强度(MPa)　　　　表1-11

公 路 等 级		二级和二级以下公路	高速公路和一级公路
水泥稳定类材料	基层	2.5 ~ 3	3 ~ 5
	底基层	1.5 ~ 2.0	1.5 ~ 2.5
石灰稳定类材料	基层	≥0.8①	—
	底基层	0.5 ~ 0.7②	≥0.8
二灰稳定类材料	基层	0.6 ~ 0.8	0.8 ~ 1.1
	底基层	≥0.5	≥0.6

注:①在低塑性土(塑性指数小于7)地区,石灰稳定砂砾土和碎石土的7d浸水抗压强度应大于0.5MPa(100g平衡锥测液限);

②低限用于塑性指数小于7的黏性土,高限用于塑性指数大于7的黏性土;

③摘自《公路路面基层施工技术规范》(JTJ 034—2000)。

(二)材料组成设计步骤

1.原材料试验

对于粗粒土和中粒土应做筛分或压碎值试验,对于稳定剂主要测定石灰的钙、镁含量和水泥的胶砂强度及凝结时间。

2.拟定混合料配合比

(1)选定不同的石灰(或水泥)剂量,制备同一种土样的混合料试件若干个,规范建议的剂量如表1-12、表1-13。

水泥剂量参考值　　　　表1-12

土 类	层 位	水 泥 剂 量（％）				
中粒土和粗粒土	基层	3	4	5	6	7
	底基层	3	4	5	6	7
塑性指数小于12的土	基层	5	7	8	9	11
	底基层	4	5	6	7	9
其他细粒土	基层	8	10	12	14	16
	底基层	6	8	9	10	12

土 类	层 位	石 灰 剂 量 （%）				
砂粒土和碎石土	基层	3	4	5	6	7
塑性指数小于 12 的黏性土	基层	10	12	13	14	16
	底基层	8	10	11	12	14
塑性指数大于 12 的黏性土	基层	5	7	9	11	13
	底基层	5	7	8	9	11

对于石灰粉煤灰稳定土,采用石灰粉煤灰土做基层或底基层时,石灰与粉煤灰的比例常用 1:2 ~ 1:4(对于粉土,以 1:2 为合适),石灰粉煤灰与细粒土的比例可以是 30:70 ~ 10:90;采用石灰粉煤灰集料做基层时,石灰与粉煤灰的比例常用 1:2 ~ 1:4,石灰粉煤灰与级配集料(中粒土和粗粒土)的比应是 20:80 ~ 15:85。

(2)通过击实试验确定混合料的最佳含水率和最大干密度。至少要做三组不同石灰(或水泥)剂量混合料的击实试验(即最小、中间和最大剂量)。

(3)按工地预定达到的压实度计算不同石灰(或水泥)剂量时试件应有的干密度。

(4)按最佳含水率和计算得的干密度制备试件进行强度试验,试件数应符合表 1-14 中的规定。

稳定土类型	下列偏差系数时的试验数量(个)		
	小于 10%	10% ~ 15%	小于 20%
细粒土	6		
中粒土	6	9	
粗粒土		9	13

3. 试件的强度试验

试件在规定温度下保温养生 6d,浸水 1d 后,进行无侧限抗压强度试验,计算试验结果的平均值和偏差系数。

※※

工作任务一 **无机结合料稳定土的无侧限抗压强度试验**

※※

1. 目的与适用范围

为路面施工中无机结合料细粒土、中粒土和粗粒土配合比设计提供数据,同时也可用此方法检验路面结构强度是否满足要求。

2. 仪器设备

(1)标准筛。

(2)试模(适用于下列不同土的试模尺寸):细粒土(最大粒径不超过 10mm)试模的直径 × 高为 50mm × 50mm;中粒土(最大粒径不超过 25mm)试模的直径 × 高为 100mm × 100mm;粗粒

土(最大粒径不超过40mm)试模的直径×高为150mm×150mm。

(3)脱模器。

(4)反力框架:规格为400kN以上。

(5)液压千斤顶:200~1 000kN。

(6)水槽:深度应大于试件高度50mm。

(7)材料强度试验仪或其他合适的压力机(不大于200kN)。

(8)天平:感量0.01g。

(9)量筒、拌和工具、漏斗、大小铝盒、烘箱等。

3. 试验准备

将有代表性的风干试样过筛并进行分类。如试样为粗粒土,则除去大于40mm的颗粒备用;如试样为中粒土,则除去大于25mm或20mm的颗粒备用;如试样为细粒土,则除去大于10mm的颗粒备用。

在预定做试验的前一天,取有代表性的试样测定其风干含水率,击实试验法确定无机结合料混合料的最佳含水率和最大干密度。

4. 试验步骤

1)试件制作

(1)称取一定数量的风干土并计算土的干质量,按试件尺寸的大小称取不同的数量;细粒土一次可称取6个试件的土,中粒土一次可称取3个试件的土,粗粒土一次只称取1个试件的土。

(2)将称好的土放在长方盘内,向土中加水。对于细粒土(特别是黏性土)使其含水率较最佳含水率小3%,对于中粒土和粗粒土可按最佳含水率加水。将土和水拌和均匀后放在密闭容器内浸润备用。如为石灰稳定土和水泥、石灰综合稳定土,可将石灰与土一起拌匀后进行浸润。

浸润时间:黏性土12~24h,粉性土6~8h,砂性土、砂砾土、红土砂砾、级配砂砾等可缩短到4h左右,含土很少的未筛分碎石、砂砾及砂可以缩短到2h。

(3)在浸润过的试样中,加入预定数量的水泥或石灰并拌和均匀。拌和过程中,应预留3%的水(对于细粒土)加入土中,使混合料的含水率达到最佳含水率。拌和均匀的加水泥的混合料应在1h内按下述方法制成试件,超过1h的混合料应该作废。其他结合料稳定土,混合料虽不受限制,但也应尽快制成试件。

(4)按预定的干密度制件。制备一个预定干密度的试件,需要的稳定土混合料数量为m_1,则:

$$m_1 = \rho_d V(1 + w)$$

式中:V——试模的体积;

w——稳定土混合料的含水率,%;

ρ_d——稳定土试件的干密度,g/cm^3。

将试模的下压柱放入试模的下部,外露2cm左右。将称量的规定数量$m_1(g)$的稳定土混合料分2~3次灌入试模中(利用漏斗),每次灌入后用夯棒轻轻均匀插实。如制的是50mm×50mm小试件,则可将混合料一次倒入试模中。然后将上压柱放入试模内,应使其也外露2cm左右(即上下压柱露出试模外的部分应该相等)。

将整个试模(连同上下压柱)放到反力框架内的液压千斤顶上(液压千斤顶下应放一扁球

座),加压直到上下压柱都压入试模为止。维持压力1min。解除压力后,拿去上压柱,并放到脱模器上将试件顶出(利用千斤顶和下压柱)。称出试件的质量m_2,小试件准确到1g;中试件准确到2g;大试件准确到5g。然后用游标卡尺量出试件的高度,准确到0.1mm。

(5)养生。试件从试模内脱出并称量后,应立即放到密封湿气箱和恒温室内进行保温保湿养生。但中试件和大试件应先用塑料薄膜包裹。有条件时,可采用蜡封保湿养生。养生时间根据需要而定,作为工地控制,通常只取7d。整个养生期间的温度,在北方地区应保持20℃±2℃,在南方地区应保持25℃±2℃。

养生期的最后一天,应将试件浸泡在水中,水深应使水面在试件顶上约2.5cm。在浸泡水中之前,应再次称试件的质量m_3。在养生期间,试件的质量损失应该符合下列规定:小试件不超过1g;中试件不超过4g;大试件不超过10g。质量损失超过此规定的试件,应该作废。

2)无侧限抗压强度试验

(1)将已浸水一昼夜的试件从水中取出,用软的旧布吸去试件表面的可见自由水,并称试件的质量m_4。

(2)用游标卡尺量试件的高度,准确到0.1mm。

(3)将试件放在路面材料强度试验仪的升降台上(台上先放一扁球座),进行抗压试验。试验过程中,应使试件的形变等速增加,并保持形变速率约为1mm/min。记录试件破坏时的最大压力$P_1(N)$。

(4)从试件内部取有代表性的样品(经过打破),测定其含水率w_1。

(5)试件的无侧限抗压强度R_c,用下列相应公式计算:

对于小试件 $\qquad R_c = P/A = 0.000\,51P\ (\text{MPa})$ (1-41)

对于中试件 $\qquad R_c = P/A = 0.000\,127P\ (\text{MPa})$ (1-42)

对于大试件 $\qquad R_c = P/A = 0.000\,57P\ (\text{MPa})$ (1-43)

式中:P——试件破坏时的最大压力,N;

A——试件的截面积($A = \pi \times D^2/4$,D为试件直径,mm)。

(6)精密度或允许差。若干次平行试验的偏差系数$C_v(\%)$应符合下列规定:

小试件,不大于10%;

中试件,不大于15%;

大试件,不大于20%。

5.结果整理

试验报告应包括以下内容:

(1)材料的颗粒组成。

(2)水泥的种类和强度等级或石灰的等级。

(3)确定最佳含水率时的结合料用量以及最佳含水率(%)和最大干密度(g/cm³)。

(4)石灰或水泥剂量(%)或石灰(或水泥)、粉煤灰和集料的比例。

(5)试件的干密度(准确到0.01 g/cm³)或压实度。

(6)吸水量以及测抗压强度时的含水率(%)。

(7)抗压强度:小于2.0MPa时,采用两位小数,并用偶数表示;大于2.0MPa时,采用一位小数。

(8)若干个试验结果的最大值和最小值、平均值$\overline{R}_c$、标准差S、偏差系数C_v和95%的概率

值 $R_{c0.95} = R_c - 1.645S$。

※※※※※※※※※※※※※※※※※※※※※※※※※※※※※※※※※※※※

工作任务一结束

※※※※※※※※※※※※※※※※※※※※※※※※※※※※※※※※※※※※

4.选定石灰或水泥剂量

根据试验结果和强度标准,选定合适的水泥或石灰剂量。此剂量试件的室内试验结果的平均抗压强度 R 应符合式(1-44)的要求:

$$R = R_d / (1 - Z_\alpha \times C_v) \tag{1-44}$$

式中:R_d——设计抗压强度,MPa;

　　　C_v——试验结果的偏差系数(以小数计);

　　　Z_α——保证率系数,高速公路和一级公路应取保证率95%,此时 $Z_\alpha = 1.645$;一般公路应
　　　　　取保证率90%,即 $Z_\alpha = 1.282$。

工地实际采用的石灰(或水泥)剂量应比室内确定的剂量多0.5%～1.0%,二灰土多2%～3%。石灰土稳定碎石和石灰土稳定砂砾,仅对其中的石灰土进行组成设计,对碎石和砂砾,只要求它具有较好的级配。石灰土与碎石砂砾的质量比宜为1:4。二灰稳定粒料的组成设计,则应包括全部混合料(或25mm以下的粒料)。条件不具备时,可仅对二灰进行组成设计,确定二灰的配合比后,在二灰中掺入一定比例的粒料。

单元5　钢　　材

学习目标

1.学生理解钢筋的概念;
2.学生通过试验,了解钢筋的特性。

任务描述

准备4～5种钢筋试样,装在托盘中,让学生观察,并对钢筋试样进行描述。

学习引导

本学习任务沿着以下脉络进行学习:

第一步　　　　　　　　第二步　　　　　　　　第三步

结合多媒体
课件讲解相关
知识
→
实物讲解钢筋
的特性
→
教师讲授并
指导同学设计
矿质混合料的
组成

一、概述

钢材是重要的建筑材料,具有较高的强度和硬度,有一定的塑性和韧性,并能进行焊接、铆接和切割等工艺,因而广泛应用于建筑工程中。

建筑钢材的形状有各种型钢(工字钢、角钢、槽钢、钢板等)、钢筋和钢丝等。

钢桥和钢筋混凝土桥是现代桥梁的主要桥型。在钢结构和钢筋混凝土结构中,都要应用钢材。在学习钢桥设计和钢筋混凝土桥设计之前,必须掌握常用钢材的规格、性能和应用等材料方面的基础知识。

(一)钢材的分类

钢的分类方法很多,较常用的有下列分类方法。

1. 按冶炼方法分类

1)按生产的炉型分类

根据冶炼用炉的不同,钢可分为平炉钢、转炉钢、电炉钢等几类,又可分为酸性钢和碱性钢。建筑用钢多为平炉钢、空气转炉钢和顶吹氧气转炉钢。

2)按脱氧程度分类

按脱氧程度可将钢材分为沸腾钢、镇静钢和半镇静钢。

(1)沸腾钢。是脱氧不充分的钢,在浇铸及钢液冷却时,有大量的一氧化碳气体逸出,钢液呈激烈沸腾状。

(2)镇静钢。脱氧充分,钢水较纯净,浇铸钢锭时钢水平静。镇静钢材质致密均匀,质量高于沸腾钢。

(3)半镇静钢。脱氧程度及钢水质量介于上述两者之间。

2. 按化学成分分类

钢按化学成分的不同可分为下列几种。

1)碳素钢

碳素钢也称"碳钢",是含碳量低于 2.0% 的铁碳合金。除铁、碳外,常含有如锰、硅、硫、磷、氧、氮等杂质。碳素钢按含碳量可分为:

(1)低碳钢:含碳量小于 0.25% 。

(2)中碳钢:含碳量为 0.30% ~0.55% 。

(3)高碳钢:含碳量大于 0.6% 。

2)合金钢

为了改善钢的性能,在钢中特意加入某些合金元素(如锰、硅、钒等),使钢材具有特殊的力学性能。

合金钢按合金元素含量可分为:

(1)低合金钢:合金元素总含量小于 5% 。

(2)中合金钢:合金元素总含量为 5% ~10% 。

(3)高合金钢:合金元素总含量大于 10% 。

3. 按质量分类

碳素钢按供应的钢材化学成分中有害杂质的含量不同,又可划分为:

(1)普通钢:钢中磷含量不大于 0.045% ,硫含量不大于 0.055% 。

（2）优质钢：所含杂元素较普通钢低，磷含量不大于 0.035% ~ 0.040%，硫含量不大于 0.040%。

4.按用途分类

钢材按用途的不同可分为：

（1）结构钢：用于建筑结构，机械制造等，一般为低、中碳钢。

（2）工具钢：用于各种工具，一般为高碳钢。

（3）特殊钢：具有各种特殊物理化学性能的钢材，如不锈钢等。

（二）建筑钢材的类属

由于桥梁结构需要承受车辆等荷载的作用，同时需要经受各种大气因素的考验，对于桥梁用钢材要求具有高的强度、良好的塑性、韧性和可焊性。因此，桥梁建筑用钢材，钢筋混凝土用钢筋，就其用途分类来说，均属于结构钢；就其质量分类来说，都属于普通钢；按其含碳量的分类来说，均属于低碳钢。所以桥梁结构用钢和混凝土用钢筋是属于碳素结构钢或低合金结构钢。

1.结构钢

根据化学成分不同，结构钢分为碳素结构钢和合金结构钢。

（1）碳素结构钢　分普通碳素结构钢（又称碳素结构钢）和优质碳素结构钢两类。

普通碳素结构钢最高含碳量不超过 0.38%，是建筑工程方面的基本钢种。其产品有圆、方、扁、角、槽、工字钢及钢筋、钢板等。

优质碳素结构钢比普通碳素结构钢杂质含量少，具有较好的综合性能。广泛用于机械制造、工具和弹簧等。

（2）合金结构钢　分普通低合金结构钢和合金结构钢两类。

普通低合金结构钢也称低合金结构钢，是在普通碳素钢基础上加入少量合金元素而成，具有高强度、高韧性和可焊性。也是工程中大量使用的结构钢种。主要用于桥梁和建筑钢筋等方面。合金结构钢主要用于机械和设备的制造等。

2.工具钢

根据化学成分的不同，分碳素工具钢、合金工具钢和高速工具钢，用于制造各种刃具、模具和量具等。

3.特殊性能钢

特殊性能钢多为高合金钢，主要有不锈钢和耐热钢等。

4.专门用途钢

专门用途钢分碳素钢和合金钢两种。主要有钢筋钢、桥梁钢、钢轨钢等。

此外，根据钢中所含有害杂质（硫、磷）的多少，又将钢分为普通钢和优质钢。普通碳素钢、普通低合金结构钢等属于普通钢；优质碳素结构钢、合金结构钢、碳素工具钢及合金工具钢等属于优质钢。

常用的普通低合金结构钢按所加元素和含量的不同，有多种钢号。

二、钢材的技术性质、应用与保护

（一）钢的机械性能

桥梁建筑用钢和钢筋混凝土用钢筋的基本技术性能包括：抗拉性能、塑性、冷弯性能和冲击韧性等,抗拉性能在材料力学中已讲述过,本课程仅阐述与材料有关的性能。

1.抗拉性能

将钢材制成标准形状和尺寸的拉伸试件,在拉伸试验机上加载直至拉断为止。这样,便可绘出拉伸图(应力—应变图)。低碳钢的拉伸图如图1-9所示。

图中的曲线可明显地划分为四个阶段:弹性阶段($O \rightarrow A$),屈服阶段($B_上 \rightarrow B_下$),强化阶段($B \rightarrow C$)和缩颈阶段($C \rightarrow D$)。

OA是一直线,在OA范围内如卸去荷载,试件变形能恢复原状,即呈弹性变形。A点对应的应力称为弹性极限,用σ_c表示。

图 1-9 低碳钢受拉的应力—应变图

A点以后,应力与应变不再成正比关系。这时如卸去外力,试件变形不能完全消失,表明已出现塑性变形。拉力继续增加则达到屈服阶段,在屈服阶段,锯齿形的最高点$B_下$所对应的应力称为屈服上限(σ_{sv}),短齿形的最低点$B_下$所对应的应力称为屈服下限(σ_{sl}),屈服强度(σ_s)以MPa表示,按式(1-45)计算:

$$\sigma_s = \frac{F_s}{A_0} \tag{1-45}$$

屈服点对钢材使用有重要的意义,当构件的实际应力超过屈服点时,将产生不可恢复的永久变形。另一方面,当应力超过屈服点时,受力高的部分应力不再提高,即自动将荷载重新分配给某些应力较小的部分。因此,设计中一般以屈服点作为强度取值的基础。

中碳钢和高碳钢没有明显的屈服点,通常以标距部分残余变形为原标距长度的0.2%的应力作为屈服强度,表示为$\sigma_{0.2}$,按式(1-46)计算:

$$\sigma_{0.2} = \frac{F_{0.2}}{A_0} \tag{1-46}$$

式中:$F_{0.2}$——相当于所求应力对应的荷载,N;

A_0——试件的原横截面积,mm^2。

试件在屈服阶段以后,其抵抗塑性变形的能力重新提高,故称为强化阶段。C点的应力称为抗拉强度,用σ_b表示。因此抗拉强度是试样在拉断以前所承受的最大负荷所对应的应力,它表示材料在拉力作用下抵抗破坏的最大能力。

抗拉强度在设计中虽不能直接利用,但是屈服点与抗拉强度之比值(屈强比)对使用有较大的意义。屈强比小,说明在钢材受力超过屈服点工作时的可靠性越大,结构越安全,即延缓结构损坏过程的潜力越大。屈强比太小,表示钢材强度的利用率偏低,不够经济。所以,屈服强度和抗拉强度是钢材力学性能的主要检验指标。

2.塑性

钢材在受力破坏前可以经受永久变形的性能,称为塑性。钢材的塑性指标用伸长率和断面收缩率表示。

(1)伸长率。又称延伸率,是指试样拉断后,其标距部分所增加的长度与原标距长度的百分比。伸长率按式(1-47)计算。

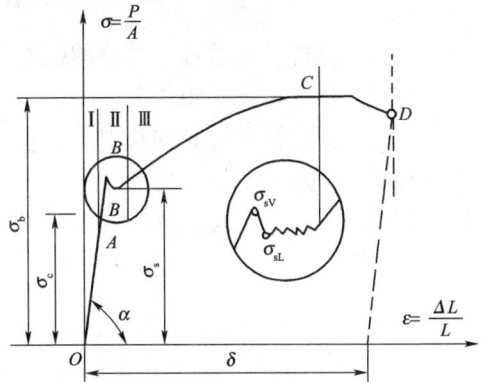

$$\delta_n = \frac{L_1 - L_0}{L_0} \times 100\% \qquad (1\text{-}47)$$

式中: L_1——试样拉断后标距部分的长度, mm;

  L_0——试样的原标距长度, mm;

  δ_n——长或短试样的伸长率。

钢的伸长率越大, 表示塑性越好。

(2) 断面收缩率: 是指拉断后缩颈处横截面积的最大缩减量与原横截面面积的百分比。断面收缩率 ψ 按式(1-48)计算:

$$\psi = \frac{A_0 - A_1}{A_0} \times 100\% \qquad (1\text{-}48)$$

式中: A_0——试样的原横截面积, mm^2;

  A_1——试样拉断(缩颈)处的横截面积, mm^2。

3. 冷弯性能

冷弯性能是指钢材在常温条件下承受弯曲变形的能力, 它是钢材的重要工艺性能之一。钢材在使用之前, 有时需要进行一定形式的加工, 如钢筋常需弯起一定的角度。冷弯性能良好的钢材, 可以保证钢材进行冷加工后无损于制成品的质量。冷弯与伸长率一样, 都是表明钢材在静荷载作用下的塑性。冷弯试验能揭示钢材是否存在内部组织不均匀、内应力与夹杂物等缺陷。这些缺陷常因塑性变形导致应力重分布而得不到充分反映。钢材的冷弯试验是试样在常温下, 按规定的弯心直径弯曲至规定角度。冷弯后弯曲处无裂纹、断裂和起层等现象即认为合格。

4. 冲击韧性

冲击韧性是指钢材对突然施加动荷载的抵抗能力。冲击韧性用冲击韧性值(也称冲击值)表示。它的测定是在冲击试验机上进行。

5. 硬度

钢材的硬度是指抵抗其他硬物体压入的能力。通常与抗拉强度有着一定的联系。根据试验方法和适用范围的不同分为布氏硬度、洛氏硬度、维氏硬度及肖氏硬度等。

钢材的强度、塑性、韧性和硬度是钢材的最基本力学性质。常用的指标是强度和塑性。建筑用钢材主要进行钢材的拉伸及冷弯试验。

(二) 钢材的化学成分对性能的影响

(1) 碳。碳是决定钢性能的主要元素。随着含碳量的增加, 钢的强度和硬度相应提高, 而塑性和韧性则相应降低。但含碳量过高会增加钢的冷脆性和时效敏感性, 降低抗大气腐蚀性和可焊性。

(2) 硅。硅的含量很少时(小于 0.15%), 对钢的性能无显著影响。随着硅的含量增高, 钢的强度、弹性及硬度都提高, 而塑性、韧性及锻造和焊接性却降低。

(3) 锰。钢中含锰量增加, 钢的强度、硬度和耐磨性都提高, 但塑性及冲击韧性降低。

(4) 硫。硫是在炼钢时由矿石与燃料带到钢中的杂质。硫的存在, 使钢的热加工性能和可焊性变差, 降低了钢的冲击韧性、疲劳强度和抗腐蚀性。因此, 硫是钢中的有害元素。

(5) 磷。磷也是由矿石带到钢中的。磷能使钢的屈服点和抗拉强度提高, 塑性和韧性下降, 特别是低温下冲击韧性降低显著。

（三）钢材的冷加工

为提高钢材的强度和节约钢材或改善钢材的某些性能，通常采用冷加工和热处理等加工工艺。

钢材在常温下进行加工处理称为冷加工。钢筋的冷加工有冷拉、冷拔和冷轧三种。其中钢筋的冷拉和冷拔是目前常用的加工工艺。

（1）冷拉。冷拉是钢筋在常温下经外力拉伸超过屈服点后，卸去荷载以提高钢筋的强度和硬度，降低塑性和韧性的一种加工工艺。

（2）冷拔。冷拔是将钢筋在冷拔机上通过模孔抽引成一定断面尺寸且表面光洁的制品。这种方法比冷拉效果还好。冷拔低碳钢丝是用直径 $6.5 \sim 8mm$ 的普通碳素钢盘条经冷拔制成的。

在拉伸试验中，试样在屈服点之后、极限点之前卸载并立即重新加载的应力—应变关系，如图1-10所示。试样拉伸至屈服点 B 和极限点 D 之间任一点 K 卸载时，应力和应变沿 KO_1 线变化（斜率同 OB）。但试件重新加载时，应力—应变线不沿原加载路线 OBK 进行，而按直线 O_1K 变化，到了 K 点后，回复到正常的曲线。由此可见，钢材的弹性变形阶段延长了，屈服点提高了，伸长率则有所降低，这种现象称为钢筋的冷作硬化。

冷拉后的钢筋放置一段时间后，其屈服点、强度极限和硬度逐渐提高，而塑性和韧性逐渐降低，这种现象称为冷拉时效。

图1-11表示钢材经过冷拉和时效以后的应力—应变关系。钢筋未经冷拉与时效处理的应力—应变曲线为 $OBKCD$。将钢筋冷拉至超过屈服点以后的任意一点 K，然后卸载，如立即更新拉伸，经冷拉以后的应力—应变曲线为 O_1KCD；若冷拉以后的钢材不立即重新拉伸，将试样进行时效处理，然后再拉伸，则屈服点将升高至 K_1 点，继续拉伸，曲线将沿 $O_1K_1C_1D_1$ 发展。

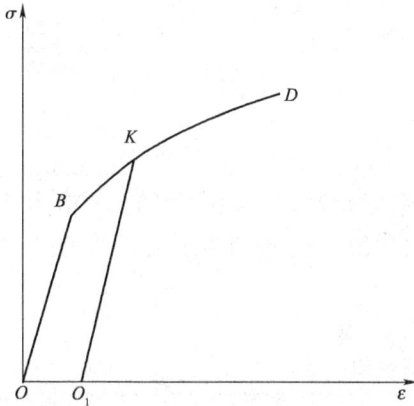

图1-10　钢的加工硬化应力—应变曲线　　　　　图1-11　钢筋冷拉与时效后应力—应变曲线

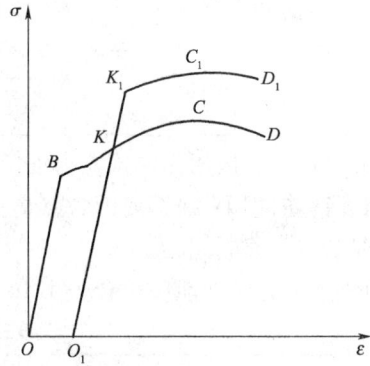

时效分人工时效和自然时效。将冷拉钢筋在常温下存放 $15 \sim 20d$ 达到时效的目的，称为自然时效。人工时效应按钢筋级别通过试验来确定所需温度与时间，若放在 $100℃$ 热水中 $2h$ 左右便可完成，也可用电热法把经过冷加工的钢筋加热到 $100 \sim 200℃$ 左右，仅需 $20min \sim 2h$ 即可完成。

经过冷加工的钢材，若再受到高温作用（如 $300 \sim 700℃$ 的温度）将使冷加工后的机械性能复原，即冷作硬化效果消失。因此，使用冷加工钢材时，须先焊接，后冷拉。

(四)钢筋混凝土结构用钢材

常用于钢筋混凝土的钢材有热轧钢筋、热处理钢筋、冷拉钢筋、预应力混凝土钢丝、钢绞线和冷拔低碳钢丝等。

1.钢筋混凝土结构用热轧钢筋

热轧钢筋按外形分为光圆钢筋和带肋钢筋,带肋钢筋根据外形又分为月牙肋和等高肋。按机械性能(强度等级)分为Ⅰ、Ⅱ、Ⅲ、Ⅳ四个等级。钢筋混凝土用钢筋根据轧制钢筋所用的钢种不同,分为普通碳素钢筋和普通低合金钢钢筋两类。Ⅰ级钢筋用普通碳素结构钢轧制,其他各级钢筋用普通低合金钢轧制。

钢筋混凝土用热轧钢筋的力学性能应符合表1-15的要求。

钢筋混凝土用热轧钢筋的力学性能 表1-15

类别	表面状态	钢筋级别	强度等级代号	公称直径（mm）	屈服点 σ_s（MPa）	抗拉强度 σ_b（MPa）	伸长率 δ（%）	冷弯 d——弯芯直径 a——钢筋公称直径	反向弯曲 正弯45°反弯23°	σ_b/σ_s 不小于
					不大于					
光圆钢筋		Ⅰ	R235	8～20	235	370	25	180° $d=a$		
热轧带肋钢筋	月牙肋	Ⅱ	RL335	8～25	335	510	16	180° $d=3a$	—	—
				28～40		490		180° $d=4a$		
		Ⅲ	RL400	8～25	400	570	14	90° $d=3a$		
				28～40				90° $d=4a$		
	等高肋	Ⅳ	RL540	10～25	540	835	10	90° $d=5a$		
				28～32				90° $d=6a$		
较高质量热轧带肋钢筋	月牙肋	Ⅱ	RL335	8～25	335～460	510	18	180° $d=3a$	$d=4a$	1.25
				28～40				180° $d=4a$	$d=5a$	
		Ⅲ	RL400	8～25	400～540	590	14	90° $d=3a$	$d=5a$	1.25
				28～40				90° $d=4a$	$d=6a$	
	等高肋	Ⅳ	RL590	10～25	≥590	885	10	90° $d=5a$	—	
				28～32				90° $d=6a$	—	

Ⅰ、Ⅱ级钢筋一般用作非预应力筋,冷拉Ⅱ至Ⅳ级钢筋用作预应力筋。预应力筋应优先选用高强度钢筋,但Ⅳ级钢筋因含碳量及合金元素含量较高,虽机械强度高,但塑性和韧性较低,选用时要注意脆断问题。

冷拉钢筋的力学性能应符合表1-16的规定。

冷拉钢筋的力学性能 表1-16

冷拉钢筋级别	钢筋直径（mm）	屈服点 σ_s（MPa）	抗拉强度 σ_b（MPa）	伸长率 δ_{10}（%）	冷弯要求 d——弯芯直径 a——钢筋直径
冷拉Ⅰ级	6～12	280	380	11	180° $d=3a$
冷拉Ⅱ级	8～25	450	520	10	90° $d=3a$
	28～40	430	500		90° $d=4a$
冷拉Ⅲ级	8～40	500	580	8	90° $d=5a$
冷拉Ⅳ级	10～28	700	850	6	90° $d=5a$

注:直径大于25mm的冷拉Ⅲ、Ⅳ级钢筋,冷弯弯曲直径应增加 $1a$。

预应力混凝土也可用热处理钢筋。热处理钢筋是横截面为圆形,且表面带有螺纹,热轧后经热处理的成品钢筋。按螺纹外形,分有纵肋和无纵肋两种。供应方式一般卷成盘,每盘由一根钢筋组成。热处理钢筋适用于预应力混凝土,不适用于须焊接和点焊的钢筋。热处理钢筋的力学性能应符合表 1-17 的规定。

热处理钢筋的力学性能　　　　　　　　　表 1-17

公称直径 d（mm）	牌　　号	屈服点 $\sigma_{0.2}$（MPa）	抗拉强度 σ_b（MPa）	伸长率 δ_{10}（%）
		不小于		
6 8.2 10	$40Si_2Mn$ $48Si_2Mn$ $46Si_2Cr$	1 325	1 470	6

冷拔低碳钢丝是用普通碳素钢 Q235 光面盘条钢筋,经拔丝模引拔,钢筋拉长并径向压缩而成的圆钢丝。

2. 钢筋混凝土用冷拔低碳钢丝

冷拔低碳钢丝分为甲、乙两级。甲级钢丝强度和伸长率较高,主要用于中、小预应力混凝土构件的主预应力筋。乙级钢丝强度和伸长率较低,主要用于焊接钢丝网、焊接骨架、箍筋和构造筋。对预应力混凝土结构用冷拔低碳钢丝的机械性能的要求如表 1-18 所示。

冷拔低碳钢丝力学性能　　　　　　　　　表 1-18

钢丝级别	直径（mm）	抗拉强度 σ_b(MPa)		伸长率 δ_{10}（%）	180°反复弯曲（次）
		Ⅰ级	Ⅱ级		
		不小于			
甲级	4	700	650	2.5	4
	5	650	600	3	
乙级	3～5	550	—	2	4

冷拔低碳钢丝一般不要求屈服强度,若有要求,屈服强度 $\sigma_{0.2}$ 应不低于抗拉强度的 80%。

3. 预应力混凝土结构用钢丝及钢绞线

预应力混凝土用钢丝是横截面为圆形的高强度钢丝。按交货状态分为冷拉和矫直回火两种,按外形分为光面和刻痕两种。预应力混凝土用钢丝具有强度高、柔性好及避免接头等优点,适用于曲线配筋的预应力混凝土结构。

预应力混凝土用钢绞线由七根圆形断面钢丝捻成。应力钢绞线按应力松弛性能分为Ⅰ级松弛的预应力钢绞线和Ⅱ级松弛的预应力钢绞线。钢绞线的捻向通常为左 S 捻。捻制后,Ⅰ级松弛的预应力钢绞线,应进行消除应力的热处理。Ⅱ级松弛预应力钢绞线应进行能保证低松弛性能的相应的热处理。钢绞线的捻距为钢绞线公称直径的 12～16 倍。钢绞线内不应有折断、横裂和相互交叉的钢丝。

钢绞线具有强度高、柔性好、质量稳定、成盘供应、不需接头等优点,主要用于大跨度、大承载量的后张法预应力结构。其力学性能见表 1-19、表 1-20。

钢丝种类	公称直径(mm)	抗拉强度 σ_b (MPa) 不小于	屈服强度 $\sigma_{0.2}$ (MPa) 不小于	伸长率 δ(%) $L_{10}=100mm$ 不小于	弯曲次数		松弛		
					次数 不小于	弯曲半径 R(mm)	初始应力相当于公称强度的百分数(%)	1 000h 应力损失(%) 不大于	
								I级松弛	II级松弛
矫直回头钢丝	3.0	1 470	1 254	—	3	7.5	70	8	2.5
		1 570	1 330	—	3	7.5			
	4.0	1 670	1 410		3	10			
	5.0	1 470	1 255	4	4	15			
		1 570	1 330		4	15			
		1 670	1 410		4	15			
冷拉钢丝	3.0	1 470	1 100	2	4	7.5	—	—	—
		1 570	1 180	2	4	7.5			
	4.0	1 670	1 225	3	4	10			
	5.0	1 470	1 100	3	5	15			
		1 570	1 180	3	5	15			
		1 670	1 225	3	5	15			
刻痕钢丝	5.0	1 180	1 000		4	15	70	8	2.5
		1 470	1 255		4	15			

预应力钢绞线力学性能   表 1-20

钢绞线公称直径 D (mm)	抗拉强度(MPa)	整根钢绞线的破断负荷(kN)	屈服负荷(kN)	伸长率 δ(%)	1 000h 松弛值(%)不大于			
					I级松弛		II级松弛	
					初 始 负 荷			
	不小于				70%破断负荷	80%破断负荷	70%破断负荷	80%破断负荷
9.0	1 670	83.89	71.30	3.5	8.0	12	2.5	4.5
	1 770	88.79	75.46	3.5				
12.0	1 570	140.24	119.17	3.5				
	1 670	149.06	126.71	3.5				
15.0	1 470	205.80	174.93	3.5				
	1 570	219.52	186.59	3.5				

（五）钢材的腐蚀与防护

1. 钢材的腐蚀

根据钢材表面与周围物质作用的不同,把钢材的腐蚀分为化学腐蚀和电化学腐蚀。化学腐蚀是钢铁与非电解质溶液或各种干燥气体(如 O_2、CO_2、SO_2、C_{12} 与 H_2S 等)引起反应而产生的一种纯化学性质的腐蚀。这种腐蚀多数是氧化作用,在钢铁表面形成疏松的氧化物而引起的锈蚀。在干燥环境中,锈蚀进行很缓慢,但当钢铁处于潮湿环境中,锈蚀进展很快。电化学腐蚀是钢材与电解质溶液相接触而产生电流,形成原电池作用发生的腐蚀(凝结在钢铁上的水分溶入了碳酸气和硫化物,成了有效的电解质溶液)。由于钢材中除铁之外,还有渗碳体

（Fe_3C）游离碳等其他成分，这些成分活泼性不同，便会形成铁为阳极、渗碳体为阴极的原电池。阳极的铁素体不断失去电子形成 Fe^{2+} 进入溶液，电子流向阴极，在酸性电解质中与 H^+ 结合形成氢而逸出：$H^+ + e \rightarrow H, H + H \rightarrow H^2 \uparrow$。在中性介质中（水、大气、土壤），由于氧气的还原作用使介质变成 OH^-；$O^2 + 2H_2O + 4e \rightarrow 4OH^-$。这是钢筋混凝土中钢筋受到腐蚀的最基本原因。以后 Fe^{2+} 与 OH^- 结合为 $Fe(OH)_2$ 被空气中的氧气氧化为 $Fe(OH)_3$，$Fe(OH)_3$ 及其脱水产物 Fe_2O_3 是红褐色铁锈的主要成分。

2. 钢材的防护

防止钢铁锈蚀的方法主要有保护膜法、电化学保护法及合金化等方法。保护膜法是利用保护膜使金属与周围介质隔离从而避免或减缓外界腐蚀性介质对钢材的破坏作用。如在钢材表面喷涂涂料，或以金属镀层作为保护膜，如镀锌、锡等。这是常用的防腐蚀办法。

电化学保护法分为阴极保护法和阳极保护法两种。

合金化，即制成合金钢，在钢中加入能提高抗腐蚀能力的合金元素，这样可以显著提高抗锈能力。

※※

工作任务一　　低碳钢的拉伸试验

※※

1. 内容和目的

(1)测定低碳钢的屈服极限、强度极限、延伸率和截面收缩率；测定铸铁的强度极限。

(2)观察上述两种材料的拉伸和破坏现象，绘制拉伸时的曲线。

2. 设备和器材

(1)万能试验机。

(2)千分尺(螺旋测微计)和游标卡尺。

(3)低碳钢和铸铁圆形截面试件。为了比较试验结果，应按国家标准 GB 228—76 中的有关规定进行试验，试验材料要按上述标准做成比例试件。

圆形截面试件：

$$\frac{L_0}{d_0} = 10 \quad （长试件） \tag{1-49}$$

$$\frac{L_0}{d_0} = 5 \quad （短试件） \tag{1-50}$$

矩形截面试件：

$$\frac{L_0}{\sqrt{A_0}} = 11.3 \quad （长试件）$$

$$\frac{L_0}{\sqrt{A_0}} = 5.65 \quad （短试件） \tag{1-51}$$

式中：L_0——试件的初始计算长度(即试件的标距)；

A_0——试件初始截面面积。

试件两端的夹紧部分，因试验夹具类型而不同。圆形截面试件端部可做成圆柱形、阶梯形或螺纹形，如图1-12所示。

3. 试验原理

塑性材料在拉伸过程中所显示的力学性能和脆性材料相比有明显的差异。图1-13a)表示低碳钢静拉伸试验的 P-$\triangle L$(δ-ε) 曲线；图1-3b)表示铸铁试件的拉伸曲线。铸铁试件在变形很小的情况下即呈现脆性断裂。

图 1-12

试验中要测定的强度指标为屈服极限 σ_s 和强度极限 σ_b。低碳钢屈服时曲线上出现平台或波动，国标规定首次下降的最小荷载值 P_s 与试件初始截面面积 A_0 之比 σ_s 为材料的屈服极限；曲线上的最大荷载值 P_b 与初始截面面积 A_0 之比 σ_b 为材料的强度极限。即：

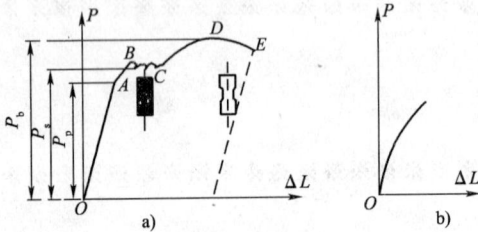

图 1-13

$$\sigma_s = \frac{P_s}{A_0}$$

$$\sigma_b = \frac{P_b}{A_0}$$

衡量材料塑性大小的两个指标为延伸率和截面收缩率，分别为：

$$\delta = \frac{L_1 - L_0}{L_0} \times 100\% \qquad \psi = \frac{A_0 - A_1}{A_0} \times 100\%$$

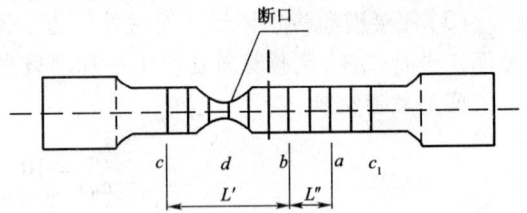

式中：L_0、A_0——试验前的标距和截面面积；

$\quad\quad L_1$、A_1——试验后的标距和截面面积。

若断口不在标距长度中央区段内，则需要采用断口移中方法，以度量试件拉断后的标距。设两标点 c 至 c_1 之间共划分 n 格（图1-14），拉伸前各格间距相等。在断裂试件的较长的右段上，从邻近断口的一个刻线 d 起，向右取格，标记为 a，作为标距的起点，这就相当于把断口摆在中央；再看 a 点到标点 c_1 有多少格，就由 a 点向左取相同的格数，标以记号 b，令表示 c 至 b 的长度，则 L_1 = L'＋$2L''$ 的长度中包含的格数等于标距内的格数 n，故：

图 1-14

$$L_1 = L' ＋ 2L''$$

当断口非常接近试件两端，而与其头部的距离等于或小于直径的两倍时，需重做试验。

4. 方法和步骤

(1)在低碳钢试件的标距长度内（$L_0 = 100\text{mm}$），用画线机每隔10mm刻画一圆周线（或由试验室人员画好），以便观察变形分布和计算延伸率。

(2)在标距中央和两端分别沿互相垂直的两个方向各量一次直径，并分别计算这三处直

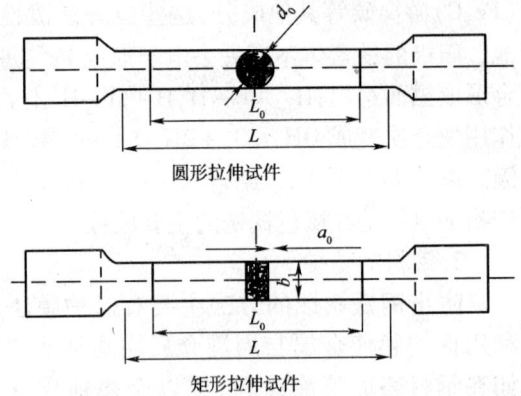

径的平均值,取其中最小者作为试件直径d_0,同时测量标距L_0。

(3)估计拉伸试验所需的最大荷载P_b,P_b在测力度盘40%～85%范围内较适宜(或由试验室人员选定,但试验前要弄清所选用的测力度盘,以免读错)。调整测力指针对准零点,并检查好自动描图装置。

(4)按照操作规程,安装试件,做好描图准备,开动机器进行试验。

(5)在试验过程中,要注意观察试件变形、拉伸图各阶段的变化和测力指针的走动情况,并及时记录有关数据。对于低碳钢,测力指针停止转动后出现的恒定荷载或第一次回转的最小值就是屈服荷载P_s,记录并注意观察是否出现滑移线。屈服后在强化阶段任一点处停止加载,然后卸载,再重新加载,以观察冷作硬化现象。注意观察颈缩的出现,并记录最大荷载P_b。

铸铁试验只记录最大荷载及绘出拉伸图。

(6)测量低碳钢试件断裂后的标距长度L_1,并在颈缩段的最小截面处沿互相垂直的两个方向各量一次直径,取其平均值作为d_1。

5.预习、复习要求

(1)复习讲课中有关材料拉伸时力学性能的内容;阅读本次试验内容和试验设备介绍中万能试验机的构造原理、操作方法、注意事项,以及有关千分尺和游标卡尺的使用方法。

(2)预习时思考下列问题:本次试验的内容和目的是什么?低碳钢在拉伸过程中可分哪几个阶段?各阶段有何特征?试验前、试验中、试验后需要测量和记录哪些数据?使用液压式万能试验机有哪些注意事项?

6.数据记录及整理(略)

※※※

工作任务一 结束

※※※

工作任务二　**金属冷弯试验**

※※※

1.目的与适用范围

本方法用以检验金属承受规定弯曲程度的弯曲变形性能,并显示其缺陷。但不适用于金属管材和金属焊接接头的弯曲试验。

2.试验准备

(1)试验使用圆形、方形、矩形或多边形横截面的试样。样胚的切取位置应按照相关产品标准的要求进行。试样应通过机器加工去除由于剪切或火焰切割等影响材料性能的部分。

(2)试样表面不得有划痕和损伤。方形、矩形和多边形横截面试样的棱边应倒圆,倒圆半径不超过试样厚度的1/10。棱边倒圆时不应形成影响试验结果的横向毛刺、伤痕或划痕。

(3)试样宽度应按相关产品标准的要求,如未具体规定,应满足以下要求:

①当产品宽度不大于20mm时,试样宽度为原产品宽度;

②当产品宽度大于20mm,厚度小于3mm时,试样宽度为20mm±5mm;厚度不小于3mm

时,试样宽度为 20~50mm。

（4）试样厚度或直径应符合相关产品标准的要求,如未具体规定,应满足以下要求:

①对于板材、带材和型材,产品厚度不大于25mm时,试样厚度应为原产品的厚度;产品厚度大于25mm时,试样厚度可以机械加工减薄至不小于25mm,应保留一侧原表面。

②弯曲试验时试样保留的原表面应位于受拉变形一侧。

（5）直径或多边形横截面内切圆直径不大于50mm 的产品,其试样横截面应为产品的横截面。钢筋类产品均以其全截面进行试验。

（6）试样长度应根据试样厚度和所使用的试验设备确定。采用支辊式弯曲装置和翻板式弯曲装置时的方法,可以按照式(1-52)确定:

$$L = 0.5\pi(d + a) + 140 \qquad (1-52)$$

式中:L——试样长度,mm;

π——圆周率,取3.1;

d——弯曲压头或弯芯直径,mm;

a——试样厚度(或直径)或多边形横截面内切圆直径,mm。

3. 仪器设备

应在配备下列弯曲装置之一的试验机或压力机上完成试验。

（1）支辊式弯曲装置:支辊应具有足够的硬度,支辊间距离应按式(1-53)确定:

$$L = (d + 3a) \pm 0.5a \qquad (1-53)$$

（2）V 形模具式弯曲装置:模具的 V 形槽其角度应为($180° - a$),弯曲压头的圆角半径为$d/2$。其中,a 为弯曲角度(°)。

（3）虎钳式弯曲装置:装置由虎钳配备足够硬度的弯芯组成,可以配置加力杠杆。

（4）翻板式弯曲装置:翻板带有楔形滑块,滑块应具有足够的硬度。翻板固定在耳轴上,试验时能绕耳轴轴线转动。耳轴连接弯曲角度指示器,指示弯曲角度。翻板间距离按式(1-54)确定:

$$L = (d + 2a) + e \qquad (1-54)$$

式中:e——可取值2~6。

4. 试验步骤

（1）试验一般在 10~35℃的室温范围内进行。对温度要求严格的试验,试验温度应为23℃±5℃。

（2）试样弯曲至规定弯曲角度的试验,应将试样放于两支座或 V 形模具或两水平翻板上,试样轴线应与弯曲压头轴线垂直,弯曲压头在两支座之间的中点处对试样连续施加力使其弯曲,直至达到规定的弯曲角度。如不能直接达到规定的弯曲角度,应将试样置于两平行压板之间,连续施加压力使其两端进一步弯曲,直至达到规定的弯曲角度。

（3）试样弯曲180°角至两臂相距为规定距离且相互平行的试验,如采用支辊式弯曲装置时,应首先对试样进行初步弯曲(弯曲角度尽可能大)。然后将试样置于两平行压板之间,连续施加压力使其两端进一步弯曲,直至两臂平行。试验时可以加或不加垫块。采用翻板式弯曲装置时,在不改变作用力方向的条件下,弯曲直至达到180°。

（4）弯曲试验时,应缓慢施加弯曲力。

5. 结果整理

（1）按相关标准的要求评定弯曲试验结果。如未规定具体要求,弯曲试验后,试样弯曲外表面无肉眼可见裂纹时,应评定为合格。

(2)相关标准规定的弯曲角度应作为最小值,规定的弯曲半径应作为最大值。

※※※※※※※※※※※※※※※※※※※※※※※※※※※※※※※※※※※※※

工作任务二结束

※※※※※※※※※※※※※※※※※※※※※※※※※※※※※※※※※※※※※

小 结

天然砂石材料在地表分布广泛,物理、力学性质好,在工程中被广泛应用。应掌握砂石材料主要物理常数试验方法及数据处理,以及砂石材料的应用。

石灰是修筑现代半刚性路面基层的重要材料。水泥是水泥混凝土路面和桥梁的主要胶结材料。

石灰是一种气硬性胶结材料,它的强度主要来源于 $Ca(OH)_2$ 的碳化形成 $CaCO_3$ 和 $Ca(OH)_2$ 的晶化。$Ca(OH)_2$ 是由活性氧化钙消化而得。

活性氧化钙和氧化镁含量为石灰最主要的技术性质。活性氧化钙的测定,是采用蔗糖与其形成蔗糖钙,然后用 HCl 滴定的方法求得活性氧化钙含量;氧化镁的测定,是采用 EDTA 络合滴定法确定氧化镁含量。

硅酸盐水泥是一种水硬性胶凝材料。它是由硅酸三钙、硅酸二钙、铝酸三钙和铁铝酸四钙等四种矿物组分所组成。这四种矿物组分水化产物主要有:水化硅酸钙(C-S-H)、氢氧化钙(CH)、钙矾石(AFt)、单硫盐(AF$_m$)和水化铁铝酸钙[C(A,F)Hx]等。水泥凝结、硬化是一个复杂的物化过程,水泥水化后经潜化期、凝结期和硬化期等交错进行的凝结硬化过程,由可塑性的水泥浆体逐步凝结硬化成具有一定强度的水泥石。

水泥的技术性质,主要为细度、凝结时间、安定性和强度。强度是评价水泥强度等级的依据。为提高水泥早期强度,我国水泥型号分为普通型和早强型。

为改善水泥某些性能,同时达到增加产量和降低成本的目的,在硅酸盐熟料中掺加适量的各种混合料,并与石膏共同磨细制成各种掺混合材水泥。如矿渣水泥、火山灰水泥、粉煤灰水泥和复合水泥等。

目前通常使用的水泥是硅酸盐水泥、普通水泥、矿渣水泥、火山灰水泥和粉煤灰水泥五种,称为五大品种水泥。

此外,专供道路路面和机场道面用的道路水泥,它的特点是具有较高的抗折强度。在道路与桥梁工程中还经常用到的水泥为高铝水泥、膨胀水泥等。

稳定土具有较高的强度和水稳性,并有一定程度的抗冻性,整体性强。在经级配改善或未改善的黏土类、亚黏土类、亚砂土类、粉土类中掺入各类水泥、熟石灰与磨细生石灰所组成的混合料称为无机结合料稳定土。与砂石材料相比,稳定土路面具有一定的抗拉强度和良好的稳定性,但耐磨性差,一般不用作面层。

钢材是重要的建筑材料,具有较高的强度和硬度,一定的塑性和韧性,并能进行焊接、铆接和切割等工艺,因而广泛应用于建筑工程中。

建筑钢材的形状有各种型钢(工字钢、角钢、槽钢、钢板等)、钢筋和钢丝等。钢桥和钢筋混凝土桥是现代桥梁的主要桥型。在钢结构和钢筋混凝土结构中,都要应用钢材。

钢材最大的缺点是易生锈,防止钢铁锈蚀的方法主要有保护膜法、电化学保护法及合金化等方法。

复习思考题

1. 试述测定石料密度(李氏比重瓶法)的目的与步骤。

2. 写出石料孔隙率的计算公式。

3. 石料等级的划分,用什么指标控制?

4. 砂的颗粒级配通过什么方法测定?如何测定?

5. 何谓连续级配?何谓间断级配?怎样评定集料级配是否优良?

6. 碎石的压碎性指标主要和什么有关?

7. 什么是材料的真实密度、孔隙率、空隙率?真实密度和孔隙率有何关系?

8. 气硬性与水硬性胶凝材料有何区别?

9. 生石灰与熟石灰有什么不同?生石灰在使用运输和储存时要注意什么?为什么?

10. 硅酸盐水泥熟料进行磨细时,为什么要加入石膏?加入石膏过度会引起什么结果?为什么?

11. 叙述硅酸盐水泥的主要矿物成分及特性。

12. 叙述硅酸盐水泥的凝结及硬化过程。

13. 影响硅酸盐水泥硬化速度的因素有哪些?

14. 水泥的凝结时间,分为初凝及终凝时间,它对施工有什么意义?试详细说明之。

15. 何谓水泥的体积安定性?影响水泥安定性的原因是什么?

16. 如何测定水泥的强度等级?

17. 水泥的安定性对工程结构有何影响?

18. 掺混合材料的硅酸盐水泥为什么早期强度较低?

19. 什么叫稳定土?它具有什么特点?

20. 钢有哪些分类方法?各分为哪几种?

21. 评价建筑用钢的技术性质,根据哪些主要指标?

22. 硬钢在拉伸过程中的机械性能有什么特点?怎样表示硬钢的屈服点?作图说明。

23. 什么叫钢筋的屈强比?它对于结构安全度有什么影响?

习　题

1. 取 500g 干砂做筛分试验,结果如表 1-21 所示,试计算并画图确定该砂的规格和类别。

表 1-21

筛孔尺寸(mm)	4.75	2.36	1.18	0.6	0.3	0.15	筛底
筛余量(g)	5	45	115	132	93	76	64

2. 某砂筛分试验结果如表 1-22 所示,试计算其分计筛余、累计筛余、通过量及细度模数,并画出筛分曲线。

表1-22

筛孔尺寸(mm)	10	4.75	2.36	1.18	0.6	0.3	0.15	筛底
筛余量(g)	0	10	20	45	100	135	155	35

3. 有五种水泥强度测定结果如表1-23所示,试评定其强度等级。

表1-23

水 泥 品 种	抗 压 强 度(MPa)		抗 折 强 度(MPa)	
	3d	28d	3d	28d
普通水泥	22	52	4.0	6.8
普通水泥	13	38.6	2.6	6.0
矿渣水泥	—	28	—	5.1
火山灰水泥	—	29	—	5.2
火山灰水泥	20	49	4.3	6.8

路基、桥梁施工阶段的材料及试验

核心技能

1.能对矿质混合料进行组成设计；

2.能测试混凝土拌和物的工作性；

3.能制作砂浆试件、混凝土试件，能使用压力试验机测试砂浆、混凝土的强度指标并评定其强度等级；

4.能制作无机结合料稳定土试件并使用路面强度仪测试无机结合料稳定土的强度。

单元1　矿质混合料的组成设计

学习目标

1.学生理解集料的概念和级配理论；

2.学生通过颗粒分析，能将几种不同规格的集料进行级配设计，以组成满足工程需要、符合级配要求的矿质混合料。

任务描述

准备几种规格集料，让学生观察集料的颗粒大小和形状，学生根据观察的结果回答下面的问题：

1.不同规格集料有何特点？

2.如何将这些砂石材料搭配组成一定的级配形式而满足实际工程的需要？

学习引导

本学习任务沿着以下脉络进行学习：

第一步	第二步	第三步
结合多媒体课件讲解相关知识	实物讲解钢筋的特性	教师讲授并指导同学设计矿质混合料的组成

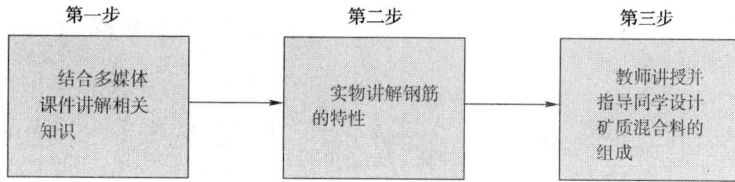

一、集料的级配

散状的砂石材料在路桥工程中的应用,多是以矿质混合料的形式与各种结合料(如水泥、沥青等)组成混合料使用。此时的砂石材料需采用一定的级配形式,以保证混合料满足实际工程的要求。而天然或人工轧制的某一规格的集料往往集中在有限的几个粒径范围内,无法直接满足工程实际对砂石材料的级配要求,因此需要将几种不同规格的集料按一定的方法进行设计,以组成符合级配要求的矿质混合料(简称矿料),见图2-1。

为使水泥混凝土和沥青混合料具备优良的路用性能,除各种矿质集料的技术性质须符合技术要求外,矿质混合料还必须满足最小空隙率和最大摩擦力的基本要求。

最小空隙率:使不同粒径的各级矿质集料按一定的比例搭配后,组成一种具有最大密实度的矿质混合料。

最大摩擦力:各级矿质集料在进行比例搭配时,应使各级集料排列紧密,形成一个多级空间骨架结构,且具有最大的摩擦力。

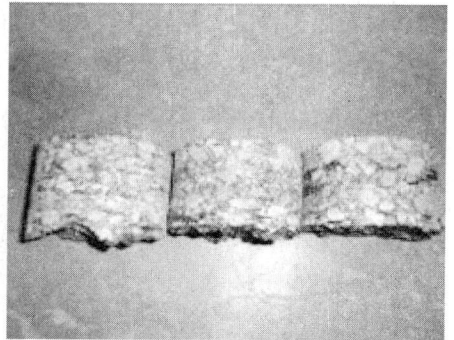

图2-1　矿质混合料

为达到上述要求,必须对矿质混合料进行组成设计,其内容包括:

①级配理论和级配范围的确定;

②基本组成的设计方法。

(一)矿质混合料级配类型

粒径粗细不同的集料按照一定的比例组合搭配在一起,以达到较高的密实度,根据搭配组成的结果,可得到以下几种不同搭配形式。

1. 连续级配

连续级配是某一矿质混合料在标准筛孔配成的套筛中进行筛析时,矿料的颗粒由大到小连续分布,每一级都占有适当的比例,这种由大到小逐级粒径均有,并按比例互相搭配组成的矿质混合料,称为连续级配矿质混合料。

2. 间断级配

在矿料颗粒分布的整个区间里,从中间剔出一个或连续几个粒级,形成一种不连续的级配称为间断级配。

3. 连续开级配

整个矿料颗粒分布范围较窄,从最大粒径到最小粒径仅在数个粒级上以连续的形式出现,形成所谓的连续开级配。

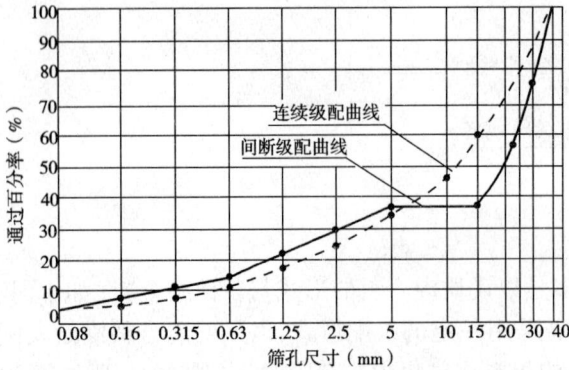

图 2-2 不同级配类型的级配曲线

(二)级配曲线

为了直观形象地表示矿料各粒径的颗粒分布状况,常常采用级配曲线的方式来描述矿料级配。做法是以通过量的百分率为纵坐标,筛孔尺寸为横坐标,将各筛上的通过量绘制在坐标图中,然后用曲线将各点连接起来,成为所谓的级配曲线,见图 2-2。

由于标准套筛的筛孔分布是按 1/2 递减的方式设置,在描绘横坐标的筛孔位置时,造成前疏后密的问题,以致到小孔径是无法清楚地将其位置确定。所以在绘制级配曲线的横坐标时采用对数坐标(而相应纵坐标上的通过量采用常数坐标),以方便级配曲线图的绘制。

(三)级配理论

1. 富勒理论

富勒根据试验提出一种理想级配,认为:"级配曲线越接近抛物线时,则其密度越大"。因此,当级配曲线为抛物线时为最大密度曲线,如图 2-3 所示。最大密度曲线方程可表示为:

$$p^2 = kd \tag{2-1}$$

当粒径 d 等于最大粒径 D 时,矿质混合料的通过率等于 100%,将此关系代入式(2-1),则对任意一级粒径 d 的通过率 P 可按式(2-2)求得:

$$P = 100\sqrt{\frac{d}{D}} \tag{2-2}$$

式中:P——与计算的某级粒径 d(mm)的矿料通过百分率,%;

D——矿质混合料的最大粒径;

d——欲计算的某级矿质混合料的粒径,mm。

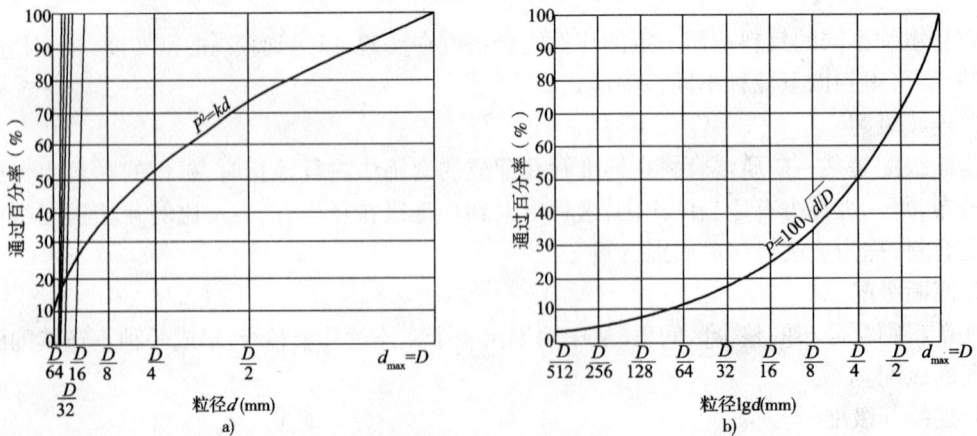

图 2-3 富勒理想级配曲线

a)常坐标;b)半对数坐标

2. 泰波理论

泰波认为富勒曲线是一种理想曲线,实际矿料的级配应允许有一定的波动范围,故将富勒最大密度曲线改为 n 次幂的通式,即:

$$P = 100\left(\frac{d}{D}\right)^n \tag{2-3}$$

式中:n——试验指数;

P、d、D 意义同前。

根据试验认为 $n = 0.3 \sim 0.6$ 时,矿质混合料具有较好的密实度,级配曲线范围如图 2-4 所示。

二、级配曲线的绘制

矿质混合料按级配理论公式计算出各粒级的通过百分率,以粒径(mm)为横坐标,以通过百分率为纵坐标,绘制理论级配曲线。但由于矿料在轧制过程中的不均匀性,以及混合料配制时的误差等因素的影响,使所配制的混合料往往不可能与理论级配完全相符,因此,必须允许所配制混合料的级配在一定的合适范围内波动,即级配范围。

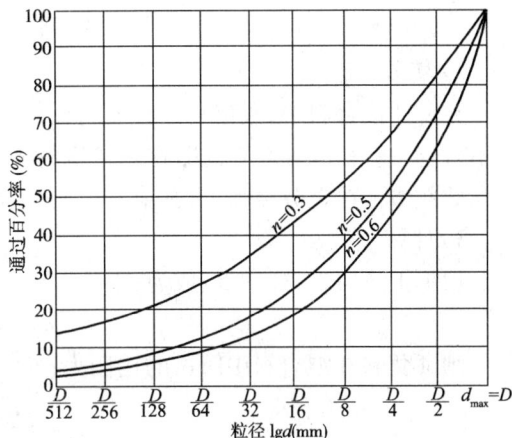

图 2-4　泰波级配曲线范围图

图 2-3a)所示为常坐标,级配曲线明显造成前密后疏,不便绘制和查阅;图 2-3b)为半对数坐标,即横坐标采用筛孔尺寸的对数坐标,纵坐标采用通过百分率的常坐标,这样所绘制的级配曲线便消除了常坐标的缺点。

采用半对数坐标绘制级配曲线及范围,首先要按对数计算出各种颗粒粒径(及筛孔尺寸)在横坐标轴上的位置,而表示通过百分率的纵坐标则按普通算术坐标绘制。绘制好横、纵坐标后,最后将计算所得的各颗粒粒径(d_i)的通过百分率(P_i)绘制在坐标图上,再将确定的各点连接为光滑的曲线,如图 2-4 所示(以 $n_1 = 0.3$、$n_2 = 0.5$ 为例的两条曲线)。在两个指数(n_1 和 n_2)之间所包括的范围即为级配范围(通常用阴影部分表示)。

三、矿质混合料的组成设计方法

天然或人工轧制的集料往往集中在有限的几个粒径范围内,很难直接满足实际工程要求,所以要采用两种或两种以上的集料配合起来使用。矿料级配设计的内容就是通过一定的方法,确定混合料中各规格集料的用量比例,来满足某一级配要求。级配设计常用的方法有试算法和图解法两类。

(一)试算法

1. 基本原理

试算法适用于 2~3 种矿料组成的混合料,是最简单的一种方法。此方法的基本原理是:将几种已知级配的集料配制成满足目标级配要求的矿质混合料时,先假定混合料中某种粒径的颗粒是由某一种对该粒径占优势的集料所组成,其他各种集料不含这种粒径。如此根据各个主要粒径去试算各种集料在混合料中的大致比例。如果比例不合适,则稍加调整,这样循序渐进,最终达到符合混合料级配要求的各集料配合比。

2.计算步骤

1)基本计算方程的建立

设有 A、B、C 三种集料在某一筛孔 i 上的分计筛余百分率分别为 $a_{A(i)}$、$a_{B(i)}$、$a_{C(i)}$,配制成矿质混合料 M,混合料 M 在相应筛孔上的分计筛余百分率为 $a_{m(i)}$;设 A、B、C 三种集料在混合料中的用量比例为 X、Y、Z,则:

$$X + Y + Z = 100 \tag{2-4}$$

$$a_{A(i)}X + a_{B(i)}Y + a_{C(i)}Z = a_{m(i)} \tag{2-5}$$

2)基本假定

在矿质混合料中,假定某一粒径的颗粒是由这三种集料中的一种集料提供的,在其他集料中不含这一粒径的颗粒。此时这两种集料相应分级筛余百分率为0。如设在 i 粒级上仅 A 集料在此粒级上存在分级筛余,其他两个集料 B 和 C 的分级筛余全部是0。从而简化计算过程。

3)计算

根据上述假设,式(2-5)成为:

$$a_{A(i)}X = a_{m(i)}$$

则 A 集料在混合料中所占的比例为:

$$X = \frac{a_{M(i)}}{a_{A(i)}} \times 100 \tag{2-6}$$

同理,按此假设可计算 C 集料在混合料中的比例。设在 j 粒级上其他两个集料 A 和 B 在该粒径上的分计筛余百分率也是0,则有:

$$a_{C(j)}Z = a_{m(j)}$$

则 C 集料在混合料中比例是:

$$Z(\%) = \frac{a_{M(j)}}{a_{C(j)}} \times 100 \tag{2-7}$$

最后得到 B 集料在混合料中的比例:

$$Y = 100 - X - Z \tag{2-8}$$

4)校核调整

对以上计算得到的各集料比例即配合比要进行验算,如得到的合成级配不在所要求的级配范围,应调整初步配合比重新验算,直到满足级配要求为止。如经数次调整仍不能达到要求,可掺加单粒级集料或调换其他集料。

【例2-1】 采用试算法计算某矿质混合料的配合比。

现有碎石、石屑和矿粉三种集料,经筛分试验,各集料的分计筛余百分率列于表 2-1 中第(2)~(4)列,并列出按推荐要求的设计混合料的级配范围[表第(5)列],试求碎石、砂和矿粉三种集料在要求级配混合料中的用量比例。

(1)按试算法确定碎石、石屑和矿粉在矿质混合料中所占的比例;

(2)校核矿质混合料合成级配计算结果是否符合规范要求的级配范围。

解:(1)准备工作。

将矿质混合料设计通过百分率中值转换为分计筛余中值。首先计算出矿质混合料设计级配范围的通过百分率中值,然后转换为累计筛余百分率,再计算为各筛孔的分计筛余百分率,计算结果列于表 2-1 第(6)~(8)列。

筛孔尺寸 d_i (mm)	原材料筛分试验结果(分计筛余,%)			设计级配范围及中值(%)			
	碎石 $a_{A(i)}$	石屑 $a_{B(i)}$	矿粉 $a_{C(i)}$	通过百分率		累计筛余中值 $A_{M(i)}$	分计筛余中值 $a_{M(i)}$
				范围 $P_{(i)}$	中值 $P_{M(i)}$		
(1)	(2)	(3)	(4)	(5)	(6)	(7)	(8)
13.2	5.2			95 ~ 100	97.5	2.5	2.5
9.5	41.7			78 ~ 88	79.0	21.0	18.5
4.75	50.5	1.6		48 ~ 68	58.0	42.0	21.0
2.36	2.6	24.0		36 ~ 53	44.5	55.5	13.5
1.18		22.5		24 ~ 41	32.5	67.5	12.0
0.6		16.0		18 ~ 30	24.0	76.0	8.5
0.3		12.4		17 ~ 22	19.5	80.5	4.5
0.15		11.5		8 ~ 16	12.0	88.0	7.5
0.075		10.8	13.2	4 ~ 8	6.0	94.0	6.0
<0.075		1.2	86.8		0	100	6.0
合计	100	100	100				100

(2)计算碎石在矿质混合料中用量 x。

由表 2-1 可知,碎石中占优势含量粒径为 4.75mm。故计算碎石用量时,假设混合料中 4.75mm 粒径全部由碎石组成,即 $a_{A(4.75)} = 50.5\%$,$a_{B(4.75)} = 0$,$a_{C(4.75)} = 0$,$a_{m(4.75)} = 21.0\%$,则

$$X = \frac{a_{m(4.75)}}{a_{A(4.75)}} \times 100\% = \frac{21.0}{50.5} \times 100\% = 41.6\%$$

(3)计算矿粉在矿质混合料中的用量 Z。

根据表 2-1,矿粉中粒径 < 0.075mm 的颗粒占优势,假设 $a_{A(<0.075)} = 0$,$a_{B(<0.075)} = 0$,$a_{C(<0.075)} = 86.8\%$,$a_{m(<0.075)} = 6.0\%$,则:

$$Z = \frac{6.0}{86.8} \times 100\% = 6.9\%$$

(4)计算石屑在混合料中用量 Y。

$$Y = 100\% - (X + Z) = 100\% - (41.6\% + 6.9\%) = 51.5\%$$

(5)合成级配的计算与校核。

根据以上计算,矿质混合料中各种集料的比例为:碎石∶石屑∶矿粉 $= X∶Y∶Z = 41.6∶51.5∶6.9$。

计算矿质混合料的合成级配,结果列入表 2-2 的第(11)列。将矿质混合料的通过百分率与要求级配范围比较可知,该合成级配符合设计级配范围的要求。(当合成级配不满足要求时,应调整各集料的比例。调整配合比后还应重新进行校核,直至符合要求为止。如经计算后确实不能满足级配要求时,可掺加单粒级集料或调换其他集料。)

(二)图解法

我国现行规范推荐采用的图解法为修正平衡面积法。由三种以上的多种集料进行组配时,采用此方法进行设计十分方便。

修正平衡面积法的设计步骤如下。

1. 准备工作

对所使用的各集料进行筛分,并计算出各自的通过量百分率。明确设计级配要求的级配范围,并计算出该要求级配范围的中值。

筛孔尺寸 d_i (mm)	碎石级配 (%)			石屑级配 (%)			矿粉级配 (%)			矿质混合料合成级配 (%)			要求级配范围 $P_{(i)}$ (%)
	碎石分计筛余百分率 $a_{A(i)}$	采用百分率 X	占混合料百分率 $a_{A(i)} \cdot X$	石屑分计筛余百分率 $a_{B(i)}$	采用百分率 Y	占混合料百分率 $a_{B(i)} \cdot Y$	矿粉分计筛余百分率 $a_{C(i)}$	采用百分率 Z	占混合料百分率 $a_{C(i)} \cdot Z$	分计筛余百分率 $a_{M(i)}$	累计筛余百分率 $A_{M(i)}$	通过百分率 $P_{M(i)}$	
(1)	(2)	(3)	(4)	(5)	(6)	(7)	(8)	(9)	(10)	(11)	(12)	(13)	(14)
16.0												100	100
13.2	5.2		2.2							2.2	2.2	97.8	95~100
9.5	41.7	×41.6	17.4							17.4	19.6	80.4	70~88
4.75	50.5		21.0	1.6		0.8				21.8	41.4	58.6	48~68
2.36	2.6		1.0	24.0		12.4				13.4	54.0	46.0	36~53
1.18				22.5		11.6				11.6	66.4	33.6	24~41
0.6				16.0	×51.5	8.2				8.2	74.6	25.4	18~30
0.3				12.4		6.4				6.4	81.0	19.0	12~22
0.158				11.5		5.9				5.9	86.9	13.1	8~16
0.075				10.8		5.6	13.2		0.9	6.5	93.4	6.6	4~8
<0.075				1.2		0.6	86.8	×6.9	6.0	6.6	100		
合计	100		41.6	100		51.5	100		6.9	100			

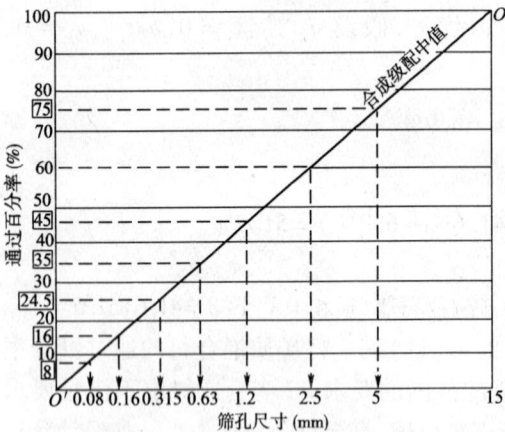

图2-5 图解法用级配曲线坐标图

2. 绘制框图

按比例(通常纵横边各为100mm和150mm)绘制一矩形框图,从左下向右上引对角线 OO' (图2-5)作为合成级配的中值。纵坐标表示通过量,按常数标尺在纵坐标上标出通过量百分率刻度;横坐标则表示筛孔尺寸,而各个筛孔具体位置则根据合成级配要求的某筛孔通过量百分率中值,在纵坐标上找出该中值的位置,然后从纵坐标引水平线与对角线相交,再从交点处向下作垂线,垂线与横坐标的相交点即筛孔相应位置。依此类推,找出全部筛孔在横坐标上具体的位置。

3. 确定各集料用量

从级配曲线图(图2-6)上最粗集料开始,依次分析两种相邻集料的级配曲线,直至最细集料。在分析过程中,量相邻集料的级配曲线可能出现的情况有图2-7所示的三种情况:

(1)两相邻级配曲线重叠。两条相邻级配曲线相互重叠,在图2-6中表现为集料 A 的级配曲线下部与集料 B 的级配曲线上部搭接。此时,在两级配曲线之间引一根垂线 AA',使其与集料 A、B 的级配曲线截距相等,即 $a = a'$。垂线 AA' 与对角线 OO' 交于点 M,通过 M 作一水平线与纵坐标交于 P 点,OP 即为集料 A 的用量。

(2)两相邻级配曲线相接。两条相邻级配曲线相接,在图2-6中表现为集料 B 的级配曲线末端与集料 C 的级配曲线首端正好在同一垂直线上。对于这种情况仅需将集料 B 的级配

曲线末端与集料 C 的级配曲线首端直接相连,得垂线 BB'。BB' 与对角线 OO' 交于点 N,过点 N 作一水平线与纵坐标交于 Q 点,PQ 即为集料 B 的用量。

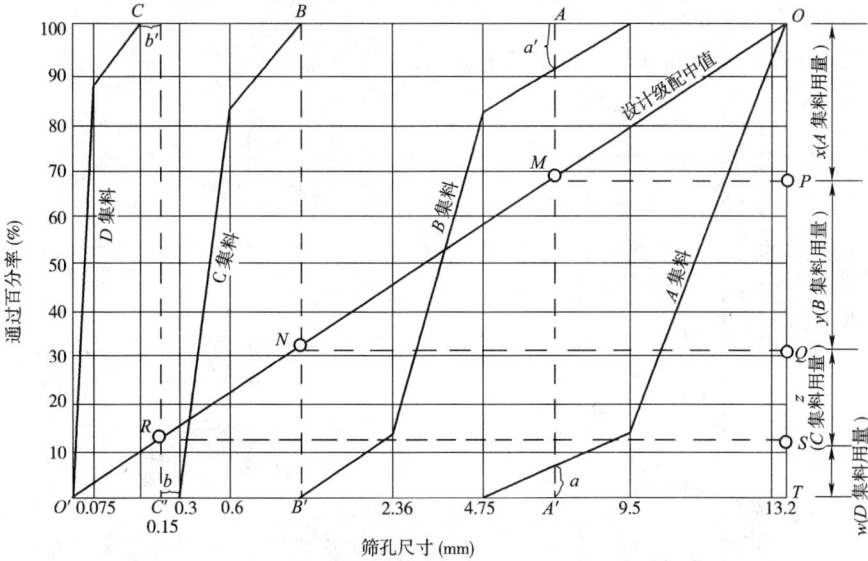

图 2-6　组成集料级配曲线和要求

(3)两相邻级配曲线相离。两相邻级配曲线相离,表现为集料 C 的级配曲线末端与集料 D 的级配曲线首端在水平方向彼此分离。此时,作一条垂线 CC' 平分这段水平距离,使 $b=b'$,得垂线 CC'。CC' 与对角线 OO' 交于点 R。通过 R 作一水平线与纵坐标交于 S 点,QS 即为集料 C 的用量。剩余 ST 即为集料 D 的用量。

4. 合成级配的计算与校核

与试算法相同,在图解法求解过程中,各种集料用量比例也是根据部分筛孔确定的。所以需要对矿料的合成级配进行校核,当超出级配范围时,应调整各集料的比例,直至符合要求为止。

【例 2-2】　采用图解法确定矿质混合料配合比。

[原始资料]　有碎石、石屑、砂和矿粉四种材料,筛分试验结果见表 2-3。规范要求的矿质混合料级配见表 2-4。

原材料筛分结果　　　　　　　　　　　表 2-3

材料名称	筛孔尺寸(方孔筛)(mm)									
	16.0	13.2	9.5	4.75	2.36	1.18	0.6	0.3	0.15	0.075
	通过百分率(%)									
碎石	100	94	26	0						
石屑			100	80	40	17	0			
砂				100	94	90	76	38	17	0
矿粉									100	83

规范要求的矿质混合料级配　　　　　　表 2-4

级配要求	筛孔尺寸(方孔筛)(mm)									
	16.0	13.2	9.5	4.75	2.36	1.18	0.6	0.3	0.15	0.075
级配范围(%)	100	95~100	70~88	48~68	36~53	24~41	18~30	12~22	8~16	4~8
中值(%)	100	98	79	58	45	33	24	17	12	6

解:(1)按前述方法连接对角线 OO' 作为合成级配中值。在纵坐标上找到各筛孔通过百分率,作水平线与对角线 OO' 相交,再从各交点作垂线交于横坐标上,其交点即级配范围中值所对应的各筛孔尺寸(mm)的位置。

(2)将原材料的筛分曲线绘于图 2-7 上。

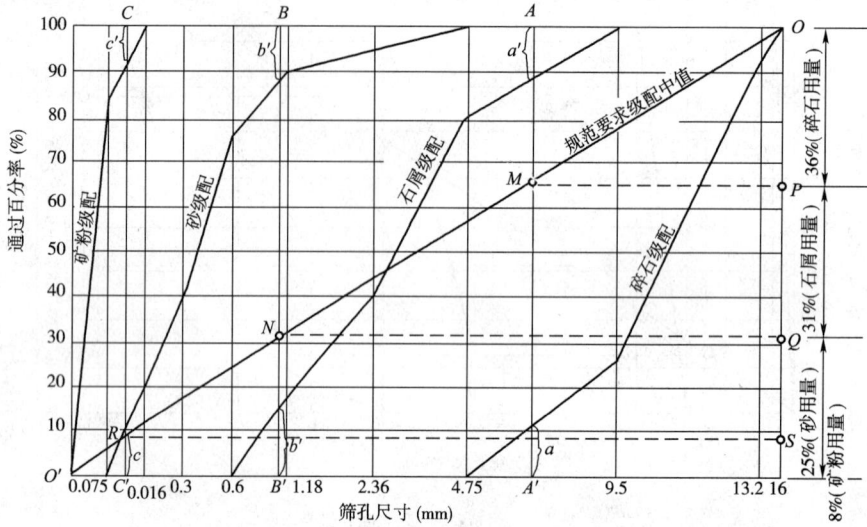

图 2-7　级配曲线图

(3)在碎石和石屑筛分曲线相重叠部分作一垂线 AA',使垂线截取两曲线的截距相等,即 $a = a'$。自垂线 AA' 与对角线交点 M 引一水平线,与纵坐标交于 P 点,PO 的长度 $x = 36\%$,即为碎石的用量。

同理,求出石屑的用量 $y = 31\%$,砂的用量 $z = 25\%$,矿粉的用量 $W = 8\%$。

(4)检验。计算结果列于表 2-5。

矿质混合料组配校核表　　　　　　　　　　　　　　　　　　　　　　表 2-5

材　料　组　成		筛孔尺寸(方筛孔)(mm)									
		16.0	13.2	9.5	4.75	2.36	1.18	0.6	0.3	0.15	0.075
		通过百分率(%)									
各矿质材料在混合料中的级配	碎石 36% (41%)	36 (41)	33.8 (38.5)	9.4 (10.7)	0 (0)	0 (0)	0 (0)	0 (0)	0 (0)	0 (0)	0 (0)
	石屑 31% (36%)	31 (36)	31 (36)	31 (36)	24.8 (28.8)	12.4 (14.4)	4.3 (6.1)	0 (0)	0 (0)	0 (0)	0 (0)
	砂 25% (15%)	25 (15)	25 (15)	25 (15)	25 (15)	23.5 (14.1)	23.0 (13.5)	19.0 (11.4)	9.5 (5.7)	4.3 (2.6)	0 (0)
	矿粉 8% (8%)	8 (8)	8 (8)	8 (8)	8 (8)	8 (8)	8 (8)	8 (8)	8 (8)	8 (8)	6.6 (6.6)
合成级配		100 (100)	9.75 (97.5)	73.0 (69.7)	57.8 (51.8)	43.9 (36.5)	35.3 (27.6)	27.0 (19.4)	17.5 (13.7)	12.3 (10.6)	6.6 (6.6)
级配范围(AC-13I)		100	95~100	70~88	48~68	36~53	24~41	18~30	12~22	8~16	4~8
级配中值		100	98	79	58	45	33	24	17	12	6

(5)校核。集料与合成级配校核图见图 2-8。

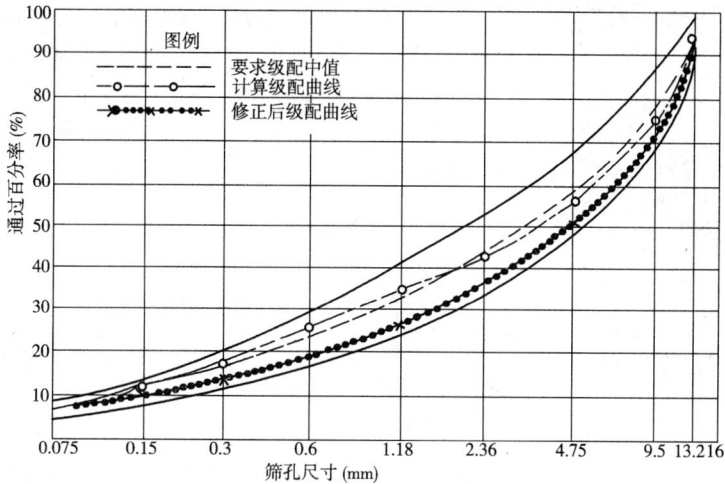

图 2-8　集料与合成级配校核图

单元 2　水泥混凝土

学习目标

1. 了解水泥混凝土的组成及技术性质；
2. 了解水泥混凝土配合比设计思路、步骤和基本方法；
3. 通过水泥混凝土试验可确定混凝土拌和物和易性和混凝土强度等级。

任务描述

　　某公路工程项目需用某一强度等级的水泥混凝土,现需确定水泥混凝土的材料组成比例；采用一定材料比例拌和、摊铺、成型、碾压、养生后的水泥混凝土工程质量是否合格? 若想完成上述的任务,学生首先应解决以下问题:

　　(1)为什么要确定水泥混凝土的组成材料? 水泥混凝土的组成材料有哪些?

　　(2)如何确定各组成材料的比例? 水泥混凝土配合比设计的方法是什么?

　　(3)如何确定混凝土技术性质?

学习引导

　　本学习任务沿着以下脉络进行学习:

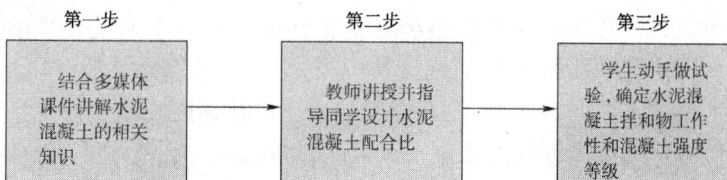

第一步	第二步	第三步
结合多媒体课件讲解水泥混凝土的相关知识	教师讲授并指导同学设计水泥混凝土配合比	学生动手做试验,确定水泥混凝土拌和物工作性和混凝土强度等级

水泥混凝土是由水泥、粗细集料和水按适当比例配合（必要时掺加适宜的外加剂、掺合料或其他改性材料）拌制成拌合物，经一定时间硬化而成的人造石材，如图2-9所示。

水泥混凝土用途广泛，是各种建筑物、构造物中用量最大的材料之一。材料具有以下特点：

（1）工艺简单，适用性强，可按工程结构要求浇筑成不同形状的整体结构或预制构件。

（2）混凝土与钢筋有着良好的握裹力，与钢材有着基本相同的线膨胀系数，可制作钢筋混凝土、预应力钢筋混凝土构件或整体结构。

（3）抗压强度高，耐久性好。

（4）改变组成材料品种和比例可以制得具有不同物理力学性质的混凝土，以满足不同过程的要求。

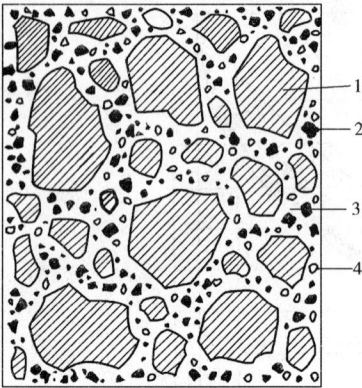

图2-9　水泥混凝土的组成图
1-石子；2-砂子；3-水泥浆；4-气孔

水泥混凝土铺筑的路面结构具有强度高、刚度大、使用寿命长的特点，能够承受重型车辆的作用。

混凝土的主要缺点：

（1）自重大，抗拉强度低，韧性低，抗冲击能力差，易开裂。

（2）施工周期长，且受季节气候影响。

一、普通水泥混凝土的组成材料

普通水泥混凝土是由水泥、粗集料（碎石或卵石）、细集料（砂）和水配制而成（图2-9）。其中砂、石在混凝土中起骨架作用，并抑制水泥的收缩；水泥和水形成水泥浆，包裹在粗细集料表面并填充集料间的空隙。水泥浆体在硬化前起润滑作用，使混凝土拌合物具有良好的工作性能，硬化后将集料胶结在一起，形成坚固的整体。

混凝土的组成及各材料的大致比例见表2-6。

混凝土组成中几个组分材料绝对体积比　　　　　　　　　　表2-6

组成成分	水泥	水	砂	石	空气
占混凝土总体积的百分比（%）	10~15	15~20	20~33	35~48	1~3
	22~35		66~78		1~3

此外，常在混凝土中加入各种外加剂以改善混凝土性能。所以外加剂已成混凝土的第五种组分，但用量一般只占水泥用量的1%~2%，最多不超过5%。

（一）水泥

水泥是混凝土的胶结材料，混凝土的性能很大程度上取决于水泥的质量和数量，在保证混凝土性能的前提下，应尽量节约水泥，降低工程造价。首先应根据工程特点、气候与环境条件，正确选择水泥品种及强度等级。配制普通水泥混凝土用水泥，一般可采用硅酸盐水泥、普通水泥、矿渣水泥、火山灰水泥或粉煤灰水泥，有特殊需要时可采用快硬水泥、抗硫酸盐水泥、大坝水泥或其他水泥。选用水泥时，应注意其特性对混凝土结构强度和使用条件是否有不利影响，选用水泥的强度等级应与要求配制的混凝土强度等级相适应。如水泥强度等级选用过高，则混凝土中水泥用量过低，影响混凝土的和易性和耐久性。反之，如水泥强度等级选用过低，则混凝土中水泥用量太多,非但不经济,而且降低混凝土的某些技术品质(如收缩率增大等)。通常,配制一般混凝土时,水泥强度为混凝土抗压强度的 $1.5 \sim 2.0$ 倍;配制高强度混凝土时,为混凝土抗压强度的 $0.9 \sim 1.5$ 倍。

(二)细集料

混凝土用细集料一般应采用粒径小于 $4.75mm$ 的级配良好、质地坚硬、颗粒洁净的天然砂(如河砂或海砂及山砂),也可使用加工的机制砂。配制时,对细集料的品质有以下几方面的要求。

1. 有害杂质含量

集料中含有妨碍水泥水化或能降低集料与水泥石黏附性,以及能与水泥水化产物产生不良化学反应的各种物质,称为有害杂质。砂中常含有的有害杂质,主要有泥土和泥块、云母、轻物质、硫酸盐和硫化物以及有机质等。

1)含泥量、石粉含量和泥块含量

含泥量是指天然砂中粒径小于 $0.075mm$ 的颗粒含量;石粉含量是指人工砂中粒径小于 $0.075mm$ 的颗粒含量;泥块含量是指原颗粒粒径大于 $1.18mm$,经水洗、手捏后可破碎成小于 $0.6mm$ 的颗粒含量。这些颗粒在集料表面形成包裹层,妨碍集料与水泥石的黏附,或者以松散的颗粒存在,增加集料的表面积,增大需水量,特别是黏土颗粒,体积不稳定,干燥时收缩,潮湿时膨胀,对混凝土有很大的破坏作用,影响混凝土的强度和耐久性。

2)云母含量

某些砂中含有云母。云母呈薄片状,表面光滑,且极易沿节理裂开,因此它与水泥石的黏附性极差。砂中含有云母,对混凝土拌合物的和易性和硬化后混凝土的抗冻性和抗渗性都有不利的影响。

3)轻物质含量

砂中的轻物质是指相对密度小于 2.0 的颗粒(如煤和褐煤)。

4)有机质含量

天然砂中有时混杂有有机物质(如动植物的腐殖质、腐殖土等),这类有机物质将延缓水泥的硬化过程,并降低混凝土的强度,特别是早期强度。为了消除砂中有机物的影响,可采用石灰水淘洗,或在拌和混凝土时加入少量消石灰。此外,也可将砂在露天摊成薄层,经接触空气和阳光照射后也可消除有机物的不良影响。

5)硫化物和硫酸盐含量

在天然砂中,常掺杂有硫铁矿(FeS_2)或石膏($CaSO_4 \cdot 2H_2O$)的碎屑,如含量过多,将在已硬化的混凝土中与水化铝酸钙发生反应,生产水化硫铝酸钙晶体,体积膨胀,在混凝土内产生破坏作用。

2. 压碎值和坚固性

混凝土中所用细集料也应具备一定的强度和坚固性。人工砂应进行压碎值测定,天然砂采用硫酸钠溶液进行坚固性试验,经 5 次循环后测质量损失。具体规定见表2-7。

3. 颗粒形状及表面特征

细集料的颗粒形状及表面特征会影响其与水泥的黏结及拌合物的流动性,如为河砂、海砂,因其颗粒多为圆球形,表面光滑,故用此种细集料拌制的混凝土拌合物流动性较好,但与水泥的黏结较差;反之用山砂,因其颗粒多具有棱角且表面粗糙,故用此种细集料拌制的混凝土拌和物流动性较差,但与水泥的黏结较好,进而混凝土强度较高。

技 术 指 标				技 术 要 求		
				Ⅰ级	Ⅱ级	Ⅲ级
人工砂	压碎指标(%)		<	20	25	30
	甲基蓝试验	MB值<1.4或合格	石粉含量(%) <	3.0	5.0	7.0
			泥块含量(%) <	0	1.0	2.0
		MB值≥1.4或合格	石粉含量(%) <	1.0	3.0	5.0
			泥块含量(%) <	0	1.0	2.0
天然砂	含泥量(%)		<	1.0	3.0	5.0
	泥块含量(%)		<	0	1.0	2.0
有害杂质含量(%)	氯化物含量(按氯离子质量计)		<	0.01	0.02	0.06
	云母含量(%)		<	1.0	2.0	2.0
	有机物含量(比色法)		<	合格	合格	合格
	硫化物及硫酸盐(按SO₃质量计)		<	0.5	0.5	0.5
	轻物质含量		<	1.0	1.0	1.0
坚固性(质量损失)(%)			<	8	8	10
密度和空隙率				表观密度>2 500kg/m³,松散堆积密度>1 350kg/m³;空隙率<47%		

4. 砂的粗细程度和颗粒级配

砂的粗细程度和颗粒级配应使所配制混凝土达到设计强度等级并达到节约水泥的目的。

砂的粗细程度是指不同粒径的砂粒混合在一起后的总体的粗细程度。在相同质量条件下,粗砂的表面积较小,细砂的表面积较大。在混凝土中,砂的表面需由水泥浆包裹,砂的表面积越小,则需要包裹砂粒表面的水泥浆越少,从而在保证混凝土质量的前提下节省水泥,因此,配制混凝土用粗砂比用细砂节约水泥。

砂的颗粒级配,表示砂的大小颗粒搭配的情况。在混凝土中砂粒之间的空隙是由水泥浆所填充,为了达到节约水泥和提高强度的目的,就应当尽量减小砂粒之间的空隙。由图2-10可以看到:如果是同样粗细的砂,空隙最大,如图2-10a);两种粒径的砂搭配起来,空隙减小,如图2-10b)所示;三种粒径的砂搭配,空隙就更小了,如图2-10c)所示。因此,要想减小砂粒间的空隙,必须有大小不同粒径的颗粒搭配。控制砂的粗细程度和颗粒级配有很大的技术经济意义,因而它是评定砂质量的重要指标。

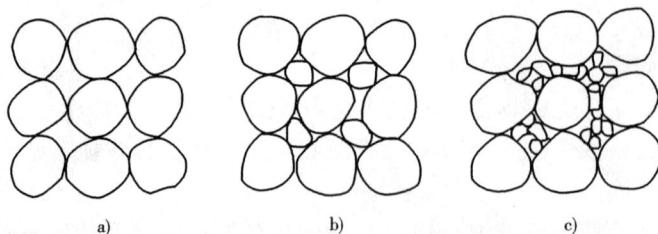

a)　　　　　　　　　b)　　　　　　　　　c)

图2-10　集料的颗粒级配

混凝土用砂的级配根据《建筑用砂》(GB/T 14684—2001)的规定划分为3个级配区,砂的级配应符合表2-8或图2-11任何一个级配区所规定的级配范围。

级 配 区	筛 孔 尺 寸(mm)						
	10.0	5.0	2.5	1.25	0.63	0.315	0.16
	累 计 筛 余(%)						
Ⅰ区	0	10～0	35～5	65～35	85～71	95～80	100～90
Ⅱ区	0	10～0	25～0	50～10	70～41	92～70	100～90
Ⅲ区	0	10～0	15～0	25～0	40～16	85～55	100～90

注:实际颗粒级配与表列累计百分率相比,除5.0mm和0.63mm筛孔外,允许稍有超出分界线,但其总量不应大于5%。

Ⅰ区砂属于粗砂范畴,用Ⅰ区砂配制混凝土时应较Ⅱ区砂采用较大的砂率。否则,新拌混凝土的内摩擦阻力较大、保水差、不易捣实成型。Ⅱ区砂是由中砂和一部分偏粗的细砂组成。Ⅲ区砂是由细砂和一部分偏细的中砂组成。当应用Ⅲ区砂拌制混凝土时,应较Ⅱ区砂采用较小的砂率,因Ⅲ区砂配制成的新拌混凝土黏性略大,比较细软,易振捣成型,而且由于Ⅲ区砂的级配细、比表面积大,所以对新拌混凝土的工作性影响比较敏感。

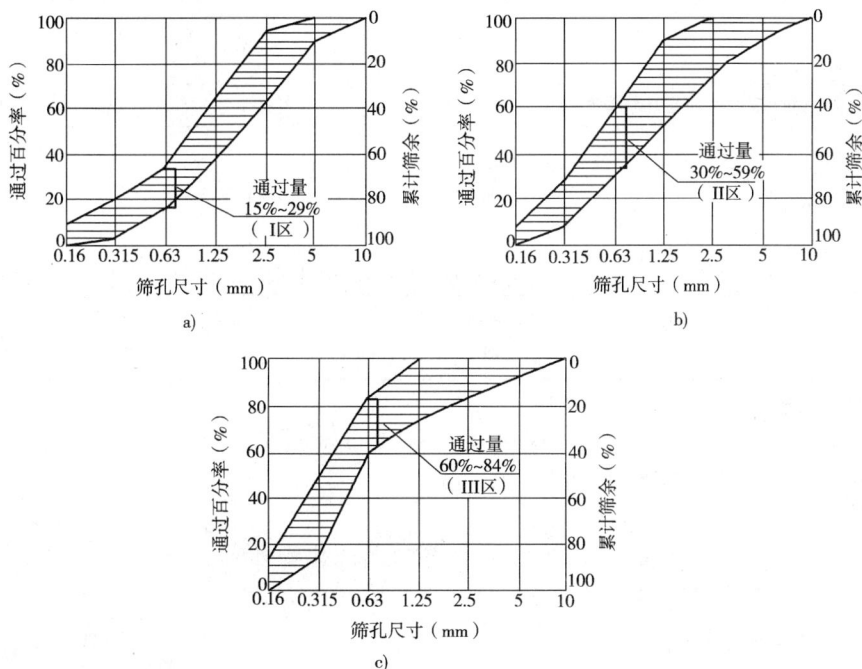

图2-11 水泥混凝土用砂级配范围曲线
a)Ⅰ区砂;b)Ⅱ区砂;c)Ⅲ区砂

(三)粗集料

普通混凝土常用的粗集料是指粒径大于4.75mm的卵石和碎石。卵石是由自然风化、水流搬运和分选、堆积形成的,按其产源不同可分为河卵石、海卵石、山卵石等。碎石是天然岩石或大卵石经机械破碎、筛分而得的,表面粗糙且带棱角,与水泥石黏结比较牢固。

普通混凝土用粗集料的主要技术要求如下。

1.强度与坚固性

1)强度

为保证混凝土的强度要求,对于碎石和卵石的强度,采用岩石立方体强度和压碎值指标两种方式表示。根据国标《建筑用卵石、碎石》(GB/T 14685—2001)规定,按照技术要求将粗集料分为Ⅰ级、Ⅱ级、Ⅲ级。具体要求见表2-9。

2)坚固性

为保证混凝土的耐久性,用作混凝土的粗集料应具有足够的坚固性,以抵抗冻融和自然因素的风化作用。现行标准《建筑用砂》(GB/T 14684—2001)规定:用硫酸钠溶液进行坚固性试验,经5次循环后测其质量损失。具体规定见表2-9。

碎石和卵石技术要求 表 2-9

技 术 指 标	技 术 要 求		
	Ⅰ级	Ⅱ级	Ⅲ级
碎石压碎指标(%)	10	20	30
卵石压碎指标(%)	12	16	16
针片状颗粒含量(%)	5	15	25
含泥量(%)	0.5	1.0	1.5
泥块含量(%)	0	0.5	0.7
有机物含量(比色法)	合格	合格	合格
硫化物及硫酸盐含量(按 SO_3 质量计)(%)	0.5	1.0	1.0
坚固性(质量损失)(%)	5	8	12
岩石抗压强度(MPa)	在饱水状态下,火成岩应不小于80;变质岩应不小于60;水成岩应不小于30		
密度与空隙率	表观密度 > 2 500kg/m³,松散堆积密度 > 1 350kg/m³,空隙率 < 47%		
碱集料反应	经碱集料反应试验后,由卵石、碎石配制的试件无裂缝、酥裂、胶体外溢等现象,在规定试验龄期的膨胀率应小于0.10%		

注:①Ⅰ级宜用于强度等级大于C60的混凝土;
　　②Ⅱ级宜用于强度等级为C30~C60及能够抗冻、抗渗或符合其他要求的混凝土;
　　③Ⅲ级宜用于强度等级小于C30的混凝土。

2.有害杂质含量

粗集料中常含有一些有害杂质,如黏土、硫酸盐及硫化物和有机物等,它们的危害作用与在细集料中相同。其含量不应超过表2-9的规定。

3.最大粒径及颗粒级配

1)最大粒径

粗集料中公称粒级的上限称为该粒级的最大粒径。集料的粒径越大,其表面积相应减少,因此所需的水泥浆量相应减少,在一定的和易性和水泥用量条件下,则能减少用水量而提高混凝土强度。所以,粗集料的最大粒径在条件允许情况下,尽量选择大些为好。但受到工程结构及施工条件限制,故规范规定:粗集料的最大粒径不得超过结构物最小尺寸的1/4和钢筋最小净距的3/4;对于混凝土实心板,允许采用最大粒径为1/2板厚的颗粒级配,但最大粒径不得超过50mm。

2)颗粒级配

粗集料应具有良好的颗粒级配,以减少空隙率,增强密实性,从而可以节约水泥,保证混凝土拌和物的和易性及混凝土的强度。特别是配制高强混凝土,粗集料级配尤为重要。

粗集料的颗粒级配,可采用连续级配或连续粒级与单粒级配合使用。在特殊情况下,通过试验证明混凝土无离析现象时,也可采用单粒级。粗集料的级配范围应符合表2-10的要求。连续级配矿质集料的要求级配范围,可按级配理论计算;也可参考表中规定的连续粒级的矿质混合料。当连续粒级不能配合成满意的混合料时,可掺加单粒级集料配合。

建筑用卵石、碎石的颗粒级配(GB/T 14685—2001) 表2-10

方孔筛(mm)		2.36	4.75	9.50	16.0	19.0	26.5	31.5	37.5	53.0	63.0	75.0	90.0
连续粒级	5～10	95～100	80～100	0～15	0								
	5～16	95～100	85～100	30～60	0～10	0							
	5～20	95～100	90～100	40～80	—	0～10	0						
	5～25	95～100	90～100		30～70	—	0～5	0					
	5～31.5	95～100	90～100	70～90	—	15～45	—	0～5	0				
	5～40	—	95～100	70～90	—	30～65	—	—	0～5	0			
单粒粒级	10～20		95～100	85～100		0～15							
	16～31.5		95～100		85～100			0～10	0				
	20～40			95～100		80～100			0～10				
	31.5～63				95～100			75～100	45～75		0～10	0	
	40～80					95～100			70～100		30～60	0～10	0

4. 颗粒形状及表面特征

粗集料的颗粒形状大致可以分为蛋圆形、棱角形、针状及片状。一般来说,比较理想的颗粒形状是接近正立方体形,而针状、片状颗粒不宜较多。针状颗粒是指长度大于其平均粒径的2.4倍;片状颗粒是指其厚度小于其平均粒径的0.4倍。当针、片状颗粒含量超过一定界限时,使集料空隙增加,不仅使混凝土拌和物和易性变差,而且会使混凝土的强度降低。所以混凝土粗集料中针、片状颗粒含量应当限制。

集料表面特征主要指集料表面的粗糙程度及孔隙特征等。集料的表面特征主要影响集料与水泥石之间的黏结性能,从而影响混凝土的强度,尤其是抗弯强度,这对高强混凝土更为明显。一般情况下,碎石表面粗糙并且具有吸收水泥浆的孔隙特征,所以它与水泥石的黏结能力较强;卵石表面圆润光滑,因此与水泥石的黏结能力较差,但混凝土拌和物的和易性较好。当混凝土的水泥用量与用水量相同的情况下,一般来说,碎石混凝土比卵石混凝土的强度高10%左右。

5. 碱活性检验

对于重要的水泥混凝土工程用粗集料,应进行集料碱活性检验。可采用下列方法鉴定集料与碱发生的潜在有害反应,即水泥混凝土碱—硅酸盐反应和碱—硅酸反应的可能性。

(1)用岩相法检验确定哪些集料可能与水泥中的碱发生反应。当集料中下列材料含量为1%或更少时即有可能成为有害反应的集料,这些材料包括下列形式的二氧化硅:蛋白石、玉髓、鳞石英、方石英;在流纹岩、安山岩或英安岩中可能存在的中性重酸性(富硅)的火山玻璃,某些沸石和千枚岩等。

(2)用砂浆长度法检验集料发生有害反应的可能性。如果用高碱硅酸盐水泥制成的砂浆长度膨胀率3个月低于0.05%或者6个月低于0.10%,即可判定为非活性集料。超过上述数值时,应通过混凝土试验结果作出最后评定。

(四)混凝土拌和用水

水是混凝土的主要组成材料之一,拌和用的水质不纯,可能产生多种有害作用,最常见的有:影响混凝土的凝结;有损于混凝土强度发展;降低混凝土的耐久性、加快钢筋的腐蚀和导致预应力钢筋的脆断;使混凝土表面出现污斑等。为保证混凝土的质量和耐久性,必须使用合格的水拌制混凝土。

混凝土拌和用水水源,可分为饮用水、地下水、海水以及经适当处理或处置后的工业废水。符合国家标准的生活用水,可以用来拌制混凝土,不需再进行检验。地表水或地下水,首次使用,必须进行适用性检验,合格才能使用。海水只允许用来拌制素混凝土,但不得用于拌制钢筋混凝土和预应力混凝土。

在对水质有疑问时,可将待检验水配制水泥砂浆或混凝土,并测定其28d抗压强度(若有其早期强度要求时,需增做7d抗压强度),其强度值不应低于蒸馏水(或符合钢筋标准的生活用水)拌制的相应砂浆或混凝土抗压强度的90%,则该水可用于拌制混凝土。对混凝土拌和用水的要求见表2-11。

混凝土拌和用水水质要求 表2-11

项　　目	素混凝土	钢筋混凝土	预应力混凝土	项　　目	素混凝土	钢筋混凝土	预应力混凝土
pH值,不小于	4	4	4	氯化物(以Cl^-计)(mg/L)不大于	3 500	1 200	500*
不溶物(mg/L)不大于	5 000	2 000	2 000	硫酸盐(以SO_4^{2-}计)(mg/L)不大于	2 700	2 700	600
可溶物(mg/L)不大于	10 000	5 000	2 000	硫化物(以S^{2-}计)(mg/L)不大于	—	—	100

注:*使用钢丝或热处理的预应力混凝土中氯化物含量不得超过350mg/L。

二、水泥混凝土的技术性质

水泥混凝土的技术性质包括新拌混凝土的和易性,硬化混凝土的力学性质及耐久性。

(一)新拌混凝土的工作性(和易性)

混凝土各组成材料按一定比例搅拌后尚未凝结硬化的材料称为混凝土拌和物。

工作性又称和易性,是指混凝土拌和物易于施工操作(拌和、运输、浇筑、振捣)且成型后质量均匀、密实的性能。和易性是一项综合技术指标,包括流动性(稠度)、黏聚性和保水性三个主要方面含义。

1. 流动性

流动性是指拌和物在自重或施工机械振捣作用下,能产生流动并均匀密实地填充整个模型的性能。流动性好的混凝土拌和物操作方便、易于捣实和成型。

2. 黏聚性

黏聚性是指拌和物在施工过程中,各组成材料互相之间有一定的黏聚力,不出现分层离析,保持整体均匀的性能。

3. 保水性

保水性是指拌和物保持水分,不致产生严重泌水的性质。

混凝土拌和物的流动性、黏聚性和保水性三者既互相联系,又互相矛盾。施工时应兼顾三者,使拌和物既满足要求的流动性,又保证良好的黏聚性和保水性。

（二）新拌混凝土工作性的测定方法

目前国际上还没有一种能够全面表征新拌混凝土工作性的测定方法,通常是测定混凝土拌和物的流动性,辅以其他方法或直观经验综合评定混凝土拌和物的工作性。按我国国标规定,测定流动性的方法有坍落度试验和维勃稠度试验两种方法。

1.坍落度试验

将新拌混凝土分3层按规定方法装入标准坍落度筒(图2-12)内,每层装料高度为筒高的1/3,每层用捣棒均匀插捣25法,装满刮平表面后,立即垂直向上提起坍落度筒。新拌拌和物因自重而坍落,测量坍落的值(mm),即为该拌和物的坍落度(图2-13)。以此作为流动性指标。标准坍落度筒为钢皮制成,上口直径100mm,下底直径200mm,高300mm。做坍落度试验时,还需测定棍度、含砂情况、黏聚性、保水性,以评定新拌混凝土的工作性。

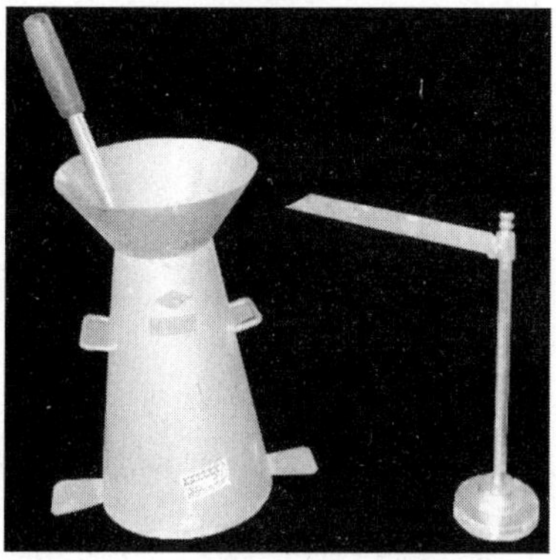

图2-12　坍落度筒实物图

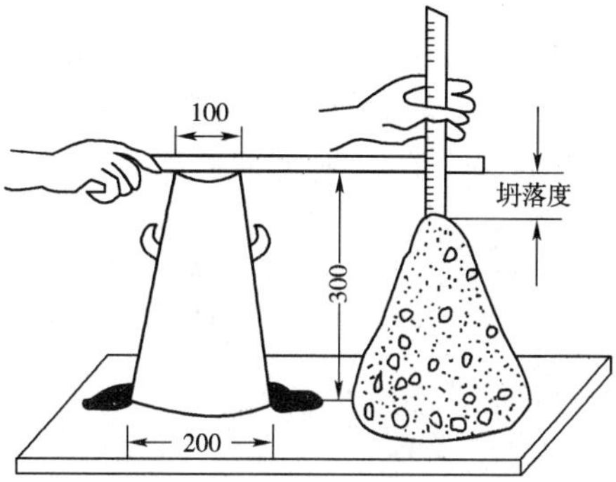

图2-13　坍落度(尺寸单位:mm)

测定坍落度值试验适用于集料公称最大粒径不大于31.5mm、坍落度大于10mm的新拌混凝土。

※※※※※※※※※※※※※※※※※※※※※※※※※※※※※※※※※※※※※

工作任务一　水泥混凝土拌和物的拌和与现场取样方法

※※※※※※※※※※※※※※※※※※※※※※※※※※※※※※※※※※※※※

1.目的和适用范围

本方法规定了在常温环境中室内水泥混凝土拌和物的拌和与现场取样的方法。轻质水泥混凝土、防水水泥混凝土、碾压水泥混凝土等其他特种水泥混凝土的拌和与现场取样方法,可以参照本方法进行。但因其特殊性所引起的对试验设备及方法的特殊要求,均应遵照这些水泥混凝土的有关技术规定进行。

2.仪器设备

(1)搅拌机(图2-14):自由式或强制式。

(2)振动台(图2-15):标准振动台,应符合《混凝土试验用振动台》的规定。

(3)磅秤:感量满足称量总量1%的磅秤。

(4)天平:感量满足称量总量0.5%的天平。

(5)其他:铁板、铁铲等。

3. 试验方法与步骤

1) 试验准备

(1) 所有材料均应符合有关要求，拌和前材料应置于温度 20℃±5℃下。

图 2-14　混凝土搅拌机

图 2-15　混凝土振动台

(2) 为防止粗集料的离析，可将集料按不同粒径分开，使用时再按一定比例混合。试样从抽取至试验完毕过程中，避免风吹日晒，必要时应采取保护措施。

2) 试验步骤

(1) 水泥混凝土拌和物的拌和。

① 拌和时保持室温 20℃±5℃。

② 拌和物的总量至少应比所需量高 20%以上。拌制混凝土的材料用量应以质量计，称量的精确度，计量为 ±1%，水、水泥、掺和料和外加剂为 ±0.5%。

③ 粗集料、细集料均以干燥状态为基准，计算用水量时应扣除粗集料、细集料中的含水量。

注：干燥状态是指含水率小于 0.5%的细集料和含水率小于 0.2%的粗集料。

④ 外加剂的加入。对于不溶于水或难溶于水且不含潮解型盐类的外加剂，应先与一部分水泥拌和，以保证充分分散。

对于不溶于水或难溶于水但含潮解型盐类的外加剂，应先与细集料拌和。对于水溶性或液体外加剂，应先与水拌和。

其他特殊外加剂，应遵守有关规定。

⑤ 拌制混凝土所用各种用具如铁板、铁铲、抹刀，应预先用水润湿，使用完后必须清洗干净。

⑥ 使用搅拌机前，应先用少量砂浆涮膛，再刮出涮膛砂浆，以避免正式拌和混凝土时水泥砂浆黏附筒壁造成损失。涮膛砂浆的水灰比及砂灰比，应与正式的混凝土配合比相同。

⑦ 用搅拌机拌和时，拌和量宜为搅拌机公称容量的 1/4～3/4。

⑧ 搅拌机搅拌，按规定称好原材料，往搅拌机内顺序加入粗集料、细集料和水泥，开动搅拌机，将材料拌和均匀。在拌和过程中徐徐加水，全部加料时间不宜超过 2mim，务必使拌和物均匀一致。

⑨ 人工拌和。采用人工拌和时，先用湿布将铁板、铁铲润湿，再将称好的砂和水泥在铁板上干拌均匀，加入粗集料，再混合搅拌均匀。然后将此拌和物堆成长堆，中心扒长槽，将称好的水倒入约一半，将其与拌和物仔细拌匀，再将材料堆成长堆，扒长槽，倒入剩余的水，继续进行拌和，来回翻拌至少 6 遍。

⑩ 从试样制备完毕到开始做各项性能试验不宜超过 5min(不包括成型试件)。

（2）现场取样。

①新混凝土现场取样。凡在搅拌机、料斗、运输小车以及浇制的构件中采取新拌混凝土代表性样品时，均需从三处以上的不同部位抽取大致相同分量的代表性样品（不要抽取已经离析的混凝土），集中用铁铲翻拌均匀，然后立即进行拌和物的试验。拌和物取样量应多于试验所需数量的 1.5 倍，其体积不小于 20L。

②为使取样具有代表性，宜采用多次采样的方法，最后集中用铁铲翻拌均匀。

③从第一次取样到最后一次取样不宜超过 15min。取回的混凝土拌和物应经过人工再次翻拌均匀，然后进行试验。

※※※※※※※※※※※※※※※※※※※※※※※※※※※※※※※※※※※※※※

工作任务一 结束

※※※※※※※※※※※※※※※※※※※※※※※※※※※※※※※※※※※※※※

工作任务二 # 水泥混凝土拌和物稠度试验（坍落度仪法）

※※※※※※※※※※※※※※※※※※※※※※※※※※※※※※※※※※※※※※

1. 目的和适用范围

坍落度是表示混凝土拌和物稠度的一种指标，本试验适用于坍落度大于 10mm，集料粒径不大于 31.5mm 的混凝土。

2. 仪器设备

（1）坍落筒：如图 2-16 所示，坍落筒为铁板制成的截头圆锥筒，厚度不小于 1.5mm，内侧平滑，没有铆钉头之类的凸出物，在筒上方约 2/3 高度处有两个把手，近下端两侧焊有两个踏脚板，保证坍落筒可以稳定操作，坍落筒尺寸见表 2-12。

坍落筒尺寸表 表 2-12

集料最大粒径（mm）	筒的名称	筒的内部尺寸（mm）		
		底面直径	顶面直径	高度
<31.5	标准坍落筒	200±2	100±2	300±2

（2）捣棒：为直径 16mm、长约 650mm，并具有半球形端头的钢质圆棒。

（3）其他：小铲、木尺、小钢尺、镘刀和钢平板等。

3. 试验步骤

（1）试验前将坍落筒内外洗净，放在经水润湿过的平板上（平板吸水时应垫以塑料布），踏紧踏脚板。

（2）将代表样分三层装入筒内，每层装入高度稍大于筒高的 1/3，用捣棒在每一层的横截面上均匀插捣 25 次，插捣在全部面积上进行，沿螺旋线边缘至中心，插捣底层时插至底部，插捣其他两层时，应插透本层并插入下层约 20~30mm。插捣须垂直压下（边缘部分除外），不得冲击。

在插捣顶层时，装入的混凝土应高出坍落筒，随插捣过程随时添加拌和物，当顶层插捣完毕后，将捣棒用锯和

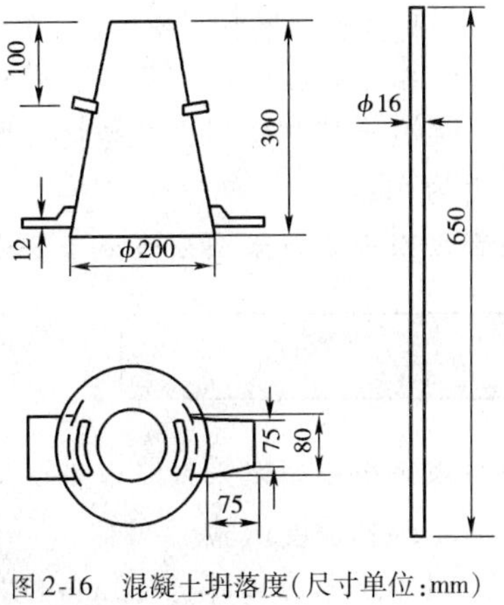

图 2-16 混凝土坍落度（尺寸单位：mm）

滚的动作,清除掉多余的混凝土,用镘刀抹平筒口,刮净筒底周围的拌和物,然后立即垂直地提起坍落筒,提筒在 5~10s 内完成,并使混凝土不受横向及扭力作用。从开始装筒至提起坍落筒的全过程,应在 150s 内完成。

图 2-17　坍落度测试

(3)将坍落筒放在锥体混凝土试样一旁,筒顶平放木尺,用小钢尺量出木尺底面至试样顶面中心的垂直距离,即为该混凝土拌和物的坍落度,精确至 1mm。如图 2-17 所示。

(4)当混凝土试件的一侧发生崩坍或一边剪切破坏,则应重新取样另测。如果第二次仍发生上述情况,则表示该混凝土和易性不好,应记录。

(5)当混凝土拌和物的坍落度大于 220mm 时,用钢尺测量混凝土扩展后最终的最大直径和最小直径,在这两个直径之差小于 50mm 的条件下,用其算术平均值作为坍落度扩展度值,否则,此次试验无效。

(6)坍落度试验同时,可用目测方法评定混凝土拌和物的下列性质,并记在记录簿上。

①棍度。按插捣混凝土拌和物时难易程度评定,分"上""中""下"三级。

"上":表示插捣容易;

"中":表示插捣时稍有石子阻滞的感觉;

"下":表示很难插捣。

②含砂情况。按拌和物外观含砂多少而评定,分"多""中""少"三级。

"多":表示用镘刀抹拌和物表面时,一两次即可使拌和物表面平整无蜂窝;

"中":表示抹五六次才可使表面平整无蜂窝;

"少":表示抹面困难,不易抹平,有空隙及石子外露等现象。

③黏聚性。观测拌和物各组成成分相互黏聚情况,评定方法用捣棒在已坍落的混凝土锥体一侧轻打,如锥体在轻打后渐渐下沉,表示黏聚性良好;如锥体突然倒坍,部分崩裂或发生石子离析现象,即表示黏聚性不好。

④保水性。指水分从拌和物中析出的情况,分"多量""少量""无"三级评定。

"多量":表示提起坍落筒后,有较多水分从底部析出;

"少量":表示提起坍落筒后,有少量水分从底部析出;

"无":表示提起坍落筒后,没有水分从底部析出。

4. 结果整理

混凝土拌和物坍落度和坍落度扩展度值以 mm 为单位,结果精确至 1mm。结果修约至最接近的 5mm。

※※

工作任务二结束

※※

2. 维勃稠度试验

对于坍落度值小于 10mm 的新拌混凝土,可采用维勃稠度仪测定其工作性。测定方法是将坍落度筒放在直径 240mm,高为 200mm 的圆筒中(图 2-18),圆筒安装在专用的振动台上,按坍落度试验将新拌混凝土装于坍落度筒中,小心垂直提起坍落度筒,在新拌混凝土顶上置一透明圆盘,开动振动台并记录时间,从开始振动至透明圆盘底面被水泥浆布满的瞬间止所经历的时间,即为新拌混凝土的维勃稠度值,以"s"计。该法适用于集料公称最大粒径不超过 31.5mm,维勃稠度为 5~30s 之间的干硬性混凝土的稠度测定。维勃稠度值越大,说明混凝土拌和物越干硬。

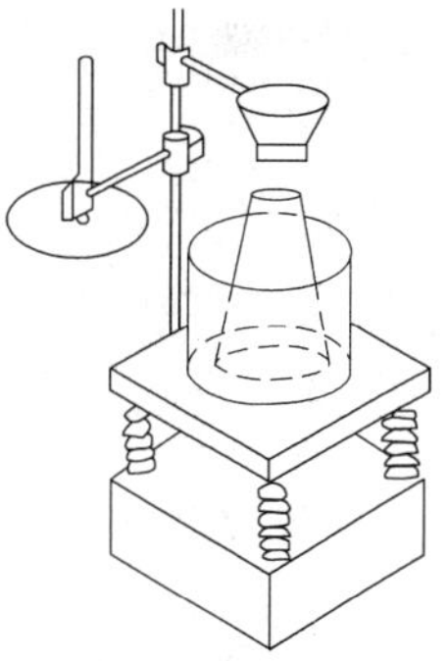

图 2-18　维勃稠度仪

※※※※※※※※※※※※※※※※※※※※※※※※※※※※※※※※※※※※※※※

工作任务三　水泥混凝土拌和物稠度试验(维勃仪法)

※※※※※※※※※※※※※※※※※※※※※※※※※※※※※※※※※※※※※※※

1. 目的和适用范围

本试验用维勃时间来测定混凝土拌和物的稠度。适用于集料公称最大粒径不大于 31.5mm 的混凝土及维勃时间在 5~30s 之间的干硬性混凝土的稠度测定。

2. 仪器设备

(1)稠度仪(维勃仪):由容器、坍落筒、透明圆盘、振动台组成,如图 2-19 所示。

(2)捣棒、秒表、镘刀等。

3. 试验步骤

(1)如图 2-19 所示,将容器 1 用螺母固定在振动台上,放入坍落筒 2,把漏斗 7 转动坍落筒上口,拧紧螺钉 9,使漏斗不偏离开坍落筒口。

(2)按坍落度试验步骤,分三层装拌和物,每层捣 25 次,捣毕第三层混凝土后,拧松螺钉 6,把漏斗转回原先位置并将筒模上混凝土刮平轻轻提起筒模。

(3)拧紧螺钉 9,使圆盘可定向地向下滑动,开动振动台并按动秒表,通过观察透明圆盘混凝土的振实情况,当圆盘底面刚为水泥浆布满时,迅速按停秒表和关闭振动台,记下秒表所表示时间。

(4)仪器(图 2-20)每测试一次后,必须将容器、筒模及透明圆盘洗净擦干,并在滑棒等处涂抹薄层黄油,以备下次使用。

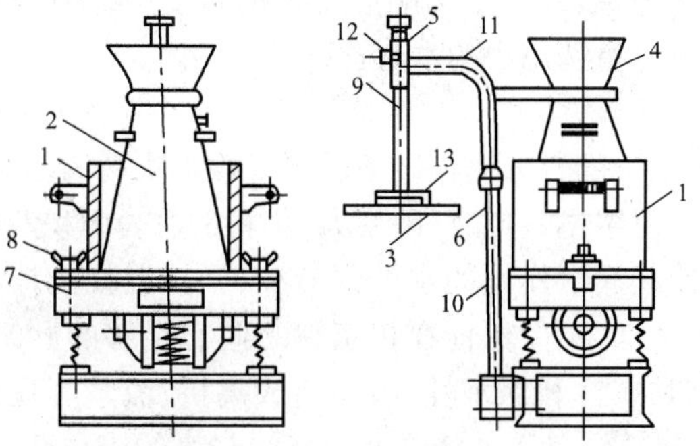

图 2-19　稠度计(维勃仪)

图 2-20　维勃仪示意图

1-容器;2-坍落筒;3-圆盘;4-滑杆;5-套筒;6-螺钉;7-漏斗;
8-支柱;9-定位螺钉;10-荷重块;11-元宝螺母;12-旋转架

4. 结果处理

秒表所示时间即为混凝土拌和物稠度的维勃时间,精确到 1s。以两次试验结果平均值为结果。

※※

工作任务三结束

※※

(三)新拌混凝土工作性的选择

选择新拌混凝土的坍落度,应根据结构物构件断面尺寸、钢筋疏密和振捣方式来确定(表 2-13)。当构件断面尺寸较小、钢筋较密或人工振捣时,应选择坍落度大一些,易于浇捣密实,以保证施工质量;反之,对于构件断面尺寸较大,钢筋配置稀疏,采用机械振捣时,尽可能选用较小的坍落度,以节约水泥。

混凝土灌注时的坍落度   表 2-13

结 构 种 类	坍落度(mm)
基础或地面等的垫层、无配筋的大体积结构(挡土墙、基础等)或配筋稀疏的结构	10 ~ 30
板、梁和大型及中型截面的柱子等	30 ~ 50
配筋较密的结构(薄壁、斗仓、筒仓、细柱等)	50 ~ 70
配筋特密的结构	70 ~ 90

(四)影响混凝土和易性的主要因素

1. 水泥浆的数量

混凝土拌和物中的水泥浆,除了填充集料间的空隙外,包裹在集料表面并应略有富余,使拌和物有一定的流动性。在水灰比不变的条件下,增加混凝土单位体积中的水泥浆数量,能使集料周围有足够的水泥浆包裹,改善集料之间的润滑性能,从而使混凝土拌和物的流动性提高。但水泥浆数量不宜过多,否则会出现流浆现象,黏聚性变差,浪费水泥,同时影响混凝土强度。

2. 水泥浆的稠度

水泥浆的稠度主要取决于水灰比,即混凝土中水与水泥用量的比值大小。水灰比过大,水泥浆太稀,流动性增大,易产生离析及泌水现象,且严重影响混凝土的强度;水灰比过小,水泥浆变稠,流动性差,施工难度加大,因此,应尽量选用小的水灰比。

3. 砂率(β_S)

砂率是指混凝土内砂的质量占砂、石总量的百分比。砂率反映了粗细集料的相对比例,它影响混凝土集料的空隙和总表面积。在水泥浆量一定时,砂率大,集料的总表面积及空隙率随之增大,需较多水泥浆填充和包裹集料,使起润滑作用的水泥浆减少,新拌混凝土拌和物的流动性减少。砂率过小,集料的空隙率显著增加,不能保证在粗集料之间有足够的砂浆层,也会降低新拌混凝土的流动性,并会严重影响黏聚性和保水性,容易造成离析、流浆等现象。选择砂率应该是在用水量及水泥用量一定的条件下,使混凝土拌和物获得最大的流动性,并保持良好的黏聚性和保水性;或在保证良好和易性的同时,水泥用量最少。此时的砂率值称为合理砂率(图 2-21、图 2-22)。

4.组成材料的性质

1)水泥

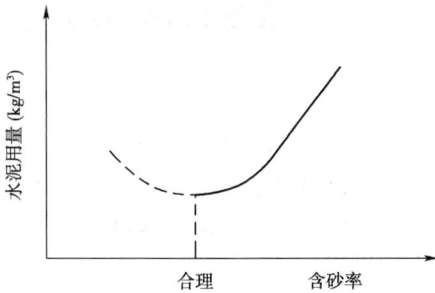

图 2-21　砂率与水泥用量的关系

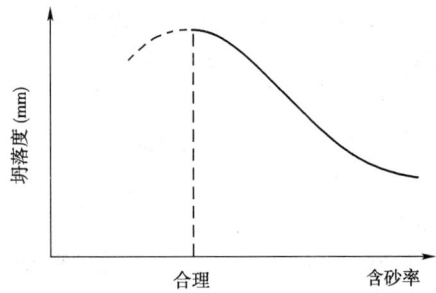

图 2-22　砂率与坍落度的关系

水泥对新拌混凝土和易性的影响主要是水泥的需水量和泌水量。需水量大的水泥新拌混凝土流动性较小,但一般黏聚性和保水性较好。泌水性大的水泥拌制的新拌混凝土保水性差。在其他条件相同时,硅酸盐水泥和普通水泥较矿渣水泥和火山灰水泥拌制的混凝土拌和物的和易性好。

2)集料

集料对新拌混凝土和易性的影响主要是集料的级配、颗粒形状、表面特征及最大粒径。一般来说,级配好的集料拌制的新拌混凝土的流动性较大,黏聚性和保水性也较好。集料中针、片状颗粒较多时,新拌混凝土的流动性减少,易产生离析。表面光滑的集料(如河砂、卵石)拌制的新拌混凝土的流动性较好。集料的最大粒径增大,总表面积减少,新拌混凝土的流动性较大。

3)外加剂和掺和料

在新拌混凝土中,加入少量减水剂,能使流动性大幅度增加;加入引气剂,能增加流动性,改善黏聚性,降低泌水性;加入增稠剂,能增加大流动性混凝土的黏聚性,减少泌水。

在混凝土中掺入掺和料,能增加新拌混凝土的黏聚性,减少离析和泌水。当同时加入优质粉煤灰、硅灰等超细微粒掺和料和减水剂时,超细微粒掺和料还能增加新拌混凝土的流动性。

5.其他因素

混凝土拌和物的流动性随温度的升高而降低,温度升高 10℃,坍落度大约减小 20～40mm,夏季施工必须注意这一点。另外,搅拌时间长短,也会影响混凝土拌和物的工作性,若搅拌时间不足,拌和物的工作性就差,质量也不均匀。根据规范规定,最小搅拌时间为 1～3min。

(五)改善新拌混凝土工作性的主要措施

改善新拌混凝土工作性可从下列途径采取必要的技术措施:

(1)调节混凝土的材料组成。在保证混凝土强度、耐久性和经济性的前提下,适当调整混凝土组成配合比以提高工作性。

(2)掺加各种外加剂(如减水剂、流化剂等),提高混凝土拌和物的工作性,同时提高其强度和耐久性。

(3)提高振捣机械的效能。由于振捣效能的提高,可降低施工条件对混凝土拌和物工作性的要求,因而保持原有工作性也能达到捣实的性能。

(六)硬化后混凝土的力学性质

硬化后混凝土的力学性质,主要包括强度和变形两方面。

1. 混凝土强度

硬化后的水泥混凝土在路面结构、桥梁构件以及建筑结构中，将受到复杂的应力作用，因此要求水泥混凝土材料必须具备各种力学强度，如立方体抗压强度、棱柱体抗压强度、劈裂抗拉强度、抗剪强度、抗折强度等。

1）混凝土立方体抗压强度（f_{cu}）

《普通混凝土力学性能试验方法》（GB/T 50081—2002）规定，制作 150mm × 150mm × 150mm 的标准立方体试件（在特殊情况下，可采用 150mm × 300mm 的圆柱体标准试件），在标准条件（温度 20℃ ± 2℃，相对湿度 95% 以上）下或在温度为 20℃ ± 2℃ 的不流动的 $Ca(OH)_2$ 饱和溶液中养护到 28d，所测得的抗压强度值为混凝土立方体抗压强度，以 f_{cu} 表示。

$$f_{cu} = \frac{F}{A} \tag{2-9}$$

式中：F——试件破坏荷载，N；

　　　A——试件受压面积，mm^2。

混凝土强度等级采用符号 C 与立方体抗压强度标准值表示。普通混凝土通常划分为 C7.5、C10、C15、C20、C25、C30、C35、C40、C45、C50、C55、C60 共 12 个强度等级（C60 以上的混凝土称为高强混凝土）。

※※※

工作任务四　　混凝土抗压强度试验

※※※

1. 目的和适用范围

本试验规定了测定混凝土抗压极限强度的方法，以确定混凝土的强度等级。本试验适用于各类混凝土的立方体试件。

2. 仪器设备

（1）拌和机：自由式或强制式。

（2）振动器：标准振动台。

（3）试模：由铸铁或钢制成，如图 2-23 所示，内表面刨光磨光（粗糙度 $Ra = 2.5mm$），平整度同球座的规定。可以拆卸擦洗，内部尺寸容许偏差：棱边长度不超过 1mm，直角则不超过 0.5°。

（4）球座：钢质坚硬，凸面朝上，当试件中均匀受力后，一般不宜再敲动球座。

（5）压力机或万能试验机（图 2-24）：上下压板平整并有足够刚度，可以均匀地连续加荷卸荷，可以保持固定荷载，开机停机均灵活自如，能够满足试件破型吨位要求。

3. 试验准备

（1）混凝土抗压强度试件以边长 150mm 的正立方体为标准试件，其集料最大粒径为 31.5mm。

（2）混凝土抗压强度采用非标准试件时，其集料粒径应符合表 2-14 的规定。

抗压强度试件尺寸　　　表 2-14

集料公称最大粒径（mm）	试件尺寸（mm）
31.5	150 × 150 × 150
26.5	100 × 100 × 100
53	200 × 200 × 200

(3)混凝土抗压强度试件同龄期者应为一组,每组为 3 个同条件制作和养护的混凝土试块。

图 2-23　混凝土试模

图 2-24　压力试验机

4.试验步骤

(1)取出试件,先检查其尺寸及形状,相对两面应平行,表面倾斜偏差不得超过 0.5mm。量出棱边长度,精确至 1mm。试件受力截面积按其与压力机上下接触面的平均值计算。试件如有蜂窝缺陷,应在试验前三天用浓水泥浆填补平整,并在报告中说明。在破型前,保持试件原有湿度,在试验时擦干试件,称出其质量。

(2)以成型时侧面为上下受压面,试件要放在球座上,球座置于压力机中心,几何对中(指试件或球座偏离机台中心在 5mm 以内,下同)强度等级小于 C30 的混凝土取 0.3～0.5MPa/s 的加荷速度;强度等级大于 C30 且小于 C60 时,则取 0.5～0.8MPa/s 的加荷速度;强度等级大于 C60 时,则取 0.8～1.0MPa/s 的加荷速度。当试件接近破坏而开始迅速变形时,应停止调整试验机油门,直至试件破坏,记下破坏极限荷载。

5.结果整理

(1)混凝土立方体试件抗压强度按式(2-9)计算。

(2)以 3 个试件测值的算术平均值为测定值,计算精确至 0.1MPa。三个测值中的最大值或最小值中如有一个与中间值的差值超过中间值的 15% 时,则取中间值为测定值;如最大值和最小值与中间值之差均超过中间值的 15%,则该组试验结果无效。

(3)混凝土强度等级小于 C60 时,非标准试件的抗压强度应乘以尺寸换算系数(表 2-15),并应在报告中注明。当混凝土强度等级大于等于 C60 时,宜用标准试件,使用非标准试件时,换算系数由试验确定。

※※※

工作任务四结束

※※※

2)混凝土立方体抗折强度(f_{cf})

公路和机场跑道所用水泥混凝土路面,在荷载重复作用下,主要承受弯曲拉应力,因此水泥混凝土路面设计和施工中以抗折强度(或称抗弯拉强度)为主要强度指标,抗压强度为参考强度指标。

道路水泥混凝土抗折强度是以标准制作方法制备 150mm×150mm×550mm 的梁形试件,在标准养护条件下,经养护 28d,按三分点加荷方式测定其抗折强度(f_{cf}),以 MPa 计。

$$f_{\text{cf}} = \frac{FL}{bh^2} \qquad\qquad (2-10)$$

式中:F——试件破坏荷载,N;

L——支座间距,mm;

b——试件宽度,mm;

h——试件高度,mm。

※※※※※※※※※※※※※※※※※※※※※※※※※※※※※※※※※※※※※

工作任务五　水泥混凝土抗弯拉强度试验

※※※※※※※※※※※※※※※※※※※※※※※※※※※※※※※※※※※※※

1. 试验目的

本试验规定了测定混凝土抗弯拉强度的方法,以提供设计参数,检查混凝土施工品质和确定抗折弹性模量试验加荷标准。

本方法适用于各类水泥混凝土棱柱体试件。

2. 试验仪器

(1)混凝土搅拌机:自由式或强制式,应附有产品品质保证文件。

(2)拌和用铁板、铁锹、镘刀、小铲。

(3)磅秤:称量100kg,感量50g。

(4)天平:称量2 000g,感量1g。

(5)量筒:1 000mL和200mL各一个。

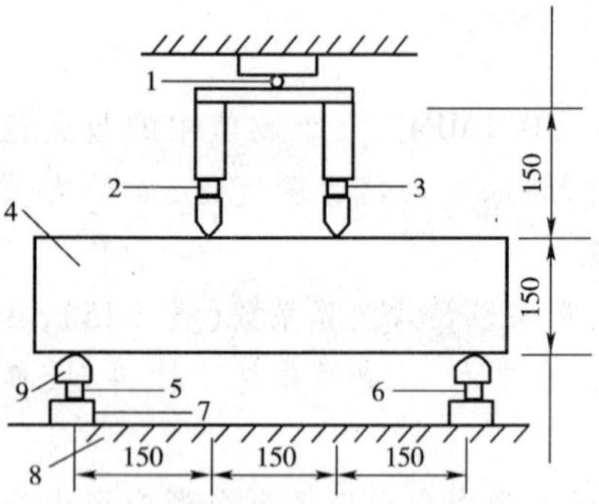

图2-25　抗折试验装置图(尺寸单位:mm)
1、2、6——个钢球;3、5-两个钢球;4-试件;7-活动支座;8-机台;9-活动船形垫块

(6)试验机:采用50~300kN抗折试验机或万能试验机。抗折试验装置(图2-25)由双点加荷压头和活动支座组成,活动支座采用球形支撑,其中一半为一个钢球支撑,另一半为两个钢球支撑,加荷压头的两个加压点也为球形接触,其中一点为单球接触,与双球支座上下对应,另一点为双球接触与单球支座上下对应。

(7)抗折强度试模:尺寸为150mm×150mm×550mm。

(8)养护试件用水槽。

3. 试件制备和养护

(1)使用拌和机前,应先用少量砂浆进行测膛,其水灰比及砂灰比与正式混凝土配合比相同。

(2)按规定称好各种原材料,往拌和机内依次加入石子、砂、水泥,加料时间不宜超过2min,开动机器将材料拌和均匀,将水徐徐加入,水全部加入后,继续拌和约2min。将拌和物倾出在铁板上,再经人工翻拌1~2min,务使拌和物均匀一致。

(3)将试模擦净,边模与底模接触处涂抹干黄油,防止漏浆。将试模紧密结合,试模内均匀涂抹一层机油。将拌和好的混凝土拌和物分两层装入试模,装入高度约为1/2。每层插捣100次,按螺旋线由边缘到中心均匀进行。刮除多余混凝土,用镘刀抹平表面。擦净试模边缘多余混凝土。试件成型后,在室温15~25℃、相对湿度大于50%的情况下,静放1~2d,然后拆模并对试件进行外观检查并编号。

（4）将试件放入水槽中进行养护，水温应在17～23℃。若用其他方法养护，需在报告中说明养护方法。

到达试验龄期时，从水槽中取出试件并擦干表面水分，检查试件，如试件在中部1/3区段内表面有直径超过5mm、深度超过2mm的孔洞，则该试件作废。

（5）混凝土抗弯拉强度试件应取同龄期者为一组，每组3根同条件制作和养护的试件。

4.试验步骤

（1）检查标准养护到规定龄期的试件有无蜂窝，若试件中部1/3长度内有蜂窝，（大于$\phi 5mm \times 2mm$），该试件应作废，否则应在记录中注明。

（2）在试件中部量出宽度和高度，精确到1mm。

（3）调整两个可移动支座，使其与试验机下压头中心距离为225mm，并旋紧两支座，将试件安放在支座上，试件成型时的侧面朝上，缓缓加初荷载约1kN，而后以0.02～0.05MPa/s（强度等级<C30时）、0.05～0.08MPa/s（强度等级 C30≤R<C60 时）或以0.08～0.10MPa/s（强度等级≥C60时）的速度均匀加荷。当试件接近破坏而开始迅速变形时，应停止调整试验机油门，直至试件破坏，记下最大荷载和下边缘断裂的位置。

5.检测结果计算

（1）当断裂面发生在两个加荷点之间时（断面位置在试件断块短边一侧的底面中轴线上量得），抗折强度按式（2-10）计算。

（2）3个试件如有一个断裂面位于加荷点外侧，则混凝土抗折强度按另外两个试件的试验结果计算。

（3）测值的差值不大于这两个测值中较小值的15%，则以两个测值的平均值为测试结果，否则试验结果无效。

（4）如两个试件均出现在断裂面位于加荷点外侧，则该组试件结果无效。

（5）采用100mm×100mm×400mm非标准试件时，所取得的抗折强度值应乘以尺寸换算系数0.85。

6.注意事项

（1）试件从养护水槽取出后尽快擦干试件表面水分进行试验，以免试件内部的湿度发生显著变化。

（2）试验前准确在试件表面划出支点及加荷位置，距端部分别为50mm、200mm、350mm、500mm。

（3）试验应按规定加荷速度连续而均匀加荷，直至试件破坏。

（4）按试验规程要求评定试件的抗折强度。

7.检测记录及强度评定

抗折强度值的计算及异常数据取舍同抗压强度试验。计算结果精确到0.01MPa。

※※

工作任务五结束

※※

3）轴心抗压强度（f_{cp}）

确定混凝土强度等级是采用立方体试件，但实际上钢筋混凝土结构形式极少是立方体的，大部分是棱柱体或圆柱体形。为使测得的混凝土强度接近混凝土结构的实际情况,在钢筋混凝土结构计算中,计算轴心受压构件时,都是采用混凝土的轴心抗压强度(f_{cp})作为依据。我国现行标准《公路工程水泥及水泥混凝土试验规程》(JTG E30—2005)规定,采用 150mm × 150mm × 300mm 的棱柱体作为标准试件,测得的抗压强度为轴心抗压强度 f_{cp}。

混凝土的轴心抗压强度 f_{cp} 与立方体抗压强度 f_{cu} 之间具有一定的关系,通过大量试验表明:在立方体抗压强度 f_{cu} 为 10 ~ 55MPa 的范围内,$f_{cp} = (0.7 \sim 0.8)f_{cu}$。

$$f_{cp} = \frac{F}{A} \tag{2-11}$$

式中:F——试件破坏荷载,N;

A——试件承压面积,mm^2。

4)立方体劈裂抗拉强度(f_{ts})

同抗压强度相比,混凝土的抗拉强度比较低。当混凝土直接受拉时,很小的变形就会开裂,它在断裂前没有残余变形,是一种脆性破坏,混凝土的抗拉强度只有抗压强度的 1/20 ~ 1/10,且随着混凝土强度等级的提高,比值有所降低。因此,混凝土在工作时一般不依靠其抗拉强度,但抗拉强度对于开裂现象有重要意义,在结构设计中抗拉强度是确定混凝土抗裂度的重要指标。

我国现行标准《公路工程水泥及水泥混凝土试验规程》(JTG E30—2005)采用 150mm × 150mm × 150mm 的立方体作为标准试件,在立方体试件中心面内用圆弧为垫条施加两个方向相反、均匀分布的压应力。当压力增大至一定程度时,试件就沿此平面劈裂破坏,这样测得的强度称为劈裂抗拉强度,简称劈拉强度(f_{ts}),以 MPa 计。

$$f_{ts} = \frac{2F}{\pi A} = \frac{0.637F}{A} \tag{2-12}$$

式中:F——试件破坏荷载,N;

A——试件劈裂面面积,mm^2。

5)影响混凝土强度的主要因素

影响混凝土强度的因素很多,主要是组成原材料的影响,包括原材料的特征和各材料之间的组成比例等内因,以及养护条件和试验检测条件等外因。

混凝土强度主要取决于水泥石强度及其与集料表面的黏结强度,而水泥石强度及其与集料的黏结强度又与水泥强度等级、水灰比及集料的性质有密切关系。同时,龄期及养护条件等因素对混凝土强度也有较大影响。

(1)水泥强度等级和水灰比。水泥石是混凝土强度的主要来源,而水泥石的质量则取决于水泥的特性和水灰比。在配合比相同的条件下,水泥强度等级越高,制成的混凝土强度也越高。当采用同一种水泥(品种及强度等级相同)时,混凝土强度主要取决于水灰比的大小。因为水泥水化时所需的结合水一般只占水泥质量的 10% ~ 25%,但在拌制混凝土拌和物时,为了获得必要的流动性,常需要较多的水(约占水泥质量的 40% ~ 70%),即采用较大的水灰比。当混凝土硬化后,多余的水分就残留在混凝土中形成水泡,水分蒸发后形成气孔,使混凝土的密实度和强度降低。因此,在水泥强度等级相同的情况下,水灰比越小,水泥混凝土强度越高。

根据对混凝土材料的研究和工程实践经验,混凝土强度与水灰比、水泥实际强度三者之间的关系可用式(2-13)表示。配合比相同时,水泥强度等级越高,混凝土强度也越大;在一定范围内,水灰比越小,混凝土强度也越高。

试验证明,混凝土强度与水灰比呈曲线关系,而与灰水比呈直线关系。

其强度计算公式:

$$f_{cu,28} = \alpha_a f_{ce}\left(\frac{C}{W} - \alpha_b\right)$$ (2-13)

式中:$f_{cu,28}$——混凝土 28d 抗压强度,MPa;

C——每立方米混凝土中的水泥用量,kg;

W——每立方米混凝土中的用水量,kg;

f_{ce}——水泥的实际强度,MPa;

α_a、α_b——经验系数,与集料品种等有关,其数值需通过试验取得,通常取值如下:对于碎石,$\alpha_a = 0.46$,$\alpha_b = 0.07$;对于卵石,$\alpha_a = 0.48$,$\alpha_b = 0.33$。

式(2-13)中,水泥的实际强度应通过试验确定,当无法取得水泥实际强度数值时,可采用式(2-14)估计:

$$f_{ce} = \gamma_c f_{ce,g}$$ (2-14)

式中:$f_{ce,g}$——水泥强度等级值,MPa;

γ_c——水泥强度等级的富余系数,该值按各地区实际统计资料确定,通常取 1~1.13。

利用式(2-14),可根据所用的水泥强度等级和水灰比估计混凝土的强度,也可根据水泥强度等级和要求的混凝土强度等级来计算应采用的水灰比。

混凝土四组分三参数的关系图如图 2-26 所示。

(2)集料的影响。集料的表面状况影响水泥石与集料的黏结,从而影响混凝土的强度。碎石表面粗糙,黏结力较大;卵石表面光滑,黏结力较小。因此,在配合比相同的条件下,碎石混凝土的强度比卵石混凝土的强度高。特别是在水灰比较低时,差异较明显。

集料的最大粒径对混凝土的强度也有影响,集料的最大粒径越大,混凝土的强度越小,特别是对水灰比较低的中强和高强混凝土,集料的最大粒径的影响十分明显。

(3)浆集比。混凝土中水泥浆的体积和集料体积之比值,对混凝土的强度也有一定的影响。

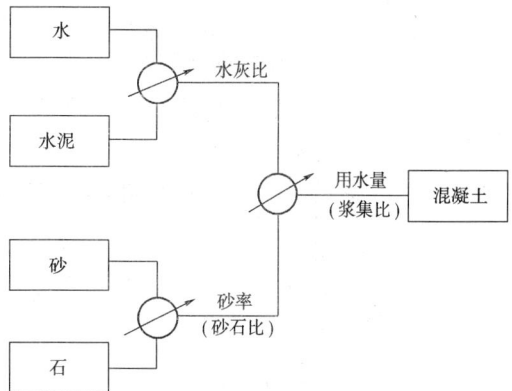

图 2-26　混凝土四组分三参数关系图

特别是高强度的混凝土更为明显。在水灰比相同的条件下,在达到最优浆集比后,混凝土的强度随着浆集比的增加而降低。

(4)外加剂和掺和料。在混凝土中掺入外加剂,可使混凝土获得早强和高强性能;混凝土中掺入早强剂,可显著提高早期强度;掺入减水剂可大幅度减少拌和用水量,在较低的水灰比下,混凝土仍能较好地成型密实,获得很高的 28d 强度。

在混凝土中加入掺和料,可提高水泥石的密实度,改善水泥石与集料的截面黏结强度,提高混凝土的长期强度。因此,在混凝土中掺入高效掺和料是制备高强和高性能混凝土必须的技术措施。

(5)养护温度和湿度。混凝土拌和物浇捣完毕后,必须保持适当的温度和湿度,使水泥充分水化,以保证混凝土强度不断提高。

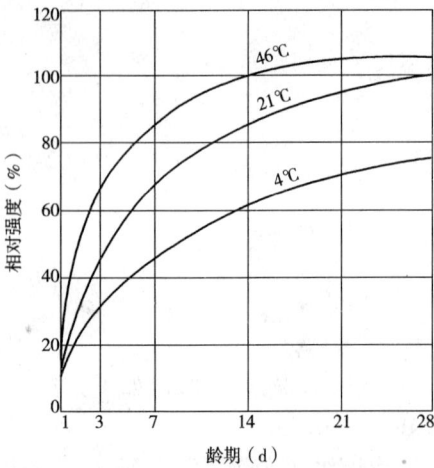

图 2-27　养护温度条件对混凝土强度的影响

一般情况下,水泥的水化和混凝土强度发展的速度是随环境温度的高低而增减(图 2-27),当温度降至零度时,混凝土中的水分大部分结冰,水泥几乎不再发生水化反应,混凝土强度不仅停止增长,严重时由于孔隙内水分结冰而引起膨胀,产生相当大的膨胀压力。特别当水化初期,混凝土强度较低时,遭遇严寒会引起混凝土的崩溃。

混凝土浇筑后,必须有较长时间在潮湿环境中养护,当湿度适当,水泥水化得以顺利进行,使混凝土强度得到充分发展;如果湿度不够,混凝土会失水干燥,影响水泥水化的正常进行,甚至停止水化。这不仅严重降低混凝土的强度,而且因水泥水化作用未能完成,使混凝土结构疏松,渗水性增大,或形成干缩裂缝,从而影响混凝土的耐久性。

(6)龄期。混凝土在正常养护条件下(保证一定温度和湿度),强度随龄期的增长而提高,初期增长较快,后期增长较缓慢,但在空气中养护时,其强度后期有所下降。

在标准养护条件下,混凝土强度与其龄期的对数大致成正比。如图 2-28b)。工程中常常利用这一关系,根据混凝土早期强度,估算其后期强度,用式(2-15)表达。

$$f_{cu,n} = \frac{\lg n}{\lg a} f_{cu,a} \qquad (2-15)$$

式中:$f_{cu,n}$——n 天龄期的混凝土抗压强度,MPa;

　　　$f_{cu,a}$——a 天龄期的混凝土抗压强度,MPa。

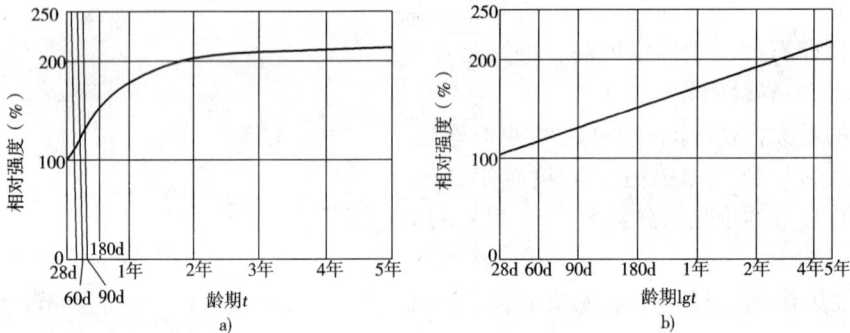

图 2-28　水泥混凝土的强度随时间的增长

(7)试验条件对混凝土强度的影响。相同材料组成、制备条件和养护条件制成的混凝土试件,其力学强度取决于试验条件。影响混凝土力学强度的试验条件主要有:试件形状与尺寸、试件湿度、试件温度、支承条件和加载方式等。

①试件的尺寸和形状。形状相同的试件,试件的尺寸越小,试验测得的强度越高,反之亦然。混凝土的强度与试件尺寸有关的现象称为尺寸效应。混凝土试件的尺寸大时,内部缺陷出现的机率大,易引起应力集中,导致强度降低。我国标准规定采用 150mm × 150mm × 150mm 的立方体试件作为标准试件。当采用非标准的其他试件时,如果混凝土的强度等级小于 C60,所测得的抗压强度应乘以表 2-15 所列的尺寸换算系数。如果混凝土的强度等级为 C60 及以

上,其强度的尺寸换算系数可通过试验确定。

混凝土试件尺寸及强度的尺寸换算系数

表 2-15

试件尺寸(mm)	集料最大粒径(mm)	强度换算系数
100×100×100	31.5	0.95
150×150×150	40	1.00
200×200×200	63	1.05

混凝土的抗压强度还与试件的形状有关。棱柱体(或圆柱体)试件的抗压强度低于立方体试件的抗压强度,棱柱体(或圆柱体)试件的强度与高宽(径)比有关,高宽(径)比越大,抗压强度越小。

②表面状况。混凝土试件承压面的状况也是影响混凝土强度测试结果的重要因素之一。当试件受压面上有油脂类润滑剂,"环箍效应"大大减少,试件将出现直裂破坏,测得的强度值较低。

③加荷速度。混凝土的抗压强度与加荷速度有关。加荷速度越快,测得的强度值越高;当加荷速度超过 1MPa/s 时,这种趋势较为明显。

6)提高混凝土强度的措施

(1)采用高强度的水泥和早强型水泥。为了提高混凝土强度,可采用强度等级高的水泥。对于紧急抢修工程、桥梁拼装接头、严寒下的冬季施工以及其他要求早期强度高的结构物,则可优先选用早强型水泥配制混凝土。

(2)增加混凝土的密实度。降低水灰比,增加混凝土的密实度,则混凝土的强度明显提高。提高混凝土密实度的措施,可采用加压(0.07MPa)脱水成型法或超声波振动法,以排除混凝土中的气泡,使混凝土更加密实。

(3)采用蒸汽或蒸压养护。蒸汽养护是将混凝土放在温度低于100℃的常压蒸汽中养护,一般混凝土经过 16～20h 蒸汽养护后,其强度可达到正常养护条件下养护28d 强度的70%～80%。蒸汽养护最适宜的温度随着水泥的品种而不同,用普通水泥时,最适宜的养护温度为80℃左右,而用矿渣水泥和火山灰水泥时,则为90℃左右。蒸汽养护方法主要是用来提高混凝土的早期强度。

(4)采用机械搅拌和振捣。捣实方法对混凝土强度的影响如图 2-29 所示。

(5)掺入外加剂。在混凝土中掺加外加剂,可改善混凝土的技术性质。掺加早强剂,可提高混凝土的早期强度;掺加减水剂,在不改变流动性的条件下,可减少水灰比,从而提高混凝土的强度。

2.混凝土的变形

硬化后水泥混凝土的变形,包括非荷载作用下的化学变形、干湿变形和温度变形,以及荷载作用下的弹—塑性变形和徐变。

1)非荷载作用变形

(1)化学收缩。混凝土拌和物由于水泥水化产物的体积比反应前物质的总体积要小,因而产生收缩,称为化学收缩。这种收缩随龄期增长而增加,以后渐趋稳定。化学收缩是不能恢复的,一般对结构没有什么影响。

(2)干湿变形。这种变形主要表现为湿胀干缩。混凝

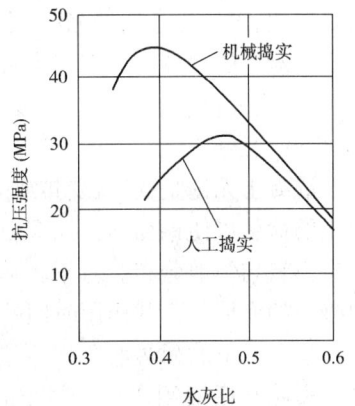

图 2-29　捣实方法对混凝土强度的影响

土在干燥空气中硬化时,随着水分的逐渐蒸发,体积也将逐渐发生收缩,如在水中或潮湿条件下养护时,则混凝土的干缩将随之减少或略产生膨胀。混凝土收缩值较膨胀值为大,混凝土的干缩往往是表面较大,常在表面产生细微裂缝,当干缩变形受到约束时,常会引起构件的翘曲或开裂,影响混凝土构件的耐久性。因此,应通过调节集料级配、增大粗集料的粒径,减少水泥浆用量,适当选择水泥品种,以及采用振动捣实、早期养护等措施来减小混凝土的干缩。

(3)温度变形。混凝土具有热胀冷缩的性质。温度变化引起的热胀冷缩对大体积及大面积混凝土工程极为不利。因为混凝土是不良导体,水泥水化初期放出大量热量难于散发,浇筑后大体积混凝土内部温度远较外部为高,有时可达 50 ~ 70℃,这将使内部混凝土产生显著的体积膨胀,而外部混凝土却随气温降低而冷却收缩。内部膨胀和外部收缩互相制约,将产生很多应力,当外部混凝土所受拉应力一旦超过混凝土当时的极限抗拉强度,就将产生裂缝。因此,对大体积混凝土工程,应设法降低混凝土的发热量,如采用低热水泥,减少水泥用量,采用人工降温等措施。对于纵长的钢筋混凝土结构物,应每隔一段长度设置伸缩缝,在结构物内配制温度钢筋。

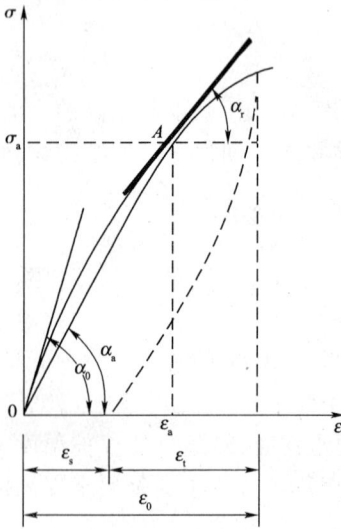

图 2-30　混凝土应力应变曲线

2)荷载作用变形

(1)弹—塑性变形与弹性模量。混凝土是一种弹—塑性体,在持续荷载作用下会产生可恢复的弹性变形(ε_t)和不可恢复的塑性变形(ε_s),其应力与应变关系如图 2-30。

在桥梁工程中,以应力为棱柱体极限抗压强度的 40% 时的割线弹性模量,作为混凝土的弹性模量。

在道路路面及机场跑道工程中,水泥混凝土应测定其抗折时的平均弹性模量作为设计时的设计参数,取抗折强度 50% 时的加荷割线模量,作为混凝土的弹性模量。

在路面工程中,混凝土要求有高的抗折强度,而且要有较低的抗折弹性模量,以适应混凝土路面受荷载后具有较大的变形能力。

(2)徐变。混凝土在持续荷载作用下,随时间增加的变形称为徐变,也称蠕变。徐变是由于硬化后的混凝土中存在的凝胶体,在作用荷载不变,凝胶体发生缓慢迁移,使混凝土变形增加。这种在恒定荷载作用下,随着时间的增长而产生的变形是不可恢复的。徐变初期增长较快,以后逐渐变慢,到一定时期后,一般 2 ~ 3 年可以稳定下来。

混凝土的徐变与许多因素有关。混凝土水灰比大,龄期短,徐变量大;荷载作用时,大气湿度小,徐变大;荷载应力大,徐变大;混凝土水泥用量多时,徐变量大。另外,混凝土弹性模量小,徐变大。

混凝土无论是受压、受拉或受弯时,均有徐变现象。在预应力钢筋混凝土桥梁构件中,混凝土的徐变可使钢筋的预加应力受到损失,但是,徐变也能消除钢筋混凝土的部分应力集中,使应力较均匀地分布。对于大体积混凝土,能消除一部分由于温度变形所产生的破坏应力。混凝土的变形与荷载作用时间的关系如图 2-31 所示。

3.混凝土的耐久性

道路与桥梁用水泥混凝土的耐久性要求首要为抗冻性。其次,路面混凝土还要求具有一定的耐磨性;桥梁墩台混凝土要求具有对海水、污水的耐蚀性;隧道混凝土要求具有对气体的耐蚀性。此外,近年来,碱—集料反应导致高速公路及桥梁结构的破坏,也引起人们的关注。

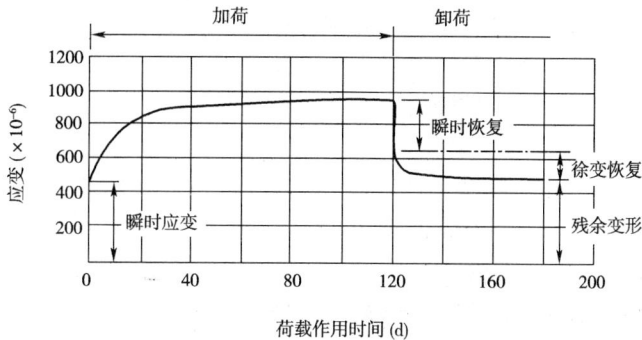

图 2-31　混凝土的变形与荷载作用时间的关系曲线

混凝土抗冻性是指混凝土在饱水作用状态下,能经受多次冻融循环作用而不被破坏的性质。

混凝土耐久性是指混凝土在实际使用条件下抵抗各种破坏因素的作用,长期保持强度和外观完整性的能力,包括混凝土的抗冻性、抗渗性、抗蚀性及抗碳化能力等。

(1)抗冻性,是指混凝土在饱和水状态下,能经受多次冻融循环而不被破坏,也不严重降低强度的性能,一般以抗冻标号表示。混凝土的抗冻标号是以 $100mm \times 100mm \times 400mm$ 的棱柱体混凝土试件在吸水饱和后,于 $-17℃$ 和 $5℃$ 条件下快速冻结和融化循环,每 25 次融化循环,对试件进行一次横向基频的测试并称重。当冻融至 300 次,或相对动弹性模量下降至 60% 以下,或试件的质量损失率达 5% ,即可停止试验,此时的循环次数即为混凝土的抗冻标号。混凝土的抗冻标号分为 D10、D15、D25、D50、D100、D150、D200、D250、D300 共 9 个等级。

影响混凝土抗冻性的因素很多,主要是材料本身的性质以及混凝土的密实度、强度等。提高混凝土的耐久性应注意合理选择水泥品种,选用良好的砂石材料,改善集料的级配,采用减水剂或加气剂,改善混凝土的施工操作方法,提高混凝土的密实度。

(2)抗渗性,是指混凝土抵抗水、油等液体渗透的能力。抗渗性好坏用抗渗等级来表示。抗渗等级分为 P4、P6、P8、P10、P12 共 5 个等级。

混凝土水灰比对抗渗性起决定性作用。提高混凝土抗渗性的根本措施在于增强混凝土的密实度。

(3)抗侵蚀性。腐蚀的类型通常有淡水腐蚀、硫酸盐腐蚀、溶解性化学腐蚀、强碱腐蚀等,混凝土的抗侵蚀性与密实度有关,同时,水泥品种、混凝土内部孔隙特征对抗腐蚀性也有较大影响。

(4)耐磨性,是路面和桥梁用混凝土的重要性能之一。作为高级路面的水泥混凝土,必须具有抵抗车辆轮胎磨耗和磨光的性能。作为大型桥梁的墩台用水泥混凝土也需要具有抵抗湍流空蚀的能力。混凝土耐磨性评价,按现行试验法是以 $150mm \times 150mm \times 150mm$ 立方体试件,养生至27d 龄期,在 60℃ 烘干至恒重,然后在带有花轮磨头的混凝土磨耗试验机上,在 200N 负荷下磨削 50 转,然后计算单位面积磨损量。

(5)碱—集料反应。水泥混凝土中水泥的碱与某些碱活性集料发生化学反应,可引起混凝土产生膨胀、开裂,甚至破坏,这种化学反应称为碱—集料反应。碱—集料反应会导致高速公路路面或大型桥梁墩台的开裂和破坏,并且这种破坏会继续发展下去,难以补救,因此,引起世界各国的普遍关注。

碱—集料反应有下列三种条件:

①混凝土中的集料具有活性;

②混凝土中含有一定量可溶性碱;

③有一定湿度。

为防止碱—集料反应的危害,按现行规范规定:应使用含碱量小于0.6%的水泥或采用抑制碱—集料反应的掺和料;当使用含钾、钠离子的混凝土外加剂时,必须做专门试验。

(6)提高混凝土耐久性的措施。

①根据工程所处环境及要求,合理选择水泥品种。

②控制水灰比及保证足够的水泥用量。

③改善粗细集料的颗粒级配。

④掺加外加剂,以改善抗冻、抗渗性能。

⑤加强浇捣和养护,以提高混凝土强度及密实度,避免出现裂缝、蜂窝等现象。

⑥采用浸渍处理或用有机材料做防护涂层。

我国《混凝土结构工程施工及验收规范》(GB 50204—2002)规定对水泥混凝土耐久性的控制,主要从"最大水灰比"和"最小水泥用量"两项来进行限制。

三、外加剂

在拌制混凝土过程中掺入量不大于水泥质量5%(特殊情况除外),用以改善混凝土性能的材料,称为混凝土外加剂。

按外加剂的主要功能将混凝土外加剂分为以下四类:

①改善混凝土拌和物流变性能的外加剂,其中包括各种减水剂、引气剂和泵送剂等。

②调节混凝土凝结时间、硬化性能的外加剂,其中包括缓凝剂、早强剂和速凝剂等。

③改善混凝土耐久性的外加剂,其中包括引气剂、防水剂和阻锈剂等。

④改善混凝土其他性能的外加剂,其中包括加气剂、膨胀剂、防冻剂、着色剂、防水剂和泵送剂等。

混凝土外加剂的分类见表2-16。

混凝土外加剂分类 表2-16

类 别		使 用 效 果
减水剂	普通减水剂	减水、提高强度或改善和易性
	高效减水剂(流动化或称超塑剂)	配制流动混凝土或早强高强混凝土
引气剂		增加含气量,改善和易性,提高抗冻性
调凝剂	缓凝剂	延续凝结时间,降低水化热
	早强剂(促凝剂)	提高混凝土早期强度
	速凝剂	速凝、提高早期强度
防冻剂		使混凝土在负温下水化,达到预期强度
防水剂		提高混凝土抗渗性,防止潮气渗透
膨胀剂		减少干缩

（一）减水剂

减水剂是在混凝土坍落度基本相同的条件下,能减少拌和用水的外加剂。目前常用的减水剂主要有木质素系、萘磺酸盐系和树脂系及糖蜜系和腐殖酸等几类。

1.减水剂的作用机理

减水剂是在不改变混凝土工作性能的条件下,具有减水及增强作用的外加剂。大多数减水剂均为表面活性剂,表面活性剂的分子由亲水基团和憎水基团组成。在水泥浆中,亲水基团吸附水分子,而憎水基团指向水泥颗粒表面,并作定向排列,形成吸附水膜层,降低了水与水泥颗粒之间的界面张力,并使水泥颗粒表面均带上相同的电荷,加大了水泥颗粒的静电斥力,使水泥颗粒互相分散,絮凝结构中的水被释放出来,如图 2-32 所示。同时,大部分减水剂均为有机化合物,在拌制过程中易带入一些气泡,对混凝土拌和物的流动性也有益。因此,在减水剂的分散和引气作用下,使混凝土拌和物在不增加用水量的情况下,大幅度地增加了流动性。

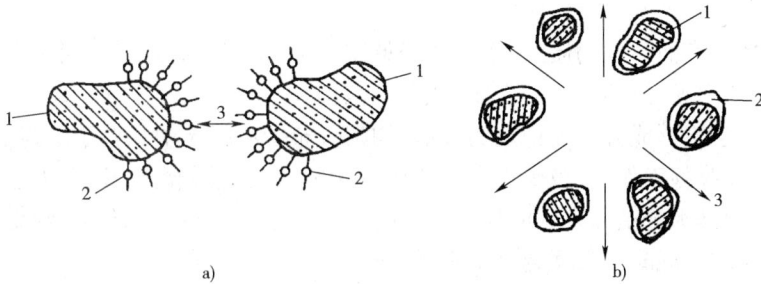

图 2-32　减水剂对水泥颗粒的分散作用

a)水泥颗粒间减水剂定向排列产生电性斥力;b)减水剂的定向排列电性斥力与水缔合作用,使絮凝结构中的游离水释放出

1-水泥颗粒;2-减水剂;3-电性斥力

2.减水剂的经济效果

（1）在混凝土配合比不变时,可不同程度地增大坍落度,且不影响混凝土的强度。

（2）如果保持流动性和水泥用量不变时,则可减少拌和用水量 10% ~20%,使水灰比降低,混凝土强度提高 15% ~20%,同时也提高了耐久性。

（3）如果保持混凝土强度和流动性不变,则可节约水泥用量 10% ~15%。

（二）早强剂

能提高混凝土早期强度,并对后期强度无显著影响的外加剂,称为早强剂。早强剂对水泥中的硅酸三钙和硅酸二钙等矿物成分的水化有催化作用,能加速水泥的水化和硬化,具有早强作用。常用的早强剂按化学成分可分为有机盐类、无机盐类和有机复合的复合早强剂类。常用的早强剂有:氯化物系早强剂、硫酸盐系早强剂、三乙醇胺系早强剂。

混凝土中掺入早强剂,可缩短混凝土的凝结时间,提高早期强度,常用于混凝土的快速低温施工。但掺加了氯化钙早强剂,会加速钢筋的锈蚀。为此,对氯化钙的掺加量应加以限制。通常对于配筋混凝土不得超过 1%,无筋混凝土掺量也不宜超过 3%。为了防止氯化钙对钢筋的锈蚀,氯化钙早强剂一般与阻锈剂复合使用。

（三）缓凝剂

缓凝剂的作用是延缓水泥的凝结时间。常用的缓凝剂有:酒石酸钠、柠檬酸、糖蜜、含氧有机酸、多元醇等,其掺量一般为水泥质量的 0.01% ~0.02%。

缓凝剂的缓凝作用是由于在水泥颗粒表面形成了不溶性物质,使水泥悬浮体的稳定程度提高并抑制水泥颗粒凝聚,因而延缓水泥的水化和凝聚。

（四）速凝剂

速凝剂是促使水泥迅速凝结的外加剂。在水化初期,石膏与速凝剂中的反应生成物 NaOH 作用生成 Na_2SO_4,使液相的 SO_4^{2-} 浓度明显降低,此时铝酸钙就迅速水化析出水化铝酸钙,石膏的缓凝作用失效,从而导致水泥浆速凝。速凝剂可用于路桥隧道的修补、抢修等工程。

（五）引气剂

掺入混凝土中经搅拌能引入大量分布均匀的微小气泡,以改善混凝土拌和物的和易性,并在硬化后仍能保留微小气泡以改善混凝土抗冻性的外加剂为引气剂。常用的引气剂有松香热聚物、松香皂等。

引气剂为憎水表面活性物质,由于它能降低水泥水—空气的界面能,同时由于它的定向排列,形成单分子吸附膜,提高泡膜的强度,并使气泡排开水分而吸附于固相粒子表面,因而能使搅拌过程混进的空气形成微小而稳定的气泡,均匀分布于混凝土中。对于新拌混凝土,由于这些气泡的存在,可改善工作性,减少泌水和离析。对硬化后的混凝土,由于气泡存在使水分不易渗入,又可缓冲其水分结冰膨胀的作用,因而提高了混凝土的抗冻性、抗渗性和抗蚀性。但是,由于气泡的存在,混凝土强度会有所降低。

引气剂的掺量极微,为 0.005% ~0.01%,引气量约为 3% ~6%。

（六）防水剂

混凝土防水剂是一种能减少孔隙和堵塞毛细通道,用以降低混凝土在静水压力下透水性的外加剂。防水剂分为无机防水剂,如三氯化铁、水玻璃等,以及有机防水剂,如有机硅、沥青、橡胶液和树脂乳液等。

掺入防水剂后,混凝土的抗渗性大大增强。但有些防水剂含有 Cl⁻ 离子,使用时应适当控制。对于水工结构、地下室、隧道等混凝土工程,由于抗渗和防水要求均较高,因此可选用适宜的防水剂或防水复合外加剂。

四、普通水泥混凝土的组成设计

（一）概述

混凝土中各组成材料用量之比即为混凝土的配合比。混凝土配合比设计就是根据原材料的性能和对混凝土的技术要求,通过计算和试配调整,确定满足工程技术经济指标的混凝土各组成材料的用量。本节阐述水泥、水、细集料和粗集料四组分的组成设计。

1. 混凝土配合比表示方法

水泥混凝土配合比表示方法,有下列两种:

（1）以每 $1m^3$ 混凝土中各种材料的用量表示。例如,水泥:水:细集料:粗集料 = 335kg:156kg:709kg:1 260kg。

（2）相对用量表示法。以水泥的质量为1,并按"水泥:细集料:粗集料:水灰比"的顺序排列表示。例如,$1:2.12:3.76,W/C=0.47$。

2. 配合比设计的基本要求

混凝土配合比设计,应满足下列四项基本要求:

(1)满足结构物设计强度的要求。不论混凝土路面或桥梁,在设计时都会对不同的结构部位提出不同的"设计强度"要求。为了保证结构物的可靠性,在进行混凝土配合比设计时,必须考虑结构物的重要性、施工单位的施工水平等因素,采用一个比设计强度高的"配制强度",才能满足设计强度的要求。

(2)满足施工工作性的要求。按照结构物断面尺寸和形状、配筋的疏密以及施工方法和设备来确定工作性(坍落度或维勃稠度)。

(3)满足环境耐久性的要求。根据结构物所处环境条件,如严寒地区的路面或桥梁、桥梁墩台在水位升降范围等,为保证结构的耐久性,在设计混凝土配合比时应考虑允许的"最大水灰比"和"最小水泥用量"。

(4)满足经济性的要求。在保证工程质量的前提下,尽量节约水泥,合理地使用材料,以降低成本。

3. 混凝土配合比设计的三个参数

在混凝土配合比中,水灰比、单位用水量及砂率值直接影响混凝土的技术性质和经济效益,是混凝土配合比的三个重要参数。

4. 混凝土配合比设计的步骤

(1)计算"初步配合比"。根据原始资料,按我国现行的配合比设计方法,计算初步配合比。

(2)提出"基准配合比"。根据初步配合比,采用施工实际材料,进行试拌,测定混凝土拌和物的工作性(坍落度或维勃稠度),调整材料用量,提出一个满足工作性要求的"基准配合比"。

(3)确定"试验室配合比"。以基准配合比为基础,增加和减少水灰比,拟订几组(通常为三组)适合工作性要求的配合比,通过制备试块、测定强度,确定既符合强度和工作性要求,又较经济的试验室配合比。

(4)换算"工地配合比"。根据工地现场材料的实际含水率,将试验室配合比换算为工地配合比。

(二)普通混凝土配合比设计方法(以抗压强度为指标的计算方法)

1. 初步配合比的计算

(1)确定混凝土的配制强度($f_{cu,o}$)。

为了使所配制的混凝土具有必要的强度保证率(即 $P=95\%$),要求混凝土配制强度必须大于其标准值。即配制强度按式(2-16)计算:

$$f_{cu,o} = f_{cu,k} + 1.645\sigma \qquad (2\text{-}16)$$

式中:$f_{cu,o}$——混凝土的施工配制强度,MPa;

$f_{cu,k}$——混凝土立方体抗压强度标准值(即要求的混凝土强度等级),MPa;

σ——由施工单位质量管理水平确定的混凝土强度标准差,MPa。

混凝土强度标准差 σ 按式(2-17)计算:

$$\sigma = \frac{\sqrt{\sum_{i=1}^{n} f_{cu,i}^2 - n\mu_{fcu}^2}}{n-1} \qquad (2\text{-}17)$$

式中：$f_{cu,i}$——第 i 组混凝土试件立方体抗压强度值，MPa；

    μ_{fcu}——n 组混凝土试件立方体抗压强度平均值，MPa；

    n——统计周期内相同等级的试件组数，$n \geqslant 25$ 组。

混凝土强度标准差 σ 可根据近期同类混凝土强度资料求得，其试件组数不应少于 25 组。当混凝土强度等级为 C20 和 C25 级，其强度标准差计算值小于 2.5MPa 时，计算配制强度时的标准差应取不小于 2.5MPa；当混凝土强度等级等于或大于 C30 级，其强度标准差计算小于 3.0MPa 时，计算配制强度时的标准差应取不小于 3.0MPa。

若无历史统计资料时，强度标准差可根据要求的强度等级按表 2-17 规定取用。

标 准 差 σ 值   表 2-17

强度等级（MPa）	低于 C20	C20 ~ C35	高于 C35
标准差 σ（MPa）	4.0	5.0	6.0

（2）初步确定水灰比（W/C）。

按混凝土要求强度等级计算水灰比和水泥实际强度，根据已确定的混凝土配制强度 $f_{cu,o}$，由式（2-18）计算水灰比：

$$f_{cu,o} = \alpha_a f_{ce}(C/W - \alpha_b) \tag{2-18}$$

式中：$f_{cu,o}$——混凝土配制强度，MPa；

    C/W——混凝土所要求的灰水比；

    f_{ce}——水泥的实际强度值，MPa；

    α_a、α_b——混凝土强度回归系数，根据使用的水泥和粗、细集料经过试验得出的灰水比与混凝土强度关系式确定，若无上述试验统计资料时，可取值如下：对于碎石，$\alpha_a = 0.46$、$\alpha_b = 0.07$；对于卵石，$\alpha_a = 0.48$、$\alpha_b = 0.33$。得：

$$\frac{W}{C} = \frac{\alpha_a f_{ce}}{f_{cu,o} + \alpha_a \alpha_b f_{ce}} \tag{2-19}$$

水泥的实际强度应通过试验确定，当无法取得水泥实际强度数值时，可采用式（2-20）估计：

$$f_{ce} = \gamma_c f_{ce,g} \tag{2-20}$$

式中：$f_{ce,g}$——水泥强度等级值，MPa；

    γ_c——水泥强度等级的富余系数，该值按各地区实际统计资料确定，通常取 $1 \sim 1.13$。

（3）按耐久性校核水灰比。

按式（2-18）计算所得的水灰比，是按强度要求计算得到的结果。在确定采用的水灰比时，还应根据混凝土所处环境条件、耐久性要求的允许最大水灰比（表 2-18）进行校核。如按强度计算的水灰比大于耐久性允许的最大水灰比，应采用允许的最大水灰比。

（4）选择单位用水量（m_{w0}）。

①干硬性和塑性混凝土用水量的确定。

a. 水灰比在 0.40 ~ 0.80 范围时，根据粗集料的品种、粒径及施工要求的混凝土拌和物稠度，其用水量可按表 2-19、表 2-20 选取。

b. 水灰比小于 0.40 的混凝土以及采用特殊成型工艺的混凝土用水量，应通过试验确定。

②流动性和大流动性混凝土的用水量则按表 2-20 中坍落度为 90mm 的用水量为基础，按坍落度每增大 20mm 用水量增加 5kg，计算出未掺外加剂时混凝土的用水量。

环境条件	结构物类别	最大水灰比			最小水泥用量（kg）		
		素混凝土	钢筋混凝土	预应力混凝土	素混凝土	钢筋混凝土	预应力混凝土
1. 干燥环境	正常的居住或办公用房屋内部件	不作规定	0.65	0.60	200	260	300
2. 潮湿环境 无冻害	（1）高湿度的室内部件；（2）室外部件；（3）在非侵蚀性土（或水）中的部件	0.70	0.60	0.60	225	280	300
2. 潮湿环境 有冻害	（1）经受冻害的室外部件；（2）在非侵蚀性土（或）水中且经受冻害的部件；（3）高湿度且经受冻害的室内部件	0.55	0.55	0.55	250	280	300
3. 有冻害除冰剂的潮湿环境	经受冻害和除冰剂作用的室内和室外部件	0.50	0.50	0.50	300	300	300

注：①摘自《普通水泥混凝土配合比设计规程》（JGJ 55—2000）；

②当用活性掺和料取代部分水泥时，表中的最大水灰比及最小水泥用量即为替代前的水灰比和水泥用量；

③配制 C15 及其以下等级的混凝土，可不受本表限制。

干硬性混凝土的用水量（kg/m³）　表2-19

拌和物稠度		卵石最大粒径（mm）			碎石最大粒径（mm）		
项目	指标	10	20	40	16	20	40
维勃稠度（s）	16~20	175	160	145	180	170	155
	11~15	180	165	150	185	175	160
	5~10	185	170	155	190	180	165

塑性混凝土的用水量（kg/m³）　表2-20

拌和物稠度		卵石最大粒径（mm）				碎石最大粒径（mm）			
项目	指标	10	20	31.5	40	16	20	31.5	40
坍落度（mm）	10~30	190	170	160	150	200	185	175	165
	35~50	200	180	170	160	210	195	185	175
	55~70	210	190	180	170	220	205	195	185
	75~90	215	195	185	175	230	215	205	195

掺外加剂时混凝土的用水量可按式（2-21）计算：

$$m_{w,ad} = m_{w0}(1 - \beta_{ad}) \tag{2-21}$$

式中：$m_{w,ad}$——掺外加剂混凝土的单位用水量，kg/m^3；

m_{w0}——未掺外加剂混凝土的单位用水量，kg/m^3；

β_{ad}——外加剂的减少率，%，经试验确定。

（5）计算单位水泥用量（m_{c0}）。

①按强度要求计算单位用灰量。每立方米混凝土拌和物的用水量（m_{w0}）选定后，即可根据强度或耐久性要求和已求得的水灰比（W/C）值计算水泥单位用量。

$$m_{c0} = \frac{m_{w0}}{W/C} \tag{2-22}$$

②按耐久性要求校核单位用灰量。根据耐久性要求,普通水泥混凝土的最小水泥用量,依结构物所处环境条件确定,见表2-18,按强度要求由式(2-22)计算得到的单位水泥用量,应不低于表2-18规定的最小水泥用量。

(6)选取合理砂率值(β_s)。

一般应通过试验找出合理砂率,也可按集料种类、规格及混凝土水灰比,参考表2-21选取。

①坍落度为10~60mm的混凝土砂率,可根据粗集料品种、最大粒径和混凝土拌和物的水灰比,按表2-21确定。

②坍落度大于60mm的混凝土砂率,可按经验确定,也可在表2-21的基础上,按坍落度每增大20mm,砂率增大1%的幅度予以调整。

③坍落度小于10mm的混凝土,其砂率应经试验确定。

混凝土的砂率(%) 表2-21

水灰比	卵石最大粒径(mm)						碎石最大粒径(mm)			
(W/C)	10	16	20	30	31.5	40	16	20	31.5	40
0.30		23~29		22~28		21~27				
0.40	26~32		25~31		24~30	24~30	30~35	29~34	28~33	27~32
0.50	30~35		28~34		28~33	28~33	33~38	32~37	31~36	30~35
0.60	33~38		32~37		31~36	31~36	36~41	35~40	34~39	33~38
0.70	36~41		35~40		35~39	34~39	39~44	38~43	37~42	36~41

注:①本表数值系中砂的选用砂率,对细砂或粗砂,可相应地减小或增大砂率;

②只用一个单粒级粗集料配制混凝土时,砂率应适当增大;

③对薄壁构件,砂率取偏大值;

④本表中的砂率系指砂与集料总量的质量比。

(7)计算粗、细集料单位用量$(m_{g0}、m_{s0})$。粗、细集料的单位用量,可用质量法或体积法求得。

①质量法 质量法又称假定表观密度法。该法是假定混凝土拌和物的表观密度为一固定值,混凝土拌和物各组成材料的单位用量之和即为其表观密度。在砂率值为已知的条件下,粗、细集料的单位用量可由式(2-23)求得。

$$\left. \begin{array}{l} m_{c0} + m_{w0} + m_{s0} + m_{g0} = m_{cp} \\ \dfrac{m_{s0}}{m_{s0} + m_{g0}} \times 100 = \beta_s \end{array} \right\} \tag{2-23}$$

式中:m_{c0}、m_{w0}、m_{s0}、m_{g0}——每立方米混凝土的水泥、水、细集料和粗集料的用量,kg;

β_s——砂率,%;

m_{cp}——每立方米混凝土拌和物的假定表观密度,kg/m³,其值可根据施工单位积累的试验资料确定。如缺乏资料时,可根据集料的表观密度、粒径以及混凝土强度等级,在2 350~2 450kg/m³范围内选定。表2-22可供参考。

混凝土假定湿表观密度参考表 表2-22

混凝土强度等级	C7.5~C15	C20~C30	>C40
假定湿表观密度(kg/m³)	2 300~2 350	2 350~2 400	2 450

②体积法　又称绝对体积法。该法是假定混凝土拌和物的体积等于各组成材料绝对体积和混凝土拌和物中所含空气体积之总和。在砂率值为已知的条件下,粗、细集料的单位用量可由式(2-24)的关系求得:

$$\left.\begin{array}{l} \dfrac{m_{c0}}{\rho_c} + \dfrac{m_{w0}}{\rho_w} + \dfrac{m_{s0}}{\rho_s} + \dfrac{m_{g0}}{\rho_g} + 10\alpha = 1\,000 \\[4mm] \dfrac{m_{s0}}{m_{s0} + m_{g0}} \times 100 = \beta_s \end{array}\right\} \qquad (2\text{-}24)$$

式中:β_s、m_{c0}、m_{w0}、m_{s0}、m_{g0}——意义同式(2-23);

ρ_c——水泥密度,kg/m^3;

ρ_w——水的密度,kg/m^3;

ρ_s——细集料的表观密度,kg/m^3;

ρ_g——粗集料的表观密度,kg/m^3;

α——混凝土的含气量百分率,%,在不使用引气型外加剂时,可取为1。

粗集料和细集料的表观密度 ρ_g、ρ_s,应按行业标准《公路工程集料试验规程》(JTG E42—2005)测定。

以上两种确定粗、细集料单位用量的方法,一般认为,质量法比较简便,不需要各种组成材料的密度资料。如施工单位已积累有当地常用材料所组成的混凝土假定表观密度资料,也可得到准确的结果。体积法由于是根据各组成材料实测的密度来进行计算的,所以能获得较为精确的结果。

2.试配、调整提出基准配合比

1)试配

(1)试配材料要求　试配混凝土所用各种原材料,要与实际工程使用的材料相同,粗、细集料的称量均以干燥状态为基准。如不是用干燥集料配制,称料时应在用水量中扣除集料中超过的含水量值,集料称量也应相应增加。但在以后试配调整时配合比仍应取原计算值,不计该项增减数值。

(2)搅拌方法和拌和物数量　混凝土搅拌方法,应尽量与生产时使用方法相同。试配时,每盘混凝土的数量一般应不少于表2-23的建议值。如需进行抗折强度试验,则应根据实际需要计算用量。采用机械搅拌时,其搅拌量应不小于搅拌机额定搅拌量的1/4。

混凝土试配时的最小搅拌量 表2-23

集料最大粒径(mm)	拌和物数量(L)
31.5	15
40	25

2)校核工作性,确定基准配合比

按计算出的初步配合比进行试配,以校核混凝土拌和物的工作性。如试拌得出的拌和物的坍落度(或维勃稠度)不能满足要求,或黏聚性和保水性能不好时,应在保证水灰比不变的条件下相应调整用水量或砂率,直到符合要求为止。然后提出供混凝土强度校核用的"基准配合比",即 m_{ca}、m_{wa}、m_{sa}、m_{ga}。

3)检验强度,确定试验室配合比

(1)制作试件、检验强度。为校核混凝土的强度,至少拟订三个不同的配合比。当采用三个不同的配合比时,其中一个为按上述得出的基准配合比,另外两个配合比的水灰比值,应较基准配合比分别增加(减少)0.05 或 0.10。其用水量应该与基准配合比相同,砂率可分别增加及减少 1%。

制作检验混凝土强度试验的试件时,应检验混凝土拌和物的坍落度(或维勃稠度)、黏聚性、保水性及拌和物的表观密度,并以此结果表征该配合比的混凝土拌和物的性能。

为检验混凝土强度,每种混凝土配合比至少制作一组(三块)试件,在标准养护 28d 条件下进行抗压强度测试。有条件的单位可同时制作几组试件,供快速检验或较早龄期(3d、7d 等)时抗压强度测试,以便尽早提出混凝土配合比供施工使用。但必须以标准养护 28d 强度的检验结果为依据调整配合比。

(2)确定试验室配合比。根据"强度"检验结果和"湿表观密度"测定结果,进一步修正配合比,即可得到"试验室配合比设计值"。

①根据强度检验结果修正配合比。

a. 确定用水量(m_{wb})。取基准配合比中的用水量(m_{wa}),并根据制作强度检验试件时测得的坍落度(或维勃稠度)值加以适当调整确定。

b. 确定水泥用量(m_{cb})。取用水量乘以由"强度—灰水比"关系定出的未达到配制强度($f_{cu,o}$)所必需的灰水比值。

c. 确定粗、细集料用量(m_{sb}、m_{gb})。取基准配合比中的砂、石用量,并按定出的水灰比作适当调整。

②根据实测拌和物湿表观密度校正配合比。

a. 根据强度检验结果校正后定出的混凝土配合比,计算出混凝土的"计算湿表观密度"($\rho_{c,c}$),即:

$$\rho_{c,c} = m_{cb} + m_{wb} + m_{sb} + m_{gb} \tag{2-25}$$

b. 将混凝土的实测表观密度($\rho_{c,t}$)除以计算湿表观密度($\rho_{c,c}$)得出"校正系数"δ,即:

$$\delta = \frac{\rho_{c,t}}{\rho_{c,c}} \tag{2-26}$$

c. 当混凝土表观密度实测值与计算值之差的绝对值不超过计算值的 2% 时,则 $m_{cb} : m_{sb} : m_{gb} : m_{wb}$ 的比值即为确定的试验室配合比;当二者之差超过 2% 时,应将配合比中每项材料用量均乘以校正系数 δ,即得最终确定的试验室配合比设计值。

$$\left.\begin{aligned} m'_{cb} &= m_{cb}\delta \\ m'_{sb} &= m_{sb}\delta \\ m'_{gb} &= m_{gb}\delta \\ m'_{wb} &= m_{wb}\delta \end{aligned}\right\} \tag{2-27}$$

即 $m'_{cb} : m'_{sb} : m'_{gb} : m'_{wb} = 1 : \dfrac{m'_{sb}}{m'_{cb}} : \dfrac{m'_{gb}}{m'_{cb}} : \dfrac{m'_{wb}}{m'_{cb}}$ 为最终试验室配合比。

4)施工配合比换算

试验室配合比,是在砂石材料干燥条件下进行试验和计算得到的结果,而施工现场砂、石材料为露天堆放,都有一定的含水率(即砂石中的水质量占干燥砂石质量的百分率)。因此,施工现场应根据现场砂、石的实际含水率的变化,将试验室配合比换算为施工配合比。

设施工现场实测砂、石含水率分别为 $a\%$、$b\%$。则施工配合比的各种材料单位用量:

$$\left.\begin{array}{l} m_{\text{c}} = m'_{\text{cb}} \\ m_{\text{s}} = m'_{\text{sb}}(1 + a\%) \\ m_{\text{g}} = m'_{\text{gb}}(1 + b\%) \\ m_{\text{w}} = m'_{\text{wb}} - (m'_{\text{sb}}a\% + m'_{\text{sb}}b\%) \end{array}\right\} \qquad (2\text{-}28)$$

施工配合比为：

$$1 : X : Y = 1 : \frac{m_{\text{s}}}{m_{\text{c}}} : \frac{m_{\text{g}}}{m_{\text{c}}}; \quad \frac{W}{C} = \frac{m_{\text{w}}}{m_{\text{c}}}$$

※※※※※※※※※※※※※※※※※※※※※※※※※※※※※※※※※※※※※

工作任务六　水泥混凝土配合比设计例题

※※※※※※※※※※※※※※※※※※※※※※※※※※※※※※※※※※※※※

[题目]　试设计钢筋混凝土 T 形梁用混凝土配合比(采用以抗压强度为指标的设计方法)。

[原始资料]

(1)已知混凝土设计强度等级为 C30,施工要求坍落度为 35～50mm,采用机械振捣。施工单位无历史统计资料。桥梁所在地区属寒冷地区。

(2)采用材料:普通水泥 42.5 级,密度为 3 100kg/m³;中砂,表观密度为 2 650kg/m³,堆积密度为 1 450kg/m³;碎石,最大粒径为 31.5mm,表观密度为 2 700g/cm³,堆积密度为 1 500kg/m³;自来水。

[设计要求]

(1)试设计混凝土的试验室配合比。

(2)若施工现场中砂含水率为 5%,卵石含水率为 1%,求施工配合比。

[设计步骤]

(一)计算初步配合比

1. 确定混凝土的配制强度 $f_{\text{cu,o}}$

按题意已知:设计要求混凝土强度为 30MPa,该施工单位无历史统计资料,查表 2-17,取 $\sigma = 5.0$MPa。

$$f_{\text{cu,o}} = f_{\text{cu,k}} + 1.645\sigma = 30 + 5 \times 1.645 = 38.2(\text{MPa})$$

2. 确定水灰比(W/C)

1)利用强度经验公式计算水灰比

(1)计算水泥实际强度。由题意已知采用强度等级为 42.5 级的硅酸盐水泥,$f_{\text{ce,k}} = 42.5$MPa,水泥的富余系数选为 1.1。则水泥实际强度为:

$$f_{\text{ce}} = r_{\text{c}} \times f_{\text{ce,k}} = 1.1 \times 42.5 \approx 46.8(\text{MPa})$$

(2)计算混凝土水灰比。已知混凝土配制强度为 38.2MPa,水泥实际强度为 46.8MPa。查表可知碎石的 $\alpha_{\text{a}} = 0.46, \alpha_{\text{b}} = 0.07$,按式(2-19)计算水灰比:

$$W/C = \frac{\alpha_{\text{a}} \times f_{\text{ce}}}{f_{\text{cu,o}} + \alpha_{\text{a}} \times \alpha_{\text{b}} \times f_{\text{ce}}} = \frac{0.46 \times 46.8}{38.2 + 0.46 \times 0.07 \times 46.8} = 0.54(\text{MPa})$$

2)复核耐久性

根据混凝土所处环境条件属于寒冷地区,查表 2-18 可知:规定最大水灰比为 0.55。按强度计算 $W/C = 0.49$,满足耐久性要求。故采用计算水灰比为 0.54。

3. 确定单位用水量(m_{w0})

此题要求施工坍落度为 35~50mm,碎石最大粒径为 31.5mm,查表 2-19 得每立方米混凝土用水量:$m_{w0} = 185kg/m^3$。

(1)按强度计算单位水泥用量。已知混凝土单位用水量为 $m_{w0} = 185kg/m^3$,水灰比 $W/C = 0.54$,按式(2-22)计算混凝土单位水泥用量为:

$$m_{c0} = m_{w0} \div C/W = 185 \div 0.54 \approx 343(kg)(kg/m^3)$$

(2)按耐久性校核单位水泥用量。根据混凝土所处环境条件属寒冷地区配筋混凝土,查表 2-18,最小水泥用量不低于 $280kg/m^3$,按强度计算单位水泥用量为 $343kg/m^3$,满足耐久性要求。

4. 确定砂率

根据已知条件和前面计算所得,集料采用碎石,最大粒径 31.5mm,水灰比 $W/C = 0.54$。查表 2-21,选砂率 $\beta_s = 33\%$。

5. 计算砂、石用量 m_{s0}、m_{g0}

(1)按体积法列方程组。已知:水泥密度为 $3\,100kg/m^3$,砂表观密度为 $2\,650kg/m^3$,碎石表观密度为 $2\,700kg/m^3$,非引气混凝土 $\alpha = 1$,单位水泥用量为 $343kg/m^3$,单位用水量为 $185kg/m^3$,由式(2-24)得:

$$\frac{m_{s0}}{2\,650} + \frac{m_{g0}}{2\,700} + \frac{343}{3\,100} + \frac{185}{1\,000} + 0.01 \times 1 = 1$$

$$\frac{m_{s0}}{m_{s0} + m_{g0}} \times 100 = 33$$

解得:

$$m_{s0} = 613(kg/m^3)$$
$$m_{g0} = 1\,251(kg/m^3)$$

计算初步配合比:

$$m_{c0} : m_{s0} : m_{g0} = 343 : 613 : 1\,251 = 1 : 1.79 : 3.65$$
$$W/C = 0.54$$

(2)按质量法计算。按强度等级 C30 的混凝土查表 2-22,取混凝土拌和物计算表观密度 $m_{cp} = 2\,400kg/m^3$,列方程组:

$$\begin{cases} m_{s0} + m_{g0} + 343 + 185 = 2\,400 \\ \dfrac{m_{s0}}{m_{s0} + m_{g0}} = 0.33 \end{cases}$$

解得:

$$m_{s0} = 616(kg/m^3)$$
$$m_{g0} = 1\,256(kg/m^3)$$
$$m_{c0} : m_{s0} : m_{g0} = 343 : 616 : 1\,256 = 1 : 1.80 : 3.66$$
$$W/C = 0.54$$

两种方法计算结果相近。

(二)调整工作性,提出基准配合比

1. 计算试拌材料用量

按初步配合比称取 15L 混凝土拌和物的材料:

水泥 $343 \times 15/1\,000 = 5.15kg$;

砂子 $613 \times 15/1\ 000 = 9.20\text{kg}$；

石子 $1251 \times 15/1\ 000 = 18.77\text{kg}$；

水 $185 \times 15/1\ 000 = 2.78\text{kg}$。

2. 和易性调整

将称好的材料均匀拌和后，进行坍落度试验。假设测得坍落度为 10mm，小于施工要求的 35～50mm，应保持原水灰比不变，增加 5% 水泥浆。再经拌和后，坍落度为 40mm，黏聚性、保水性均良好，已满足施工要求。

此时各材料实际用量为：

水泥 $5.15 \times (1 + 5\%) = 5.41\text{kg}$；

砂 9.20kg；

石 18.77kg；

水 $2.78 \times (1 + 5\%) = 2.92\text{kg}$。

3. 提出基准配合比

根据调整工作性后各材料的实际用量，混凝土拌和物的基准配合比为：

$$m_{ca} : m_{sa} : m_{ga} = 5.41 : 9.20 : 18.77 = 1 : 1.70 : 3.47$$

$$W/C = 0.54$$

（三）检验强度、测定试验室配合比

1. 检验强度

采用水灰比分别为 $(W/C)_a = 0.49$、$(W/C)_b = 0.54$ 和 $(W/C)_c = 0.59$ 拌制三组混凝土拌和物。砂、碎石用量不变，用水量也保持不变，则三组水泥分别为：a 组为 5.96kg，b 组为 5.41kg，c 组为 4.95kg。除基准配合比一组外，其他两组也经测定坍落度并观察其黏聚性和保水性均属合格。

按三组配合比经拌制成型，在标准条件下养护 28d 后，按规定方法测定其立方体抗压强度值，列于表 2-24。

不同水灰比的混凝土强度值　　　　　　　　　　　　　　　　表 2-24

组别	水灰比（W/C）	灰水比（C/W）	28d 立方体抗压强度值 $f_{cu,28}$（MPa）
a	0.49	2.04	45.3
b	0.54	1.85	39.5
c	0.59	1.69	34.2

根据表中试验结果，绘制混凝土 28d 立方体抗压强度（$f_{cu,28}$）与灰水比（C/W）关系，如图 2-33 所示。

2. 确定试验室配合比

（1）按强度试验结果修正配合比，各材料用量为：

用水量 $m_{wb} = 185(1 + 5\%) = 194(\text{kg})$；

水泥用量 $m_{cb} = 194 \div 0.55 = 353(\text{kg})$。

砂、石用量按体积法计算：

$$\frac{m_{sb}}{2\ 650} + \frac{m_{gb}}{2\ 700} + \frac{353}{3\ 100} + \frac{194}{1\ 000} + 0.01 \times 1 = 1$$

$$\frac{m_{s0}}{m_{s0} + m_{g0}} = 0.33$$

解得：

$$砂用量\ m_{sb} = 603 \text{kg/m}^3$$

$$碎石用量\ m_{gb} = 1\ 230 \text{kg/m}^3$$

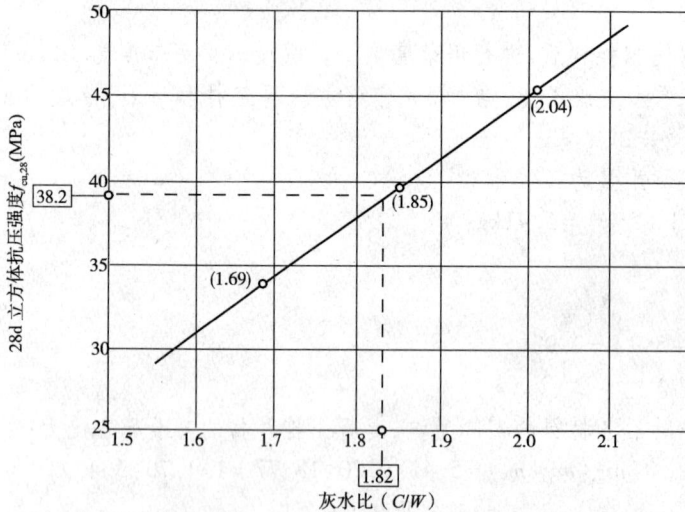

图 2-33　混凝土 28d 抗压强度与灰水比关系

修正后的配合比：

$$m_{cb} : m_{sb} : m_{gb} = 353 : 603 : 1\ 230 = 1 : 1.70 : 3.48$$

水灰比：

$$W/C = 0.55$$

（2）计算湿表观密度：

$$\rho_{c,c} = 353 + 194 + 603 + 1\ 230 = 2\ 380\ (\text{kg/m}^3)$$

实测湿表观密度：

$$\rho_{c,t} = 2\ 450 \text{kg/m}^3$$

修正系数：

$$\delta = 2\ 450/2\ 380 = 1.02$$

因为混凝土表观密度实测值与计算值之差的绝对值超过计算值的 2%（为 2.9%），则按实测湿表观密度校正后，各种材料用量分别为：

$$m'_{cb} = 353 \times 1.02 = 360\ (\text{kg/m}^3)$$

$$m'_{wb} = 194 \times 1.02 = 198\ (\text{kg/m}^3)$$

$$m'_{sb} = 603 \times 1.02 = 615\ (\text{kg/m}^3)$$

$$m'_{gb} = 1\ 230 \times 1.02 = 1\ 255\ (\text{kg/m}^3)$$

因此，试验室配合比：

$$m'_{cb} : m'_{sb} : m'_{gb} = 1 : 1.70 : 3.48$$

$$W/C = 0.55$$

（四）换算施工配合比

根据工地实测，砂的含水率为 5%，石的含水率为 1%。1m³ 拌和物的实际材料用量（kg）：

$$m_{c'} = m_c = 360\ (\text{kg})$$

$$m_{s'} = m_s(1 + a\%) = 615 \times (1 + 5\%) = 646\ (\text{kg})$$

$$m_{g'} = m_g(1 + b\%) = 1255 \times (1 + 1\%) = 1\,268(\text{kg})$$

$$m_{w'} = m_w - m_s \cdot a\% - m_g \cdot b\% = 198 - 615 \times 5\% - 1\,255 \times 1\% = 154(\text{kg})$$

施工配合比为：

$$m_c : m_s : m_g : m_w = 1 : 1.79 : 3.52 : 0.43$$

※※※※※※※※※※※※※※※※※※※※※※※※※※※※※※※※※※※※※

工作任务六结束

※※※※※※※※※※※※※※※※※※※※※※※※※※※※※※※※※※※※

五、路面水泥混凝土

路面水泥混凝土是指满足混凝土路面摊铺工作性（和易性）、弯拉强度、耐久性与经济性要求的水泥混凝土材料。

（一）路面普通混凝土组成材料的技术要求

道路水泥混凝土由水泥、粗集料、细集料、水与外加剂所组成。

1. 水泥

水泥是路面混凝土的重要组成材料，它直接影响混凝土的强度、早期干缩和温度徐变以及磨耗。路面混凝土用水泥应具有抗弯拉强度高、收缩小、抗磨和耐久性好以及弹性模量低等技术品质。特重、重交通等级的水泥混凝土路面，应优先采用旋窑道路硅酸盐水泥，也可使用旋窑硅酸盐水泥或普通硅酸盐水泥。中等及轻交通的路面，可采用矿渣硅酸盐水泥。冬季施工、有快凝要求的路段可采用 R 型早强水泥，一般情况可采用普通型水泥。水泥的物理性能及化学成分应符合现行的国家标准《硅酸盐水泥、普通硅酸盐水泥》、《矿渣、火山灰、粉煤灰硅酸盐水泥》和《道路硅酸盐水泥》中的有关规定。

2. 粗集料

为获得密实、高强、耐久性好、耐磨耗的混凝土路面，粗集料必须具有一定的强度，耐磨耗，有足够的坚固性和良好的级配。

1）质量要求

粗集料应使用质地坚硬、耐久、洁净的碎石、碎卵石。高速公路、一级公路、二级公路，以及有抗（盐）冻要求的三、四级公路混凝土路面使用的粗集料技术等级不应低于 Ⅱ 级。没有抗冻、抗盐要求的三、四级公路路面及贫混凝土基层可使用 Ⅲ 级粗集料。

2）最大粒径与级配

为了提高路面混凝土弯拉强度，防止混凝土拌和物离析，减少对摊铺机的机械磨损，提高混凝土的抗冻性及耐磨性，集料的最大粒径不宜过多。路面混凝土用粗集料最大公称粒径的规定为：卵石 19.0mm；碎卵石 26.5mm；碎石 31.5mm。

为保证施工质量，防止集料离析，路面混凝土中不得使用没有级配的粗集料。应按照最大公称粒径的不同，采用 2～4 个粒级的集料进行掺配，且碎卵石或碎石集料粒径小于 0.075mm 的石粉含量不得大于 1%。

3. 细集料

1）质量要求

细集料应采用质地坚硬、耐久、洁净的天然砂、机制砂或混合砂。高速公路、一级公路、二级公路及有抗(盐)冻要求的三、四级公路混凝土路面,碾压混凝土及贫混凝土基层可使用Ⅲ级砂。特重、重交通混凝土路面宜使用河砂,砂的硅质含量不应低于25%。

2)级配和细度

细集料的颗粒组成应符合规范规定的级配范围要求。路面和桥面用天然砂宜为中砂,也可使用细度模数为2.0~3.5的砂。同一配合比用砂的细度模数变化范围不应超过0.3,否则,应分别堆放,并调整配合比中的砂率后使用。

4. 粉煤灰

在路面混凝土中,可以掺用技术指标符合规定的电收尘Ⅰ、Ⅱ级干排或磨细低钙粉煤灰。Ⅲ级粉煤灰需经过试验论证后,才可以用于路面混凝土中,不得使用高钙粉煤灰。在湿粉煤灰中会有搅拌不开的粉煤灰小块,它与泥块或高度风化岩石集料一样,会严重影响混凝土强度,并使路面出现许多坑洞,影响道路行驶质量和路面耐久性。

5. 外加剂

在路面混凝土中,外加剂的产品质量至少应达到一等品的要求,一般不允许使用合格品。

6. 水

饮用水可以直接作为混凝土搅拌和养护用水,水中不得含有油污、泥及其他有害杂质。对水质有疑问时,应检验其 pH 值、硫酸盐含量和含盐量。

(二)路面水泥混凝土配合比技术性质

路面普通混凝土配合比设计适用于滑模摊铺机、轨道摊铺机、三辊轴机组及小型机具四种施工方式。配合比设计时,在兼顾经济性的同时应满足强度、工作性(施工和易性)及耐久性的技术要求。

1. 抗折强度

各种交通等级水泥混凝土路面,对混凝土抗折强度要求不低于表2-25的标准,条件许可时采用较高的设计强度,特别是特重交通的道路。

路面水泥混凝土抗折强度标准值 表2-25

交通等级	特 重	重	中 等	轻
设计弯拉强度 f_r* (MPa)	5.0	5.0	4.5	4.0

注:* 在特重交通的特殊路段,通过论证,可以使用设计抗折强度5.5MPa。

2. 工作性

混凝土拌和物在施工拌和、运输浇筑、捣实和抹平等过程中不分层、不离析、不泌水,能均匀密实填充在结构物模板内,即具有良好的工作性,符合施工要求。通常滑模摊铺的路面混凝土的坍落度、振动黏度系数要满足表2-26的要求。

混凝土路面滑模摊铺的最佳工作性、允许范围及最大单位用水量 表2-26

集料品种		卵石混凝土	碎石混凝土
坍落度(mm)	设前角的滑模摊铺机	20~40	25~50
	不设前角的滑模摊铺机	10~40	10~30
	允许波动范围(mm)	5~55	10~65
振动黏度系数(N·s/m²)		200~500	100~600
最大单位用水量(kg/m³)		155	160

轨道摊铺机、三辊轴机组、小型机具摊铺的路面混凝土的坍落度和最大单位用水量也要满足相应要求。具体见表2-27。

不同路面施工方式混凝土坍落度及最大单位用水量 表2-27

摊铺方式	轨道摊铺机摊铺		三辊轴机组摊铺		小型机具摊铺	
出机坍落度(mm)	40~60		30~50		10~40	
摊铺坍落度(mm)	20~40		10~30		0~20	
最大单位用水量(kg/m³)	碎石 156	卵石 153	碎石 153	卵石 148	碎石 150	卵石 145

注:①表中的最大单位用水量系采用中砂、粗细集料为风干状态的取值,采用细砂时,应使用减水率较大的(高效)减水剂;
　　②使用碎卵石时,最大单位用水量可取碎石与卵石中值。

3. 耐久性

混凝土与大自然接触,受到干湿、冷热、水流冲刷、行车磨耗和冲击、腐蚀作用,要求混凝土路面必须具有良好的耐久性。在混凝土配合比设计时,采用限制最大水灰比和最小水泥用量来满足路面耐久性的要求。具体见表2-28。

混凝土满足耐久性要求的最大水灰比和最小单位水泥用量 表2-28

公路技术等级		高速公路、一级公路	二级公路	三、四级公路
最大水灰(胶)比		0.44	0.46	0.48
抗冰冻要求最大水灰(胶)比		0.42	0.44	0.46
抗盐冻要求最大水灰(胶)比		0.40	0.42	0.44
最小单位水泥用量(kg/m³)	42.5级	300	300	290
	32.5级	310	310	305
抗冰(盐)冻时最小单位水泥用量(kg/m³)	42.5级	320	320	315
	32.5级	330	330	325
掺粉煤灰时最小单位水泥用量(kg/m³)	42.5级	260	260	255
	32.5级	280	270	265
抗冰(盐)冻掺粉煤灰最小单位水泥用量(42.5级水泥)(kg/m³)		280	270	265

注:①掺粉煤灰、并有抗冰(盐)冻性要求时,不得使用32.5级水泥;
　　②水灰(胶)比计算以砂石料的自然风干状态计(砂含水量≤1.0%;石子含水率≤0.5%);
　　③处在除冰盐、海风、酸雨或硫酸盐等腐蚀性环境中,或在大纵坡等加减速车道上的混凝土,最大水灰(胶)比可比表中数值降低0.01~0.02。

(三)路面普通水泥混凝土配合比设计步骤

1. 配制弯拉强度 f_c

$$f_c = \frac{f_r}{1 - 1.04C_v} + ts \tag{2-29}$$

式中:f_r——混凝土的设计弯拉强度标准值,MPa;
　　C_v——混凝土弯拉强度变异系数(表2-29),应按照统计数据在表的规定范围内取值;当统计数据时,应按照设计取值;如果施工配制弯拉强度超出设计给定的弯拉强度变异系数上线,则必须改变机械装备,提高施工控制水平;

s——混凝土弯拉强度试验样本的标准值,MPa;

t——保证率系数,按样本数 n 和判别概率 p 参照表2-30确定。

各级路面混凝土路面弯拉强度变异系数　　　　　　　表2-29

公路技术等级	高速公路	一级公路		二级公路	三、四级公路	
混凝土弯拉强度变异水平等级	低	低	中	中	中	高
弯拉强度变异系数 C_v 允许变化范围	0.05～0.10	0.05～0.10	0.10～0.15	0.10～0.15	0.10～0.15	0.15～0.20

路面混凝土保证率系数　　　　　　　表2-30

公路技术等级	判别概率 p	样本数 n(组)				
		3	6	9	15	20
高速公路	0.05	1.36	0.79	0.61	0.45	0.39
一级公路	0.10	0.95	0.59	0.46	0.35	0.30
二级公路	0.15	0.72	0.46	0.37	0.28	0.24
三、四级公路	0.20	0.56	0.37	0.29	0.22	0.19

2. 水灰比 W/C 的计算、校核及确定

1)按照混凝土弯拉强度计算水灰比

不同粗集料类型混凝土的水灰比 W/C 按经验公式计算。

碎石(或破碎卵石混凝土):

$$\frac{W}{C} = \frac{1.568}{f_c + 1.009\,7 - 0.359\,5f_s} \tag{2-30}$$

卵石混凝土:

$$\frac{W}{C} = \frac{1.2618}{f_c + 1.549\,2 - 0.470\,9f_s} \tag{2-31}$$

式中:f_c——混凝土配制弯拉强度,MPa;

f_s——水泥28d实测抗折强度,MPa。

2)水胶比 $W/(C+F)$ 的计算

水胶比中的水胶是指水泥与粉煤灰质量之和,如果将粉煤灰作为掺和料,应计入超量取代法中代替水泥的那一部分粉煤灰用量 F,代替砂的超量部分不计入,此时,水灰比 W/C 用 $W/(C+F)$ 代替。

3)耐久性校核确定水灰(胶)比

按照路面混凝土的使用环境、道路等级查表2-28,得到满足耐久性要求的最大水灰比(或水胶比)。在满足弯拉强度和耐久性要求的水灰比(或水胶比)中取小值作为路面混凝土的设计水灰比(或水胶比)。

3. 选取砂率 β_s

根据砂的细度模数和粗集料品种,查表2-31选取最优砂率 β_s。表的适用条件为:水灰比为0.35～0.48,使用外加剂,集料级配良好,卵石最大粒径19.0mm,碎石最大粒径31.5mm,碎卵石可在碎石和卵石混凝土之间内插取值。

砂的细度模数与最优砂率关系

表 2-31

砂的细度模数		2.2 ~ 2.5	2.5 ~ 2.8	2.8 ~ 3.1	3.1 ~ 3.4	3.4 ~ 3.7
砂率 β_s(%)	碎石	30 ~ 34	32 ~ 36	34 ~ 38	36 ~ 40	38 ~ 42
	卵石	28 ~ 32	30 ~ 34	32 ~ 36	34 ~ 38	36 ~ 40

注:碎卵石可在碎石和卵石混凝土之间内插取值。

4. 单位用水量 m_{w0}

1)不掺外加剂和掺和料时,单位用水量的计算

单位用水量根据选定坍落度、粗集料品种、砂率及水灰比,按照经验式计算,其中砂石材料质量以自然风干状态计。

碎石:

$$m_{w0} = 104.97 + 0.309S_L + 11.27(C/W) + 0.61\beta_s \qquad (2-32)$$

卵石:

$$m_{w0} = 86.89 + 0.370S_L + 11.24(C/W) + 1.00\beta_s \qquad (2-33)$$

式中:β_s——砂率,%;

　　S_L——坍落度,mm;

　　C/W——灰水比。

2)掺外加剂时混凝土单位用水量

掺外加剂混凝土的单位用水量按式(2-34)计算:

$$m_{w,ad} = m_{w0}(1 - \beta_{ad}) \qquad (2-34)$$

式中:$m_{w,ad}$——掺外加剂时混凝土的单位用水量,kg/m³;

　　m_{w0}——未掺外加剂时混凝土的单位用水量,kg/m³;

　　β_{ad}——外加剂减少率的实测值,以小数计。

单位用水量应取计算值与表中规定值两者中的小值。如果实际用水量在仅掺引气剂时的混凝土拌和物不能满足坍落度要求时,应掺用引气剂复合(高效)减水剂。对于三、四级公路,也可采用真空脱水工艺。

5. 单位水泥用量 m_{c0} 的确定

单位水泥用量 m_{c0} 按照式(2-35)计算,然后根据道路等级和环境条件,查表 2-28 得到满足耐久性要求的最小水泥用量,取两者中的大值。

$$m_{c0} = m_{w0} \times (C/W) \qquad (2-35)$$

式中:m_{w0}——单位用水量,kg/m³;

　　C/W——混凝土的灰水比。

6. 单位粉煤灰用量

路面混凝土中掺用粉煤灰时,其配合比应按照超量取代法进行。代替水泥的粉煤灰掺量为:Ⅰ型硅酸盐水泥≤30%;Ⅱ型硅酸盐水泥≤25%;道路水泥≤20%;普通水泥≤15%;矿渣水泥不得掺粉煤灰。粉煤灰的超量部分应代替砂,并折减用砂量。

7. 砂石材料用量 m_{s0} 和 m_{g0}

一般道路混凝土中砂的材料用量的计算采用体积法或质量法,将上述计算确定的单位水泥用量、单位用水量和砂率代入式(2-23)方程组,联立求解即可确定砂石材料用量 m_{s0} 和 m_{g0}。

经计算得到的配合比应验算单位粗集料填充体积率,且不宜小于70%。

· 133 ·

（四）普通水泥混凝土的质量控制

1. 混凝土质量的波动

混凝土是由水泥、水、细集料和粗集料组成的一种非匀质材料，其质量是否能保证，除适宜的原材料和配合比外，还与施工过程中各种材料的质量是否能保持均匀一致，配合比是否能准确控制，拌和、运输、浇筑、振捣和养护等工序是否能够正确地执行有关。这些因素对于混凝土的质量都将产生直接的影响。

1）原材料的质量和配合比

严格控制配合比是保证混凝土质量的一项重要措施。在配合比中，严格控制用水量和水灰比的波动是最关键的一环。在混凝土组成材料中，水泥的质量对混凝土的影响极为显著，如水泥实际强度的波动，将直接影响混凝土强度的波动。另外，施工现场集料含水率的变化，以及现场集料的混杂或泥土的混入均会引起混凝土质量的波动。

2）施工工艺

混凝土施工的各个环节如拌和方式（人工或机械）、运输时间、浇筑或振捣情况以及养护时间、湿度等，均对混凝土的质量有明显影响。

3）养护方法

混凝土浇筑完毕应在 12h 内用稻草、麻袋等物覆盖，并经常洒水养护，防止出现早期干缩裂缝，养护时间一般不少于 7～14d。在低温环境下，施工应采取保温加热措施；在炎热气候条件下，可将施工时间调整至夜晚，并注意原材料堆放处的散热、降温，以保证水泥正常水化。

4）试验条件

混凝土质量好坏必须通过试验来直观反映。在进行试验时往往存在取样方法、时间成型及养护条件的差异。要做到准确地反映混凝土的质量，就必须严格按照有关规范规定的试验方法进行各项试验。同时应按规范要求定期标定仪器，以减少仪器因精度不够造成的误差。

2. 混凝土质量的评价方法

混凝土的质量一般以抗压强度来评定，为了进行混凝土的质量评定，必须有足够的混凝土强度试验来反映总体混凝土的质量，并用数理统计方法，算出其算术平均值、标准差、变异系数等统计参数，来评定其质量。混凝土强度的评价方法如下。

1）统计方法（已知标准差方法）

当混凝土生产条件在较长时间内能保持一致，且同一品种混凝土的强度变异性能保持稳定时，应由连续的三组试件代表一个验收批。其强度应符合式（2-36）、式（2-37）的要求。

当混凝土强度不高于 C20 时，其强度最小值应满足：

$$\left.\begin{array}{l} m_{fcu} \geqslant f_{cu,k} + 0.7\sigma_0 \\ f_{cu,min} \geqslant f_{cu,k} - 0.7\sigma_0 \end{array}\right\} \tag{2-36}$$

当混凝土强度高于 C20 时，其强度最小值应满足：

$$f_{cu,min} \geqslant 0.85 f_{cu,k} \tag{2-37}$$

式中：m_{fcu}——同一验收批混凝土强度的平均值，MPa；

$f_{cu,k}$——设计的混凝土强度标准值，MPa；

$f_{cu,min}$——同一验收批混凝土强度的最小值，MPa；

σ_0——验收批混凝土强度的标准差，MPa。

验收批混凝土强度标准差 σ_0，应根据前一个检验期（不超过三个月）内同一品种混凝土试

件强度数据,按式(2-38)确定:

$$\sigma_0 = \frac{0.59}{m} \sum_{i=1}^{m} \Delta f_{cu,i} \tag{2-38}$$

式中:$\Delta f_{cu,i}$——前一检验第 i 验收批混凝土试件中强度最大值与最小值之差,MPa;

$\quad\quad m$——前一检验期内验收的总批数($m \not< 15$)。

【例2-3】 某混凝土预制厂生产的构件,混凝土强度等级为C30,前统计期16批的48组试件强度批极差列于表2-32。试按已知标准差统计法,评定前生产各批混凝土构件的强度是否合格。

前期各批强度极差值 表2-32

$\Delta f_{cu,i}$(MPa)							
3.5	6.2	8.0	4.5	5.5	7.6	3.8	4.6
5.2	6.2	5.0	3.8	9.6	6.0	4.8	5.0
$m = 16,\sum = 89.3$							

解:(1)按式(2-38)计算验收批混凝土强度标准差:

$$\sigma_0 = \frac{0.59}{m} \sum_{i=1}^{m} \Delta f_{cu,i} = 3.3(MPa)$$

(2)计算验收批强度平均值 m_{fcu} 和最小值 $f_{cu,min}$ 的验收界限:

$$[m_{fcu}] = f_{cu,k} + 0.7\sigma_0 = 30 + 0.7 \times 3.3 = 32.3(MPa)$$

$$[f_{cu,min}] = \begin{cases} f_{cu,k} - 0.7\sigma_0 = 27.7(MPa) \\ 0.90f_{cu,k} = 27.0(MPa) \end{cases}$$

(3)对现生产各批强度进行评定,评定结果如表2-33所示。

现生产各批强度评定结果 表2-33

批号	$f_{cu,i}$			m_{fcu}	评定结果	批号	$f_{cu,i}$			m_k	评定结果
	1	2	3				1	2	3		
1	38.6	38.4	34.2	37.4	+	4	38.2	36.0	25.0	33.1	—
2	35.2	30.8	28.8	31.6	—	⋮	⋮	⋮	⋮	⋮	⋮
3	39.4	38.2	38.0	38.5	+	15	40.2	38.2	36.4	38.3	+

2)统计方法(未知标准差方法)

当混凝土生产条件不能满足前述规定,或在前一个检验期内的同一品种混凝土没有足够的数据用以确定验收批混凝土确定的标准差时,应由不少于10组的试件代表一个验收批,其强度应同时符合式(2-39)的要求。试件大于等于10组时,则按下述条件评定:

$$\begin{aligned} m_{fcu} - \lambda_1 S_{fcu} &\geq 0.9f_{cu,k} \\ f_{cu,min} &\geq \lambda_2 f_{cu,k} \end{aligned} \tag{2-39}$$

式中:λ_1、λ_2——合格判定系数,见表2-34;

$\quad\quad S_{fcu}$——验收批混凝土强度的标准差,MPa,当 $S_{fcu} < 0.06f_{cu,k}$ 时,取 $S_{fcu} = 0.06f_{cu,k}$。

混凝土强度的合格判定系数 表2-34

试件组数	10 ~ 14	15 ~ 24	>25
λ_1	1.70	1.65	1.60
λ_2	0.90	0.85	0.85

验收批混凝土强度的标准差 S_{fcu} 可按式(2-40)计算:

$$S_{fcu} = \sqrt{\frac{\sum\limits_{i=1}^{n} f_{cu,i}^2 - nm_{fcu}^2}{n-1}} = 3.2(MPa) > 0.06f_{cu,k} \qquad (2-40)$$

式中：$f_{cu,i}$——验收批第 i 组混凝土试件的强度值，MPa；

n——验收批混凝土试件的总组数。

【例 2-4】 现场几种搅拌混凝土，强度等级为 C30，其同批强度列于表 2-35 中，试评定该批混凝土是否合格。

同 批 强 度 表 2-35

$f_{cu,i}$(MPa)									
36.5	38.4	33.6	40.2	33.8	37.2	38.2	39.4	40.2	38.4
38.6	32.4	35.8	35.6	40.8	30.6	32.4	38.6	30.4	38.8
$n=20, m_{fcu}=36.5$									

解：(1)按式(2-40)计算该批混凝土强度标准差：

$$S_{fcu} = \sqrt{\frac{\sum\limits_{i=1}^{n} f_{cu,i}^2 - nm_{fcu}^2}{n-1}} = 3.2(MPa) > 0.06f_{cu,k}$$

(2)计算验收界限：

$$[m_{fcu}] = 1.65 \times 3.2 + 0.9 \times 30 = 32.3(MPa)$$
$$[f_{cu,min}] = 0.85 \times 30 = 25.5(MPa)$$

(3)评定该批混凝土强度：

$$m_{fcu} = 36.5MPa, [m_{fcu}] = 32.3MPa$$
$$f_{cu,min} = 30.4MPa > [f_{cu,min}] = 25.5MPa$$

所以，该批混凝土应评为合格。

3)非统计方法

对零星生产的预制构件的混凝土或现场搅拌批量不大的混凝土，按非统计方法评定混凝土强度时，其所保留强度应同时满足式(2-41)的要求。试件小于 10 组时，按下述统计进行评定：

$$m_{fcu} \geqslant 1.15f_{cu,k}$$
$$f_{cu,min} \geqslant 0.95f_{cu,k} \qquad (2-41)$$

3.混凝土生产质量水平

混凝土强度除按规定进行合格评定外，还应对一个统计周期内的相同等级和龄期的混凝土进行统计分析，统计计算强度均值(m_{fcu})标准差(σ)和强度不低于要求强度等级的百分率，以确定企业生产管理水平，见表 2-36。

混凝土生产管理水平 表 2-36

生产质量水平		优 良		一 般	
	混凝土强度等级	< C20	≥C20	< C20	≥C20
评定指标 \ 生产场所					
混凝土强度标准差(MPa)	商品混凝土厂和预制混凝土构件厂	≤3.0	≤3.5	≤4.0	≤5.0
	集中搅拌混凝土的施工现场	≤3.5	≤4.0	≤4.5	≤5.5
强度不低于规定强度等级值的百分率 P(%)	商品混凝土厂，预制混凝土构件厂及集中搅拌混凝土施工现场	≥95		>85	

（1）混凝土强度标准差按式（2-42）计算：

$$\sigma = \sqrt{\frac{\sum_{i=1}^{n} f_{cu,i}^2 - n\mu_{fcu}^2}{n-1}}$$ (2-42)

（2）强度等级百分率按式（2-43）计算：

$$P = \frac{n_0}{n} \times 100\%$$ (2-43)

式中：$f_{cu,i}$——统计周期内 i 组混凝土试件的立方体抗压强度值，MPa；

n——统计周期内相同等级的混凝土试件组数，不得少于25组；

μ_{fcu}——统计周期内 n 组混凝土试件立方体抗压强度平均值，MPa；

n_0——条件周期内试件强度不低于要求强度等级值的组数。

六、其他功能混凝土

在道路与桥梁工程中，除了普通水泥混凝土外，对于高强混凝土、聚合物混凝土以及新型混凝土等都有了很大的发展，现将这几种混凝土简述如下。

（一）高强混凝土

强度等级在 C50～C80 的混凝土称为高强混凝土。为了减轻自重、增大跨径，现代高架公路、立体交叉和大型桥梁等混凝土结构均采用高强混凝土。

1. 组成材料技术要求

（1）优质高强水泥　高强混凝土用水泥的矿物成分中 C_3S 和 C_3A 含量应较高，特别是 C_3S含量要高。水泥经两次振动磨细后，细度应达到 4 000～6 000cm²/g 以上。

（2）拌和水　采用磁化水拌和。磁化水是普通的水以一定速度流经磁场，由于磁化作用提高水的活性。用磁化水拌制混凝土，使水泥水化更完全、充分，因而可提高混凝土强度30%～50%。

（3）硬质高强的集料　粗集料应使用质地坚硬、级配良好的碎石。集料的抗压强度应比配制的混凝土强度提高50%以上。含泥量应小于1%，针片状颗粒含量应小于5%，集料的最大粒径宜小于26.5mm

（4）外加剂　高强混凝土均采用减水剂及其他外加剂。应选用优质高效的 NNO、MF 等减水剂。

2. 技术性能

（1）高强混凝土可有效地减轻自重。

（2）可大幅度地提高混凝土的耐久性。

（3）在大跨度的结构物中采用高强度混凝土可大大减少材料用量，获得显著的经济效益。

（二）纤维混凝土

纤维混凝土是由普通混凝土和均匀分散的短纤维所制成。纤维按变形性能分为低弹性模量纤维（尼龙纤维、聚丙稀纤维）和高弹性模量纤维（钢纤维、玻璃纤维、碳纤维等）。

采用低弹性模量纤维时，对混凝土抗拉强度影响不大，但可改善混凝土的冲击韧性。采用高弹性模量纤维时，能显著提高混凝土的抗拉强度，而对抗压强度提高不大。

对于纤维混凝土,其纤维含量多、纤维长径比适当、纤维按拉应力方向平行排列等,都能提高纤维混凝土的抗拉强度。下面重点介绍钢纤维混凝土。

钢纤维混凝土是以水泥混凝土为基材、以不连续而分散的纤维为增强材料所组成的一种复合材料。掺入的钢纤维可以改善混凝土的脆性,从而提高混凝土的抗拉强度和韧性。

1. 钢纤维混凝土的力学性能

(1)弯拉强度和抗拉强度较高。

(2)抵抗动载振动冲击能力很强。

(3)具有极高的耐疲劳性能。

(4)是有柔韧性的复合材料。

(5)有抗冻胀和抗盐冻脱皮性能,但不耐锈蚀,用量大,价格高,热传导系数大。不适用于具有隔热要求的混凝土路面。

2. 钢纤维混凝土组成设计

(1)水灰比的确定和计算。根据混凝土配制弯拉强度计算水灰比,且确定满足耐久性要求的水灰比。

(2)确定钢纤维掺量体积率。由钢纤维混凝土板厚设计折减系数(0.65~0.70)、钢纤维长径比(30~100)、端锚外形等,由试验初选钢纤维掺量体积率,或由试验确定。

(3)根据路面不同摊铺方式所要求的坍落度确定单位用水量。

(4)计算单位水泥用量。桥面与路面钢纤维混凝土,单位水泥用量为 360~450kg/m³,但不宜大于 500kg/m³。

(5)确定砂率。一般采用 38%~50%,也可计算或试配调整后得到。

(6)按体积法或质量法确定粗、细集料用量。具体见普通水泥混凝土配合比设计。

(7)应根据工程要求进行抗压强度、弯拉强度及施工和易性等试验。

3. 工程应用

钢纤维与混凝土组成复合材料后,可使混凝土的抗弯拉强度、抗裂强度、韧性和冲击强度等性能得到改善。所以,钢纤维混凝土广泛应用于道路与桥隧工程中,如机场道面、高等级路面、桥梁桥面铺装和隧道衬砌等工程。

(三)轻集料混凝土

采用轻集料混凝土作为桥梁建筑材料是近年来研究的新动向。减轻桥梁自重,应用轻质高强混凝土材料,除了前述高强措施外,研究的注意力主要集中在轻集料上。人工轻集料是以优质膨胀页岩、卵石和砂等为原料,经粉碎、煅烧至 1 200℃,冶炼后筛分制得。呈硬质玻璃状,表面不易吸水,内部含有许多不连通的空隙,表观密度约 1.25~1.62g/cm³,松装密度约 750~1 000g/cm³。采用这种人工轻集料可配制成 28d 抗压强度为 50MPa 的桥梁混凝土,自重较普通混凝土约减轻 20%,可节约预应力钢筋约 10%。但是,弹性模量只有同强度等级普通混凝土的 60% 左右,徐变也较大,应力损失也大。因此,目前认为轻集料混凝土用于中小跨径桥梁减轻自重有一定效果,但用于大跨径桥梁还有待进一步研究。

(四)流态混凝土

目前,公路工程中混凝土用量不断增加。为了提高工程质量和管理水平,逐渐采用集中厂拌生产"预拌混凝土",然后再运至现场浇筑的施工方法。由于运输途中混凝土和易性易随时间降低,而预应力混凝土路面或桥梁要求强度高,流动性好,因此保证混凝土质量和施工和易性之间的矛盾较为突出。近年来采用掺加流化剂可解决这一矛盾。流化剂属于非加气型的、不缓凝的高效减水剂,采用后加法(即在预拌混凝土浇筑前加入,随即使用)。

流态混凝土是在预拌的坍落度为 $80 \sim 120mm$ 的基体混凝土拌和物中,加入外加剂(流化剂),经过二次搅拌,使基体混凝土拌和物的坍落度等于或大于 $160mm$,能自流填满模型或钢筋间隙的混凝土,又称超塑性混凝土。它是由基体混凝土、流化剂、掺和料组成的新型混凝土。

流动性混凝土具有下列特点:流动性好,能自流填满模型或钢筋间隙,适于泵送,施工方便;由于使用流化剂,可大幅度降低水灰比而不需多用水泥,避免了水泥浆多带来的缺点,可制得高强、耐久、不渗水的优质混凝土,一般有早强和高强效果。流态混凝土流动度大但无离析和泌水现象。

1. 流态混凝土的力学性能

(1)抗压强度。一般情况下,流态混凝土与基体混凝土相比较,同龄期的强度无甚差别。但是由于流化剂的性能各异,有些流化剂可起到一定早强作用,因而使流态混凝土的强度有所提高。

(2)弹性模量。掺加流化剂后,混凝土的弹性模量,与抗压强度一样,未见有明显差别。

(3)与钢筋的黏结强度。由于流化剂使混凝土拌和物的流动性增加,强度有所提高。

(4)徐变和收缩。流态混凝土的徐变较基体混凝土稍大,而与普通大流动性混凝土接近。流态混凝土收缩与流化剂的品种和掺加量有关。掺加缓凝型流化剂时,其收缩比基体混凝土大。

(5)抗冻性。流态混凝土的抗冻性比基体混凝土稍差,与大流动性混凝土接近。

(6)耐磨性。试验表明,流动性混凝土的耐磨性较基体混凝土稍差,作为路面混凝土应考虑提高耐磨性措施。

2. 工程应用

流态混凝土在道路与桥梁工程中应用日益广泛,例如,越江隧道的水泥混凝土路面,斜拉桥的混凝土主塔,以及地铁的衬砌封顶等均需采用流态混凝土。

(五)碾压式水泥混凝土

碾压式水泥混凝土是以级配集料、较低的水泥用量、用水量、掺和料和外加剂等组成的超干硬性混凝土拌和物,经振动压路机等机械碾压密实而形成的一种混凝土。这种混凝土铺筑成的路面具有强度高、密度大、耐久性好和节约水泥等优点。

1. 材料组成和组合设计

(1)水泥。路面碾压混凝土应选用弯拉强度高、凝结时间稍长、强度发展快、干缩性小及耐磨性好的水泥。矿渣水泥和含火山灰材料的普通水泥不宜用于高等级公路碾压混凝土路面。

(2)矿质混合料。路面碾压混凝土用粗细集料应组成密实的混合料,符合密级配的要求。粗集料最大粒径,用于路面面层应不大于 $19mm$,砂率宜为 $35\% \sim 40\%$。级配应符合有关要求。

(3)掺和料。为节约水泥、改善和易性和提高耐久性,通常均应掺加粉煤灰。

(4)外加剂。为改善混凝土和易性及有足够的碾压时间,可掺加缓凝型减水剂。

2. 技术性能

(1)强度高。碾压混凝土路面由于矿质混合料组成为连续密级配,经过振动压路机和轮胎压路机等的碾压,使各种集料排列为骨架密实结构。这样不仅节约水泥用量,而且使水泥胶结物能发挥最大作用,因而具有高的强度,特别是有利于早期强度的提高。

(2)干缩率小。碾压混凝土由其组成材料配合比的改进,使拌和物具有优良的级配和很低的含水率。这种拌和物在碾压机械的作用下,才有可能使矿质集料形成包裹一层很薄水泥浆而又互相靠拢的骨架。这样,在碾压混凝土中,水泥浆与集料的体积比率大大降低。因为水泥浆的干缩率比集料大得多,所以碾压混凝土的干缩率也大大减小。

(3)耐久性。由于在形成这种密实结构的过程中,拌和物中的空气被碾压机械所排出,所以在碾压式混凝土中的孔隙率大为降低,这样抗水性、抗渗性和抗冻性等耐久性指标都有了提高。

3. 碾压式混凝土配合比设计

碾压式混凝土配合比设计采用击实试验结合实践经验的方法,其主要步骤为:

(1)确定矿质集料的组成配比。按要求级配确定各级集料用量,并按粗集料的空隙确定砂率。

(2)确定最佳含水率和最大表观密度。采用正交设计方法求出含水率与表观密度、含水率与强度曲线,确定配合比的最佳含水率和最大表观密度。

(3)确定水泥用量。用改进的维勃稠度仪测定工作性,确定水泥用量。

(4)计算初步配合比。根据已知的用水量、水泥用量和砂率,按绝对体积法计算初步配合比。

(5)试样调整、强度校核。通过试拌调整并作抗弯强度校核,提出试验室建议配合比。

(6)现场修正配合比。碾压式混凝土的配合比,很大程度上决定于现场施工工艺,必须经工地实践再行修正。

4. 工程应用

碾压式混凝土主要用于大坝、道路及机场路面混凝土等工程中,若应用于水泥混凝土路面,可以做成一层式或两层式;也可作为底层,面层采用沥青混凝土作为抗滑、磨耗层。

单元3 建筑砂浆

学习目标

1. 了解建筑砂浆的组成及技术性质;
2. 理解建筑砂浆配合比设计步骤和基本方法;
3. 通过砂浆试验可确定砂浆工作性和砂浆强度等级。

任务描述

某公路工程项目需用某一强度等级的水泥砂浆砌筑挡土墙,现需确定水泥砂浆的材料组成比例。当采用一定材料比例拌和、成型、养生后的砂浆强度是否能满足要求?若想完成上述的任务,学生首先应解决以下问题:

(1)砂浆的类型有哪些?其组成材料是什么?

(2)如何确定各组成材料的比例?砂浆配合比设计的方法和步骤是什么?

(3)如何确定砂浆的工作性和强度?

本学习任务沿着以下脉络进行学习:

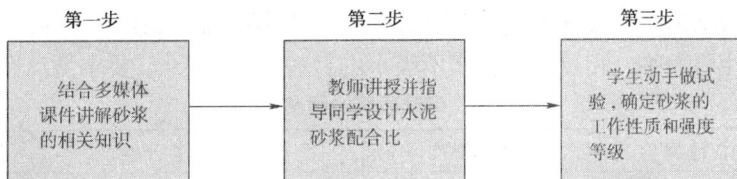

第一步	第二步	第三步
结合多媒体课件讲解砂浆的相关知识	教师讲授并指导同学设计水泥砂浆配合比	学生动手做试验,确定砂浆的工作性质和强度等级

砂浆是由胶凝材料、细集料、掺合料和水按一定比例配制而成的建筑工程材料,在工程中起黏结、衬垫和传递应力的作用。常用的胶凝材料有水泥、石灰、黏土等,通常采用两种胶结材料组成混合胶凝材料。

在道路和桥隧工程中,砂浆主要用于砌筑挡土墙、桥涵或隧道等圬工砌体表面的抹面。砂浆按用途可分为砌筑砂浆、抹面砂浆等。

一、砌筑砂浆

在公路与桥梁工程中,主要用砂浆砌筑挡土墙、护坡、桥涵和其他砖石结构以及砌体表面的修饰。在施工时砂浆以薄层状态起黏结、传递应力的作用,同时还起防护、衬垫和装饰作用。砂浆按其所用胶结材料的不同可分为水泥砂浆和水泥混合砂浆。其组成材料的要求、技术性质以及配合组成如下。

(一)组成材料

砂浆的组成材料除了不含粗集料外,基本上与混凝土的组成材料要求相同,但也有其差异之处。

(1)水泥。砂浆用水泥品种,应根据砂浆的用途来选择,一般采用普通水泥,若用于潮湿环境和地下水位较高的建筑砌体,可采用矿渣水泥或火山灰水泥。选用水泥强度等级宜与砂浆强度等级相对应。水泥砂浆采用的水泥,其强度等级不宜大于 32.5 级,水泥混合砂浆采用的水泥,其强度等级不宜大于 42.5 级。一般拌制砂浆不宜用较高强度等级的水泥。

(2)掺合料。为提高砂浆的和易性,除水泥外,还掺加各种掺合料(如石灰膏、黏土和粉煤灰等)作为结合料。粉煤灰的品质指标和磨生石灰的品质指标应符合标准要求。

(3)砂。砌筑砂浆用砂宜选用中砂。其中毛石砌体宜用粗砂。砂的含泥量不应超过 5%。强度等级为 M2.5 的水泥混合砂浆,砂的含泥量不应超过 10%。

(4)水。拌制砂浆用水与混凝土用水相同。

(5)外加剂。适当加入外加剂可改善砂浆的使用性能。

(二)技术性质

新拌砂浆应保证有较好的和易性,硬化后有足够的强度。

1. 新拌砂浆的和易性

砂浆的组成中没有粗集料,因此和易性包括流动性及保水性两方面要求。

1）流动性

流动性是指新拌砂浆在自重或外力作用下，易于产生流动的性能。砂浆的流动性用稠度表示。

砂浆的稠度是将新拌砂浆均匀装入砂浆筒中，置于砂浆稠度仪台座上，标准圆锥体锥尖由试样表面下沉，经 10s 的沉入深度（以 cm 计）即为稠度。其稠度应按表 2-37 的规定选用。砂浆稠度的选择与砌体材料及施工天气情况有关。对于多孔吸水砌体材料和干热的天气，则要求砂浆的流动性要大些。相反对于密实不吸水的材料和湿冷天气，要求流动性小些。

砌筑砂浆的稠度   表 2-37

砌 体 种 类	砂浆稠度（mm）	砌 体 种 类	砂浆稠度（mm）
烧结普通砖砌体	70 ~ 90	烧结普通砖平拱式过梁，空斗墙，筒拱，普通混凝土小型空心砌块砌体，加气混凝土砌块砌体	50 ~ 70
轻集料混凝土小型空心砌块砌体	60 ~ 90		
烧结砖、空心砖砌体	60 ~ 80	石砌体	30 ~ 50

注：摘自《砌筑砂浆配合比设计规程》（JGJ 98—2000）。

砂浆的流动性主要取决于用水量以及胶结材料的种类、细集料的种类、颗粒形状及粗糙程度和级配等。

※※

工作任务一   **建筑砂浆取样及试样制备**

※※

1. 取样

（1）建筑砂浆试验用料应从同一盘砂浆或同一车砂浆中取样。取样量不应少于试验所需量的 4 倍。

（2）当施工过程中进行砂浆试验时，砂浆取样方法应按相应的施工验收规范执行，并宜在现场搅拌点或预拌砂浆卸料点的至少 3 个不同部位及时取样。对于现场取得的试样，试验前应人工搅拌均匀。

（3）从取样完毕到开始进行各项性能试验，不宜超过 15min。

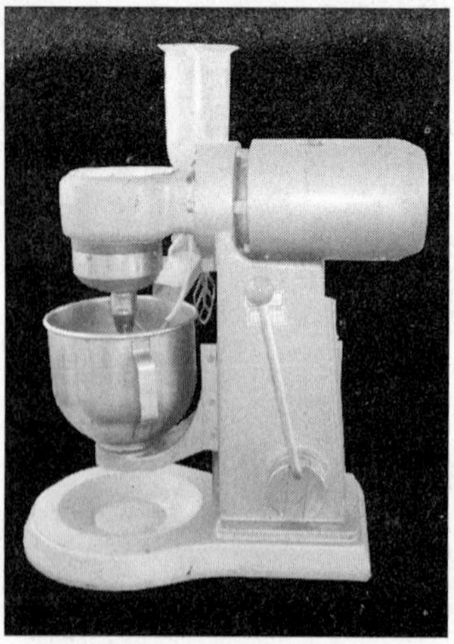

2. 试样的制备

（1）在试验室制备砂浆试样时，所用材料应提前 24h 运入室内。拌和时，试验室的温度应保持在 20℃ ±5℃。当需要模拟施工条件下所用的砂浆时，所用原材料的温度宜与施工现场保持一致。

（2）试验所用原材料应与现场使用材料一致。砂应通过 4.75mm 筛。

（3）试验室拌制砂浆时，材料用量应以质量计。水泥、外加剂、掺和料等的称量精度应为 ±0.5%，细集料的称量精度应为 ±1%。

（4）在试验室搅拌砂浆时应采用机械搅拌，如图 2-34 所示，

图 2-34 砂浆搅拌机

搅拌的用量宜为搅拌机容量的30%~70%,搅拌时间不应少于120s。掺有掺和料和外加剂的砂浆,其搅拌时间不应少于180s。

※※

工作任务一结束

※※

工作任务二　　建筑砂浆稠度试验

※※

1.试验目的

测定砂浆在自重和外力作用下的流动性能。稠度值小表示砂浆干稠,其流动性能较差。

2.仪器设备

(1)砂浆稠度仪:由试锥、容器和支座三部分组成(图2-35)。试锥由钢材或铜材制成,试锥高度为150mm,锥底直径为75mm,试锥连同滑杆的质量应为300g;盛砂浆容器由钢板制成,筒高为180mm,锥底内径为150mm;支座分底座、支架及稠度显示盘三个部分,由铸铁、钢及其他金属制成。

(2)钢制捣棒:直径10mm、长350mm,端部磨圆。

(3)秒表等。

3.试验方法与步骤

(1)盛浆容器和试锥表面用湿布擦净,并用少量润滑油轻擦滑杆,后将滑杆上多余的油用吸油纸擦净,使滑杆能自由滑动。

(2)将砂浆拌和物一次装入砂浆筒内,使砂浆表面低于容器口约10mm左右,用捣棒自容器中心向边缘插捣25次,然后轻轻地将容器摇动或敲击5~6下,使砂浆表面平整,随后将容器置于稠度测定仪的底座上。

图2-35　砂浆稠度仪

(3)拧开试锥滑杆的制动螺钉,向下移动滑杆,当试锥尖端与砂浆表面刚接触时,拧紧制动螺钉,使齿条侧杆下端刚接触滑杆上端,并将指针对准零点。

(4)拧开制动螺钉,同时计下时间,10s立即固定螺钉,将齿条侧杆下端接触滑杆上端,从刻度盘上读出下沉深度(精确至1mm)即为砂浆的稠度值。

(5)圆锥形容器内的砂浆,只允许测定一次稠度,重复测定时,应重新取样测定。

4.结果处理

(1)取两次试验结果的算术平均值,计算值精确至1mm。

(2)两次试验值之差如大于20mm,则应另取砂浆拌和后重新测定。

※※

工作任务二结束

※※

2)保水性

保水性指新拌砂浆在运输和施工过程中保持水分不流失和各组分不分离的能力。保水性差的砂浆在施工过程中就很容易泌水、分层、离析。同时在砌筑时水分容易被砖石迅速吸收,影响胶凝材料的正常硬化,降低砂浆本身强度,而且与底面黏结不牢,最后会降低砌体的质量。

砂浆的保水性用分层度表示。分层度的测定方法是用配制好的砂浆在稠度测定仪上测得其稠度后,将新拌的砂浆装入内径 15cm、高 30cm 的圆筒中,静置 30min 后,取容器下部 1/3 部分的砂浆,测其稠度。前后两次沉入度之差即为分层度,以 cm 计。分层度越大,表明砂浆保水性越差。保水性良好的砂浆其分层度较小。砌筑砂浆的分层度以 1~2cm 为宜。分层度大于 2cm,砂浆容易产生离析,不便于施工。分层度接近于零,砂浆容易发生干缩裂缝。

※※

工作任务三　　　　　　　　**砂浆分层度测定**

※※

1.试验目的

分层度试验是用于测定砂浆拌和物在运输、停放、使用过程中的离析、泌水等内部组分的稳定性。

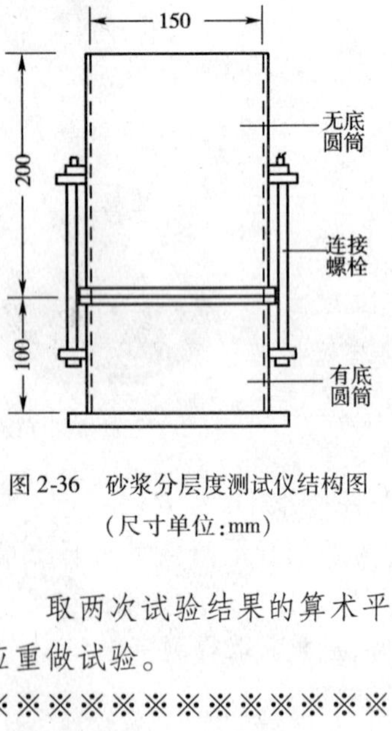

图 2-36　砂浆分层度测试仪结构图
（尺寸单位:mm）

1)主要仪器设备

分层度测定仪(图 2-36),水泥胶砂振动台,其他仪器同砂浆稠度试验。

2)试验步骤

(1)将砂浆拌和物按砂浆稠度试验方法测定稠度。

(2)将砂浆拌和物一次装入分层度筒内,用木锤在容器四周距离大致相等的四个不同地方轻敲 1~2 次,如砂浆沉落到低于分层度筒口以下,应随时添加,然后刮去多余的砂浆,并用抹刀抹平。

(3)静置 30min 后,去掉上节 200mm 砂浆,剩余的 100mm 砂浆倒出放在拌和锅内拌 2min,再按稠度试验方法测定其稠度。前后测得的稠度之差即为该砂浆的分层度值(单位为 mm)。

取两次试验结果的算术平均值为砂浆分层度值。两次分层度试验值之差大于 10mm 时,应重做试验。

※※

工作任务三结束

※※

2.硬化后砂浆强度

砂浆硬化后应具有足够的强度。砂浆在圬工砌体中,主要是传递压力,所以要求砌筑砂浆应具有一定的抗压强度。砂浆抗压强度是确定其强度等级的重要依据。

砂浆抗压强度是以 70.7mm × 70.7mm × 70.7mm 的正立方体试件,在标准条件下(温度

20℃,相对湿度:水泥砂浆90%以上),养护28d龄期的单位承压面积上的破坏荷载。

※※※※※※※※※※※※※※※※※※※※※※※※※※※※※※※※※※※※※

工作任务四　水泥砂浆立方体抗压强度试验

※※※※※※※※※※※※※※※※※※※※※※※※※※※※※※※※※※※※※

1. 试验目的与适用范围

测定水泥砂浆抗压极限强度,用以确定水泥砂浆的强度等级,作为评定水泥砂浆品质的主要指标。本试验适用于各类水泥砂浆的70.7mm×70.7mm×70.7mm立方体试件。

2. 仪器设备

(1)试模:应为70.7mm×70.7mm×70.7mm的带底试模,应具有足够的刚度并拆装方便。试模的内表面应机械加工,其平面度应为每100mm不超过0.05mm,组装后各相邻面的垂直度不应超过±0.5°。

(2)钢制捣棒:直径为10mm,长度为350mm,端部磨圆。

(3)压力试验机:精度应为1%,其量程应能使试件的预期破环荷载值不小于全量程的20%,且不大于全量程的80%。

(4)垫板:试验机上、下压板及试件之间可垫以钢垫板,垫板的尺寸应大于试件的承压面,其平面度应为每100mm不超过0.02mm。

(5)振动台:空载中台面的垂直振幅应为0.5mm±0.05mm,空载频率应为50Hz±3Hz,空载台面振幅均匀度不应大于10%,一次试验应至少能固定3个试模。

3. 立方体抗压强度试件的制作及养护

(1)采用立方体试件,每组试件应为3个。

(2)应采用黄油等密封材料涂抹试模的外接缝,试模内应涂刷薄层机油或隔离剂。应将拌制好的砂浆一次性装满砂浆试模,成型方法应根据稠度而确定。当稠度大于50mm时,宜采用人工插捣成型,当稠度不大于50mm时,宜采用振动台振实成型。

①人工插捣。应采用捣棒均匀地由边缘向中心按螺旋方式插捣25次,插捣过程中当砂浆沉落低于试模口时,应随时添加砂浆,可用油灰刀插捣数次,并用手将试模一边抬高5~10mm各振动5次,砂浆应高出试模顶面6~8mm。

②机械振动。将砂浆一次装满试模,放置到振动台上,振动时试模不得跳动,振动5~10s或持续到表面泛浆为止,不得过振。

(3)应待表面水分稍干后,再将高出试模部分的砂浆沿试模顶面刮去并抹平。

(4)试件制作后应在温度为20℃±5℃的环境下静置24h±2h,对试件进行编号、拆模。当气温较低时,或者凝结时间大于24h的砂浆,可适当延长时间,但不应超过2d。试件拆模后应立即放入温度为20℃±2℃、相对湿度为90%以上的标准养护室中养护。养护期间,试件彼此间隔不得小于10mm,混合砂浆、湿拌砂浆试件上面应覆盖,防止有水滴在试件上。

(5)从搅拌加水开始计时,标准养护龄期应为28d,也可根据相关标准要求增加7d或14d。

4. 立方体试件抗压强度试验步骤

(1)试件从养护地点取出后应及时进行试验。试验前应将试件表面擦拭干净,测量尺寸,并检查其外观,并应计算试件的承压面积。当实测尺寸与公称尺寸之差不超过1mm时,可按照公称尺寸进行计算。

(2)将试件安放在试验机的下压板或下垫板上,试件的承压面应与成型时的顶面垂直,试件中心应与试验机下压板或下垫板中心对准。开动试验机,当上压板与试件或上垫板接近时,调整球座,使接触面均衡受压。承压试验应连续而均匀地加荷,加荷速度应为 $0.25 \sim 1.5 \text{kN/s}$,砂浆强度不大于 2.5MPa 时,宜取下限。当试件接近破坏而开始迅速变形时,停止调整试验机油门,直至试件破坏,然后记录破坏荷载。

5. 结果处理

(1)砂浆立方体抗压强度应按式(2-44)计算:

$$f_{\text{m,cu}} = K \frac{F_{\text{u}}}{A} \tag{2-44}$$

式中:$f_{\text{m,cu}}$——砂浆立方体抗压强度,MPa,应精确至 0.1MPa;

F_{u}——试件破坏荷载,N;

A——试件承压面积,mm^2;

K——换算系数,取 1.35。

(2)立方体抗压强度试验的试验结果应按下列要求确定:

①应以三个试件测值的算术平均值作为该组试件的砂浆立方体抗压强度平均值(f_2),精确至 0.1MPa。

②当三个测值的最大值或最小值中有一个与中间值的差值超过中间值的 15% 时,应把最大值及最小值一并舍去,取中间值作为该组试件的抗压强度值。

③当两个测值与中间值的差值均超过中间值的 15% 时,该组试验结果应为无效。

※※※※※※※※※※※※※※※※※※※※※※※※※※※※※※※※※※※※※※※

工作任务四结束

※※※※※※※※※※※※※※※※※※※※※※※※※※※※※※※※※※※※※※※

3. 黏结力

砂浆应具有较强的黏结力,以便将砌体材料牢固黏结成为一个整体。砂浆的黏结力与其强度密切相关,通常砂浆强度越高则黏结力越大。此外,砖石表面状态、清洁程度、湿润情况及施工养护条件也对黏结力有一定的影响。通常强度越高,黏结力越大。

4. 耐久性

圬工砂浆经常受环境水的作用,故除强度外,还应考虑其抗渗、抗冻、抗侵蚀等性能,提高砂浆的耐久性,主要是提高其密实度。

(三)砌筑砂浆的配合比设计计算

1. 水泥混合砂浆配合比计算

1)计算砂浆试配强度 $f_{\text{m,o}}$(MPa)

$$f_{\text{m,o}} = f_2 + 0.645\sigma \tag{2-45}$$

式中:$f_{\text{m,o}}$——砂浆的试配强度,精确至 0.1MPa;

f_2——砂浆抗压强度平均值,精确至 0.1MPa;

σ——砂浆现场强度标准差,精确至 0.1MPa。

现场确定砌筑砂浆标准差的方法如下：

（1）当有统计资料时，按式（2-46）计算：

$$\sigma = \sqrt{\frac{\sum_{i=1}^{n} f_{m,i}^2 - n\mu_{fm}^2}{n-1}} \qquad (2-46)$$

式中：$f_{m,i}$——统计周期内同一品种砂浆第 i 组试件的强度，MPa；

μ_{fm}——统计周期内同一品种砂浆 n 组试件强度的平均值，MPa；

n——统计周期内同一品种砂浆试件的总组数，$n \geq 25$。

（2）当不具有近期统计资料时，试件现场强度标准差可按表 2-38 取用。

试件强度标准差 σ 选用值（MPa） 表 2-38

砂浆强度等级 施工水平	M2.5	M5	M7.5	M10	M15	M20
优 良	0.50	1.00	1.50	2.00	3.00	4.00
一 般	0.62	1.25	1.88	2.50	3.75	5.00
较 差	0.75	1.50	2.25	3.00	4.50	6.00

2）水泥用量的计算

（1）每立方米砂浆中的水泥用量按式（2-47）计算：

$$Q_c = \frac{1\,000(f_{m,o} - \beta)}{\alpha f_{ce}} \qquad (2-47)$$

式中：Q_c——每立方米砂浆中的水泥用量，精确至 1kg；

$f_{m,o}$——砂浆的试配强度，精确至 0.1MPa；

f_{ce}——水泥的实测强度，精确至 0.1MPa；

α、β——砂浆的特征系数，其中，$\alpha = 3.03$、$\beta = -15.09$。

注：各地区也可用本地区试验资料确定 α、β 值，统计用的试验组数不得少于 30 组。

（2）在无法取得水泥的实测强度时，可按式（2-48）计算 f_{ce}：

$$f_{ce} = \gamma_c f_{ce,k} \qquad (2-48)$$

式中：$f_{ce,k}$——水泥强度等级对应的强度值；

γ_c——水泥强度等级值的富余系数，该值应按实际统计资料确定。无统计资料时，γ_c 可取 1.0。

3）水泥混合砂浆的掺加料用量

水泥混合砂浆的掺加料用量应按式（2-49）计算：

$$Q_D = Q_A - Q_C \qquad (2-49)$$

式中：Q_D——每立方米砂浆的掺加料用量，精确至 1kg；石灰膏、黏土膏使用时的稠度为 120mm ± 5mm；

Q_C——每立方米砂浆的水泥用量，精确至 1kg；

Q_A——每立方米砂浆中水泥和掺和料的总用量，精确至 1kg；宜为 300～350kg。

4）每立方米砂浆中的砂子用量

应按干燥状态（含水率小于 0.5%）的堆积密度值作为计算值（kg）。

5）每立方米砂浆中的用水量

根据砂浆稠度等要求可选用 240～310kg。

注：①砂浆中的用水量,不包括石灰膏或黏土膏中的水;

②用细砂或粗砂时,用水量分别取上限或下限;

③稠度小于70mm时,用水量可小于下限;

④施工现场气候炎热或干燥季节,可酌量增加用水量。

2. 水泥砂浆配合比选用

水泥砂浆材料用量可按表2-39选用。

每立方米水泥砂浆材料用量 表2-39

强度等级	水泥用量(kg)	砂子用量(kg)	用水量(kg)
M2.5	200~230		
M7.5~M10	270~280	1m³ 砂子的堆积密度值	220~330
M15	280~340		
M20	340~400		

注：①本表摘自《砌筑砂浆配合比设计规程》(JGJ 98—2000);

②此表水泥强度等级为32.5级,大于32.5级水泥用量宜取下限;

③根据施工水平合理选择水泥用量;

④当采用细砂或粗砂时,用水量分别取上限或下限;

⑤稠度小于70mm时,用水量可小于下限;

⑥施工现场气候炎热或干燥季节,可酌量增加用水量。

3. 配合比试配、调整与确定

(1)试配时应采用工程中实际使用的材料,按要求拌和。按计算或查表所得配合比进行试拌时,应测定其拌和物的稠度和分层度,当不能满足要求时,应调整材料用量,直到符合要求为止,然后确定为试配时的实际基准配合比。

(2)试配时至少应采用三个不同的配合比,其中一个为基准配合比,其他配合比的水泥用量应按基准配合比分别增加或减少10%。在保证稠度、分层度合格的条件下,可将用水量或掺和料用量作相应调整。

(3)对三个不同的配合比进行调整后,按现行标准《建筑砂浆基本性能试验方法》的规定成型试件,测定砂浆强度,并选定符合试配强度要求的且水泥用量最低的配合比作为砂浆配合比。

二、抹面砂浆

涂抹于建筑物或建筑构件表面的砂浆称为抹面砂浆。

由于抹面砂浆常用于桥涵圬工砌体和地下物的表面,一般对抹面砂浆的强度要求不高,但要求保水性好,与基底的黏附性好。

按使用要求不同,抹面砂浆又分为普通抹面砂浆和防水抹面砂浆等。

普通抹面砂浆可对砌体起保护作用,通常分两层或三层施工。要求砂浆具有较高的流动性和保水性。其组成可参考有关施工手册。

防水砂浆主要用于隧道和地下工程。可用普通水泥砂浆制作,也可在水泥砂浆中掺入防水剂。常用的防水剂有:氯化物金属盐类防水剂,水玻璃防水剂和金属皂类防水剂等。近年来还掺加高聚物涂料,使之尽快形成密实的刚性砂浆防水层。

小　　结

矿质混合料是由两种或两种以上集料按一定比例组成的,其配合比设计方法有试算法和图解法。在进行配合比设计时必须对矿质混合料的合成级配曲线进行校核,使其满足设计级配范围的要求。

水泥混凝土是道路路面、机场跑道、桥梁工程结构及其附属构造物的重要建筑材料之一。

水泥混凝土的基本组成是水泥、细集料、粗集料和水。水泥混凝土的主要技术性质有新拌混凝土的和易性和硬化后混凝土的强度和变形。新拌混凝土的和易性包括流动性、黏聚性和保水性三方面,采用坍落度和维勃稠度表示。水泥混凝土强度有抗压强度、抗弯拉强度、抗拉强度等。混凝土强度等级采用"立方体抗压强度标准值"确定,是桥梁混凝土结构设计的最主要强度指标。道路混凝土的强度指标为抗弯拉强度。

水泥混凝土的耐久性包括抗渗性、抗冻性、耐磨性和碱—集料反应等,与混凝土的密实度关系显著,也与水泥用量和水灰比密切相关,因此在生产实践中对混凝土的耐久性极为重视,在水泥混凝土配合比设计时,应按照水泥混凝土的使用条件对最大水灰比和最小水泥用量进行校核。

水泥混凝土的组成设计内容包括:组成材料的选择、配合比的计算和强度评定内容。主要设计参数有:水灰比、单位用水量、砂率及外加剂数量。计算出的配合比应经试拌、试验验证后方可确定。以立方体抗压强度为指标的桥梁用混凝土和以抗弯拉强度为指标的道路用混凝土的配合比计算,基本原理和计算步骤基本上是相同的,但具体参数选用上稍有差别。

高强混凝土、碾压式水泥混凝土、流态混凝土、滑模混凝土等是路桥用混凝土的发展方向。

砂浆在建筑结构中起黏结、传递应力、衬垫、防护和装饰作用。对砂浆的技术要求主要有施工和易性和抗压强度。

复习思考题

1. 什么是水泥混凝土? 它为什么能够在高等级路面和桥梁工程中得到广泛应用?

2. 普通水泥混凝土应具备哪些技术性质? 这些技术性质与混凝土在路面或桥梁工程中的应用有什么关系?

3. 试述混凝土确定的"水灰比定则"主要含义,影响水泥混凝土强度的主要因素及提高强度的主要措施。

4. 何谓水泥混凝土的"立方体强度标准值"? 它与"强度等级"有什么关系?

5. 试述混凝土拌和物工作性的含义,影响工作性的主要因素和改善工作性的措施。并叙述坍落度和维勃稠度测定方法和适用范围。

6. 水泥混凝土用粗、细集料在技术性质上有哪些主要要求? 若这些技术性质不符合要求,对混凝土的质量有什么影响?

7. 粗集料的最大粒径对混凝土配合组成和技术性质有什么影响? 如何确定最大粒径? 何谓"连续粒级"和"单粒级"? 单粒级粗集料有什么用途?

8. 水泥混凝土组成设计包括哪些内容? 在设计时应如何满足四项基本要求和掌握三项参数?

9.试述我国现行的混凝土配合比设计方法及其内容和步骤。

10.水泥混凝土试配强度与什么因素有关？它在配合比设计中有何作用？如何确定它？

11.掺加外加剂混凝土和粉煤灰混凝土配合比设计是根据什么原理来设计的？在设计中应确定哪几个设计参数？

12.砂浆的性能和混凝土有何不同要求？

习　题

一、[题目]　试设计某桥预应力混凝土 T 梁用混凝土的配合比。

[设计资料]

1.按桥梁设计图纸:水泥混凝土设计强度 $f_{cu,k}=30MPa$;混凝土信度界限 $t=1.645$,水泥混凝土强度标准差 $\sigma=5.0MPa$。

2.按预应力混凝土梁钢筋密集程度和现场施工机械设备,要求水泥混凝土拌和物的坍落度 $H=30\sim50mm$。

3.可供选择的组成材料及性质。

(1)水泥:硅酸盐水泥 I 型,强度等级为 42.5 级,$\rho_c=3\,100kg/m^3$。实测 28d 抗压强度为 46.8MPa。

(2)碎石:一级石灰岩轧制的碎石;最大粒径 $d_{max}=31.5mm$,表观密度 $\rho_g=2\,780kg/m^3$。现场含水率 $w_g=1.0\%$。

(3)砂:清洁河砂,粗度属于中砂,表观密度 $\rho_s=2\,680kg/m^3$,现场含水率 $w_s=4.0\%$。

(4)水:饮用水,符合混凝土拌和用水要求。

(5)减水剂:采用 UNF-5,用量 0.8%,减水率 12%。

[设计要求]

1.确定水泥混凝土配制强度 $f_{cu,o}$,并选择适宜的组成材料。

2.按我国国标现行方法计算初步配合比。

3.通过试验室试样调整和强度试验,确定试验室配合比。

4.按提供的现场材料含水率折算为工地配合比。

二、[题目]　试设计某重交通二级公路面层混凝土(无抗冻性要求)的配合比组成。

[设计资料]

1.路面混凝土的设计弯拉强度标准值 $f_{cu}=5.5MPa$,施工单位混凝土弯拉强度标准差 $S=0.5$(样本 $n=6$),现场采用小型机具摊铺,拌和物出机坍落度要求为 $10\sim30mm$。

2.组成材料:水泥为Ⅱ型硅酸盐水泥,强度等级为 52.5 级,实测水泥抗折强度为 7.86MPa,密度为 $\rho_c=3\,150kg/m^3$;碎石用一级石灰岩轧制,最大粒径 40mm,表观密度为 $\rho_g=2\,780kg/m^3$,振实密度为 $\rho_{gh}=1\,736kg/m^3$,砂为清洁河砂,细度模数为 2.7,表观密度为 $\rho_s=2\,700kg/m^3$,水为饮用水,符合混凝土拌和用水要求。

[设计要求]

计算该路面混凝土的初步配合比。

路面施工阶段的材料及试验

核心技能

1. 学生会做沥青技术性质常规试验；
2. 能够进行沥青混合料的配合比设计；
3. 会做沥青混合料技术性质常规试验。

单元1 沥青材料

学习目标

1. 学生能够了解沥青的化学组分、胶体结构、技术性质和评价方法；
2. 掌握沥青的试验检测项目和检测方法。

任务描述

准备几种沥青，装在托盘中，让学生观察沥青的性状，并对沥青进行描述，做沥青针入度、延度、软化点试验。

学习引导

本学习任务沿着以下脉络进行学习：

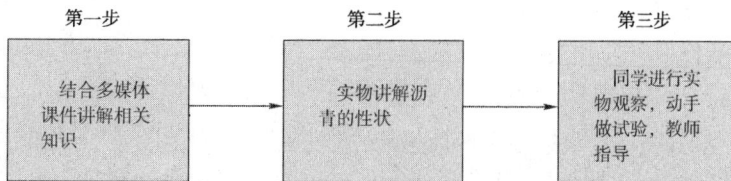

第一步　　　　　　　　第二步　　　　　　　　第三步

结合多媒体课件讲解相关知识　→　实物讲解沥青的性状　→　同学进行实物观察，动手做试验，教师指导

沥青材料是一种有机胶凝材料，其内部组成是一些十分复杂的碳氢化合物及其非金属衍生物的混合物。在常温下是黑色或黑褐色的黏稠的液体、半固体或固体，主要含有可溶于三氯乙烯的烃类及非烃类衍生物，其性质和组成随原油来源和生产方法的不同而变化。能溶于二

硫化碳、氯仿、苯等多种有机溶剂。

沥青的特点：具有不透水性，不导电，耐酸、碱、盐的腐蚀，同时具有良好的黏结性及塑性。由于沥青具有上述特点，所以在建筑工程中得到广泛的应用。

相关链接 沥青材料具有良好的憎水性、黏结性和塑性，因而广泛用于防水、防潮、道路和水利工程。石油沥青是应用最为广泛的沥青材料。在道路工程中主要用作路面材料。

按照来源的不同，沥青可分为地沥青和焦油沥青两大类。用于屋面或地下防水工程及防腐工程等。

地沥青：是指由地下原油演变而成的产物，包括天然沥青和石油沥青，如图 3-1 所示。

焦油沥青：包括煤沥青、页岩沥青和木沥青，如图 3-2 所示。

图 3-1　地沥青

图 3-2　焦油沥青

一、石油沥青

（一）石油沥青的生产和分类

从油井开采出来的石油，一般简称为原油。炼油厂将原油提炼成汽油、煤油、柴油和润滑油等石油产品后所剩残渣，再进行加工可制得各种石油沥青。

1. 按原油成分分类

按原油成分可分为下列几类：

（1）石蜡基沥青——石蜡含量 >5% ；

（2）环烷基沥青——石蜡含量 <2% ；

（3）中间基沥青——石蜡含量 2% ~5% 。

2. 按加工方法分类

按加工方法可分为下列几类：

（1）直馏沥青。将原油加热 350℃后，在常压蒸馏塔内分离出低沸点的馏分，所剩下高沸点馏分的部分称为重油。将重油再经减压蒸馏分离出轻油后，剩下的残渣称为直馏沥青。这种沥青塑性大，黏结性小，温度稳定性差。如含油分过多，不符合沥青标准的直馏沥青通常称为渣油。

（2）氧化沥青。在直馏沥青中吹入 250 ~300℃空气使沥青氧化，沥青质和碳等高分子成分含量增多，塑性降低，黏性提高，这种沥青称为氧化沥青。

(3)溶剂沥青。这种沥青是对含蜡量较高的重油采用溶剂萃取工艺,提炼出润滑油原料后所剩余残渣。

3. 按沥青在常温下的稠度分类

按沥青在常温下的稠度可分为下列几类:

(1)液体沥青——针入度 > 300。

(2)黏稠沥青——针入度 ≤ 300,又分为固体沥青(< 40)和半固体沥青(40 ~ 300)。

(二)石油沥青的组成

石油沥青是由多种碳氢化合物及非金属(氧、硫、氮)的衍生物组成的混合物,其中 C 占 80% ~ 87%,H 占 10% ~ 15%,其次是非烃元素占 < 3%。

石油沥青的化学组分如下。

1. 三组分分析法

将沥青分为油分、树脂、沥青质三个组分。

2. 四组分分析法

将沥青分为沥青质、饱和分、环烷芳香分和酸性芳香分(胶质)。

3. 化学组分对路用性能的影响

(1)油分:为淡黄色或红褐色透明黏性液体,在沥青中含量为 45% ~ 60%,能溶于二硫化碳、苯等有机溶剂中,但不溶于酒精,油分使沥青具有流动性。

(2)树脂:为红褐色至黑褐色的黏稠状半固体物质,在沥青中含量为 15% ~ 30%,能溶于三氯甲烷、汽油、苯等有机溶剂。树脂使沥青具有塑性。

(3)酸性树脂:是一种表面活性物质,能增强沥青与砂质材料表面的黏附性。

(4)沥青质:为深褐色至黑褐色的固态物质,不溶于酒精,能溶于三氯甲烷和二硫化碳。在沥青中含量为 10% ~ 30%,它决定沥青的温度稳定性、黏性及硬度,随着含量的增多,沥青的塑性降低、脆性增大。

(5)石蜡:高温时,石蜡变软,导致沥青路面的高温稳定性降低,出现车辙。另一方面,低温会使沥青变脆硬,导致路面低温抗裂性降低,出现裂缝,且石蜡会使石料与沥青之间的黏附性降低,使路面石子与沥青产生剥落。石蜡的存在还会降低沥青路面的抗滑性能。

(三)石油沥青的结构

1. 胶体理论

沥青中的沥青质是分散相,饱和分和芳香分是分散介质。胶质作为一种"胶溶剂",沥青质吸附胶质形成胶团后分散于芳香分和饱和分中。沥青的胶体结构是以沥青质为胶核,胶质被吸附其表面,并逐渐向外扩散形成胶团,胶团再分散于芳香分和饱和分中。

2. 胶体的结构类型

1)溶胶结构

溶胶结构的沥青质含量少,油和树脂多。这种结构的特点是黏滞性小,流动性大,塑性好,温度稳定性差,是液体沥青特有的结构类型。

2)溶凝胶结构

溶凝胶结构的沥青质适中,油和树脂也适中。在常温下,这种结构的沥青处于溶胶型结构与凝胶型结构之间,其性质也介于两者之间。

3)凝胶结构

凝胶结构的沥青质较多,油分和树脂料少。这种结构的特点是弹性和黏性较高,温度敏感性较小,流动性、塑性低。

3.胶体结构类型的判定

胶体结构类型与沥青路用性能之间有密切的关系,一般工程中用针入度指数 PI 划分沥青的胶体结构。

(1)当 PI < −2 时,称为溶胶型。

(2)当 PI > +2 时,称为凝胶型。

(3)当 −2 < PI < +2 时,称为溶凝胶型。

(四)石油沥青的技术性质

1.黏滞性(黏性)

黏滞性是指沥青在外力作用下抵抗变形的能力。其大小取决于沥青的化学组分及温度。黏滞性是与沥青路面力学性质联系最密切的一种性质。沥青黏度的选择是首要考虑的参数,沥青的黏性通常用黏度表示,所以黏度是现代沥青等级(标号)划分的主要依据。

测定黏滞性的方法很多。工程上通常采用相对黏度(条件黏度)来表示。测定相对黏度的主要方法是用标准黏度计及针入度仪来测定。

测定黏稠石油沥青的相对黏度,是用针入度仪测定。

所谓针入度,是指沥青在规定的温度 25℃ 条件下,以规定质量 100g 的标准针,经规定时间 5s,标准针贯入试样中的深度,以 0.1mm 为单位表示。针入度值越小表示黏度越大。

※※※

工作任务一　　　　　　　　　**沥青针入度试验**

※※※

1.适用范围

本方法适用于测定道路石油沥青、改性沥青针入度以及液体石油沥青蒸馏或乳化沥青蒸发后残留物的针入度。其标准试验条件为温度25℃,荷重100g,贯入时间5s,以 0.1mm 计。

针入度指数用以描述沥青的温度敏感性,宜在15℃、25℃、30℃ 3 个或 3 个以上温度条件下测定针入度后按规定的方法计算得到。若30℃时的针入度值过大,可采用5℃代替。

2.仪器设备

(1)针入度仪(图 3-3):针和针连杆组合件总质量为50g ± 0.05g,另附50g ± 0.05g 砝码一只,试验时总质量为100g ± 0.05g。仪器设有放置平底玻璃保温皿的平台,并有调节水平的装置,针连杆应与平台相垂直。针连杆易于装拆,以便检查其质量。仪器悬臂的端部有一面小镜或聚光灯泡,借以观察针尖与试样表面接触情况。当为自动针入度仪时,要求基本相同,应对自动装置的准确性经常校验。

(2)标准针:由硬化回火的不锈钢制成,洛氏硬度 HRC 54-60,表面粗糙度 Ra 0.2~0.3μm,针与针杆总质量为2.5g ± 0.05g,针杆上应打印有号码标志,其尺寸及针头如图3-4所示。

(3)盛样皿:金属制,圆柱形平底。小盛样皿的内径55mm,深35mm(适用于针入度小于200);大盛样皿内径70mm,深45mm(适用于针入度200~350);对针入度大于350的试样需使用特殊盛样皿,其深度不小于60mm,试样体积不少于125mL。

(4)恒温水槽:容量不少于10L,控温的准确度为0.1℃。水槽中应设有一带孔的搁架,位于水面下不得少于100mm,距水槽底不得少于50mm处。

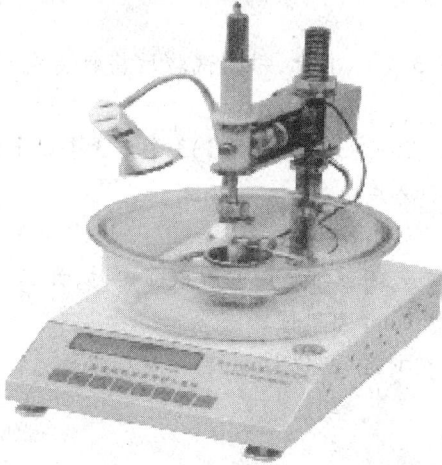

图3-3　自动针入度仪

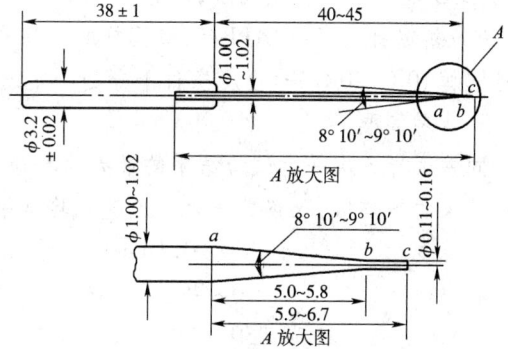

图3-4　针入度标准针(尺寸单位:mm)

(5)平底玻璃皿:容量不少于1L,深度不少于80mm。内设有一不锈钢三脚支架,能使盛样皿稳定。

(6)其他:温度计、秒表、盛样皿盖、三氯乙烯、电炉或砂浴、石棉网、金属锅或瓷把坩埚等。

3. 试验准备

(1)按规定的方法准备试样。

(2)按试验要求将恒温水槽调节到要求的试验温度25℃或15℃、30℃(5℃),保持稳定。

(3)将试样注入盛样皿中,试样高度应超过预计针入度值10mm,并盖上盛样皿,以防落入灰尘。盛有试样的盛样皿在15~30℃室温中冷却1~1.5h(小盛样皿)、1.5~2h(大盛样皿)或2~2.5h(特殊盛样皿)后移入保持规定试验温度±0.1℃的恒温水槽中1~1.5h(小盛样皿)、1.5~2h(大盛样皿)或2~2.5h(特殊盛样皿)。

(4)调平针入度仪。检查针连杆和导轨,以确认无水和其他外来物,无明显摩擦。用三氯乙烯或其他溶剂清洗标准针,并拭干。将标准针插入针连杆,用螺钉固紧。按试验条件,加上附加砝码。

4. 试验步骤

(1)取出达到恒温的盛样皿,并移入水温控制在试验温度±0.1℃(可用恒温水槽中的水)的平底玻璃皿中的三脚支架上,试样表面以上的水层深度不少于10mm。

(2)将盛有试样的平底玻璃皿置于针入度仪的平台上。慢慢放下针连杆,使针尖恰好与试样表面接触。拉下刻度盘的拉杆,使与针连杆顶端轻轻接触,调节刻度盘或深度指示器的指针指示为零。

(3)开动秒表,在指针正指5s的瞬间,用手紧压按钮,使标准针自动下落贯入试样,经规定时间,停压按钮使针停止移动。

注:当采用自动针入度仪时,计时与标准针落下贯入试样同时开始,至5s时自动停止。

(4)拉下刻度盘拉杆与针连杆顶端接触,读取刻度盘指针或位移指示器的读数,准确至0.5(0.1mm)。

(5)同一试样平行试验至少 3 次,各测试点之间及与盛样皿边缘的距离不应少于 10mm。每次试验后应将盛有盛样皿的平底玻璃皿放入恒温水槽,使水温保持试验温度,每次试验应换一根干净标准针或将标准针取下用蘸有三氯乙烯溶剂的棉花或布揩净,再用干棉花或布擦干。

(6)测定针入度大于 200 的沥青试样时,至少用 3 支标准针,每次试验后将针留在试样中,直到 3 次平行试验完成后,才能将标准针取出。

(7)测定针入度指数 PI 时,按同样的方法在 15℃、25℃、30℃(或 5℃)3 个或 3 个以上(必要时增加 10℃、20℃等)温度条件下分别测定沥青的针入度。

5. 结果整理

同一试样 3 次平行试验结果的最大值和最小值之差在下列允许偏差范围内时,计算 3 次试验结果的平均值,取整数作为针入度试验结果,以 0.1mm 为单位。

针入度(0.1mm)	允许差值(0.1mm)
0 ~ 49	2
50 ~ 149	4
150 ~ 149	12
250 ~ 500	20

当试验值不符合此要求时,应重新进行。

(1)当试验结果小于 50(0.1mm)时,重复性试验的允许差为 2(0.1mm),复现性试验的允许差为 4(0.1mm)。

(2)当试验结果等于或大于 50(0.1mm)时,重复性试验的允许差为平均值的 4%,复现性试验的允许差为平均值的 8%。

※※※※※※※※※※※※※※※※※※※※※※※※※※※※※※※※※※※※※※※

工作任务一结束

※※※※※※※※※※※※※※※※※※※※※※※※※※※※※※※※※※※※※※※

测定液体石油沥青的相对黏度,可用标准黏度计测定(道路沥青标准黏度计法),以标准黏滞度 $C_{T,d}$ 来表示。

黏滞度是指沥青在规定温度(20℃、25℃、30℃或 60℃)、规定直径的流孔(3mm、4mm、5mm 及 10mm),流出 50mL 时所需时间,以 s 表示。

2. 塑性

塑性是指石油沥青在外力作用时,产生变形而不被破坏,外力除去后,仍保持变形前的形状。

影响塑性大小的因素与沥青的组分及温度有关。石油沥青中岩树脂含量多,油分及沥青质含量适当,则塑性较大。当温度升高,塑性增大;沥青膜层越厚,则塑性越高。反之,塑性越差。在常温下,塑性好的沥青,不易产生裂缝,同时对冲击振动荷载有一定的吸收能力,并减少摩擦时的噪声。所以,沥青是一种优良的路面材料。

石油沥青的塑性用延度表示。延度越大,塑性越好。沥青延度是将沥青试样制成 ∞ 字形标准试模(中间最小截面积为 1cm^2)在规定速度 5cm/min 和规定温度 25℃或 15℃下拉断时的延长度,以 cm 为单位表示。

※※※

工作任务二

沥青延度试验

※※

1. 适用范围

(1)本方法适用于测定道路石油沥青、液体沥青蒸馏残留物和乳化沥青蒸发残留物等材料的延度。

(2)沥青延度通常采用的试验温度为25℃、15℃、10℃或5℃,拉伸速度为5cm/min ± 0.25cm/min。当低温采用1cm/min ±0.05cm/min 拉伸速度时,应在报告中注明。

2. 仪器设备

(1)延度仪:将试件浸没于水中,能保持规定的试验温度及按照规定拉伸速度拉伸试件且试验时无明显振动的延度仪均可使用,其形状及组成如图3-5 所示。

(2)试模:黄铜制,由两个端模和两个侧模组成,试模内侧表面粗糙度 Ra 0.2μm,其形状及尺寸如图3-6 所示。试模底板采用玻璃板或磨光的铜板、不锈钢板(表面粗糙度 Ra 0.2μm)。

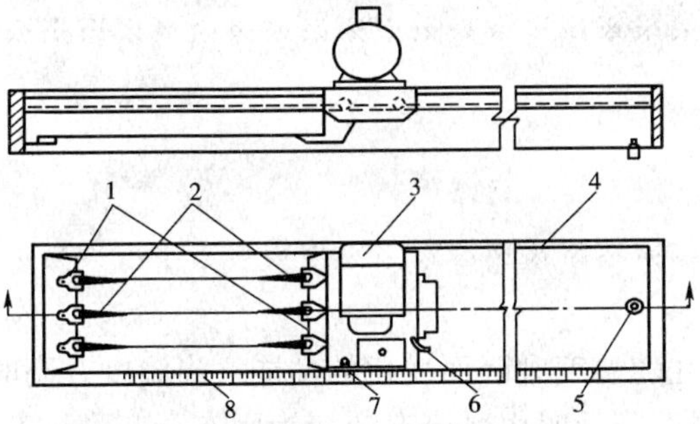

图3-5 延度仪(尺寸单位:mm)

1-试模;2-试样;3-电机;4-水槽;5-泄水孔;6-开关柄;7-指针;8-标尺

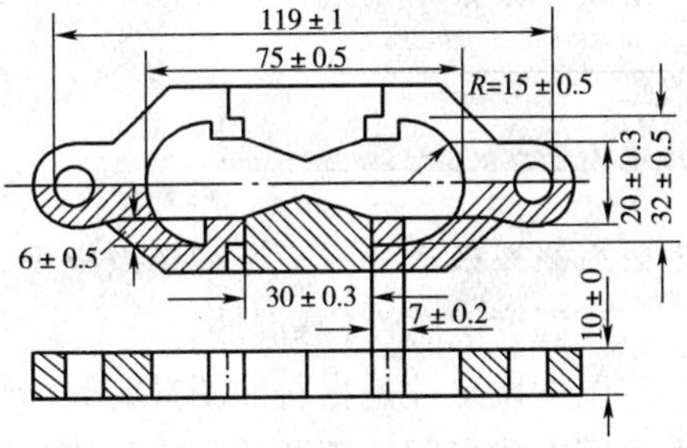

图3-6 延度试模(尺寸单位:mm)

(3)恒温水槽:容量不少于10L,控制温度的准确度为0.1℃,水槽中应设有带孔搁架,搁架距水槽底不得少于50mm。试件浸入水中深度不小于100mm。

(4)其他:温度计、砂浴或其他加热炉具。甘油滑石粉隔离剂(甘油与滑石粉的质量比为2:1)、平刮刀、石棉网、酒精、食盐等。

3. 试验准备

(1)将隔离剂拌和均匀,涂于清洁干燥的试模底板和两个侧模的内侧表面,并将试模在试模底板上装妥。

(2)按规定的方法准备试样,然后将试样仔细自试模的一端至另一端往返数次缓缓注入模中,最后略高出试模,灌模时应注意勿使气泡混入。

(3)试件在室温中冷却30~40min,然后置于规定试验温度 ±0.1℃的恒温水槽中,保持30min 后取出,用热刮刀刮除高出试模的沥青,使沥青面与试模面齐平。沥青的刮法应自试模的中间刮向两端,且表面应刮得平滑。将试件连同底板再浸入规定试验温度的水槽中1~1.5h。

(4)检查延度仪延伸速度是否符合规定要求,然后移动滑板使其指针正对标尺的零点。将延度仪注水,并保温达试验温度 ±0.5℃。

4. 试验步骤

(1)将保温后的试件连同底板移入延度仪的水槽中,然后将试模自试模底板上取下,将试

· 157 ·

模两端的孔分别套在滑板及槽端固定板的金属柱上,并取下侧模。水面距试件表面应不小于25mm。

(2)开动延度仪,并注意观察试样的延伸情况。此时应注意,在试验过程中,水温应始终保持在试验温度规定范围内。在试验中,如发现沥青细丝浮于水面或沉入槽底时,则应在水中加入酒精或食盐,调整水的密度至与试样相近后,重新试验。

(3)试件拉断时,读取指针所指标尺上的读数,以厘米(cm)表示。在正常情况下,试件延伸时应成锥尖状,拉断时实际断面接近于零。如不能得到这种结果,则应在报告中注明。

5.结果整理

(1)同一试样,每次平行试验不少于3个,如3个测定结果均大于100cm,试验结果记作">100cm";特殊需要也可分别记录实测值。如3个测定结果中,有一个以上的测定值小于100cm时,若最大值或最小值与平均值之差满足重复性试验精密度要求,则取3个测定结果的平均值的整数作为延度试验结果,若平均值大于100cm,记作">100cm";若最大值或最小值与平均值之差不符合重复性试验精度要求时,试验应重新进行。

(2)当试验结果小于100cm时,重复性试验的允许差为平均值的20%;复现性试验的允许差为平均值的30%。

※※※※※※※※※※※※※※※※※※※※※※※※※※※※※※※※※※※※※※※

工作任务二结束

※※※※※※※※※※※※※※※※※※※※※※※※※※※※※※※※※※※※※※※

3.温度敏感性(感温性)

温度敏感性是指石油沥青的黏滞性和塑性随温度升降而变化的性能。当温度升高时,沥青由固态或半固态逐渐软化成黏流状态,当温度降低时由黏流态转变为固态至变脆。工程要求沥青随温度的变化,沥青的黏滞性、塑性变化很小(感温性小),所以温度敏感性是沥青性质的重要指标之一。沥青中含蜡量多会增大温度敏感性(温度不高发生软化,温度较低时又易变脆),因此多蜡沥青不能用于道路工程中。

1)高温敏感性

高温敏感性用软化点表示。软化点是沥青材料由固体状态变为具有一定流动性膏体时的温度。

沥青软化点测定方法很多,目前国内外一般采用环球法软化点测定仪。是将沥青试样装入规定尺寸的铜环内,试样上放置标准钢球浸入水或甘油中,以规定的升温速度加热,使沥青软化下垂至规定距离时的温度,以℃表示。

※※※※※※※※※※※※※※※※※※※※※※※※※※※※※※※※※※※※※※※

工作任务三 **沥青软化点试验(环球法)**

※※※※※※※※※※※※※※※※※※※※※※※※※※※※※※※※※※※※※※※

1.适用范围

本方法适用于测定道路石油沥青、煤沥青的软化点,也适用于测定液体石油沥青经蒸馏或乳化沥青破乳蒸发后残留物的软化点。

2.仪器设备

(1)软化点试验仪:如图3-7所示。

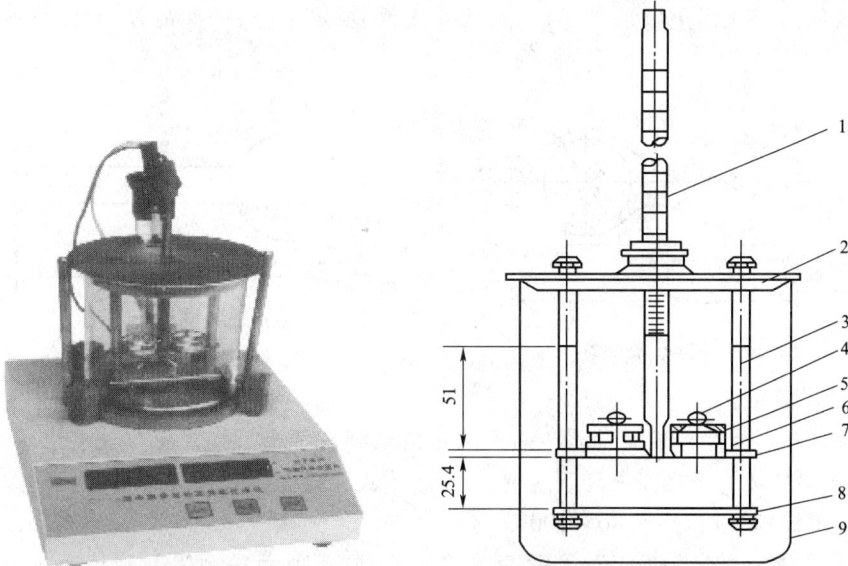

图3-7　自动沥青软化点仪(尺寸单位:mm)

1-温度计;2-上盖板;3-立杆;4-钢球;5-钢球定位环;6-金属球;7-中层板;8-下底板;9-烧杯

软化点试验仪由下列部件组成。

①钢球:直径9.53mm,质量3.5g±0.05g。

②试样环:由黄铜或不锈钢等制成,形状尺寸如图3-8。

③钢球定位环:由黄铜或不锈钢制成,形状尺寸如图3-9。

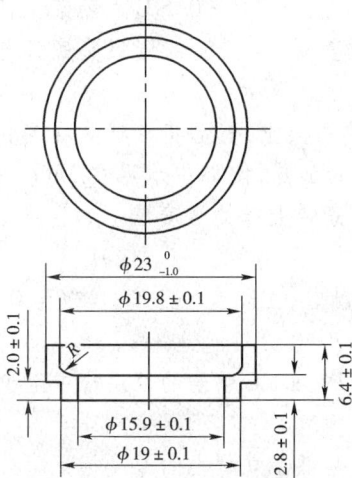

图3-8　试样环(尺寸单位:mm)

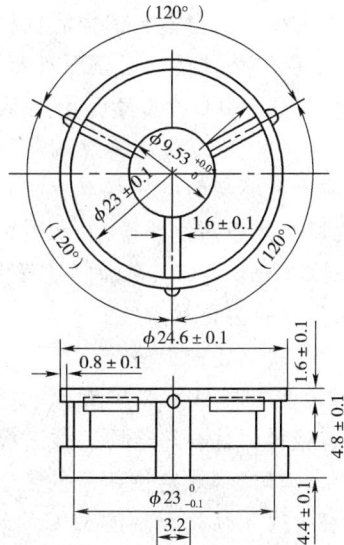

图3-9　钢球定位环(尺寸单位:mm)

④金属支架:由两个主杆和三层平行的金属板组成(图3-10)。上层为一圆盘,中间有一圆孔,用以插放温度计。中层板上有两个孔,各放置金属环,中间有一小孔可支持温度计的测温端部。一侧立杆距环上面51mm处刻有水高标记。

⑤耐热玻璃烧环:容量800~1 000mL,直径不小于86mm,高不小于120mm。

⑥温度计:0~80℃,分度为0.5℃。

(2)其他:环夹(图3-11)、加热炉具、试样底板、恒温水槽、平直刮刀、甘油滑石粉隔离剂、石棉网等。

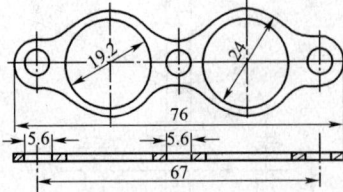

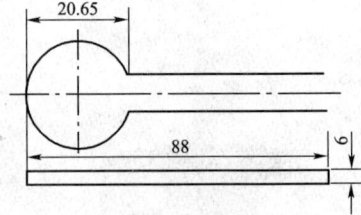

图3-10 中层板(尺寸单位:mm) 图3-11 环夹(尺寸单位:mm)

3.试验准备

(1)将试样环置于涂有甘油滑石粉隔离剂的试样底板上。按规定方法将准备好的沥青试样徐徐注入试样环内至略高出环面为止。如估计试样软化点高于120℃,则试样环和试样底板(不用玻璃板)均应预热至80~100℃。

(2)试样在室温冷却30min后,用环夹夹着试样环,并用热刮刀刮除环面上的试样,务必使试样与环面齐平。

4.试验步骤

(1)试样软化点在80℃以上者:

①将装有试样的试样环连同试样底板置于水温为5℃±0.5℃的恒温水槽中至少15min;同时将金属支架、钢球、钢球定位环等也置于相同水槽中。

②烧杯内注入新煮沸并冷却至5℃的蒸馏水,水面略低于立杆上的深度标记。

③从恒温水槽中取出盛有试样的试样环放置在支架中层板的圆孔中,套上定位环;然后将整个环架放入烧杯中,调整水面至深度标记,并保持水温为5℃±0.5℃。环架上任何部分不得附有气泡。将0~80℃的温度计由上层板中心孔垂直插入,使端部测温头底部与试样环下面齐平。

④将盛有水和环架的烧杯移至放有石棉网的加热炉具上,然后将钢球放在定位环中间的试样中央,立即开动振荡搅拌器,使水微微振荡,并开始加热,使杯中水温在3min内调节至维持每分钟上升5℃±0.5℃。在加热过程中,应记录每分钟上升的温度值。如温度上升速度超出此范围时,则试验应重做。

⑤试样受热软化逐渐下坠,至与下层底板表面接触时,立即读取温度,准确至0.5℃。

(2)试样软化点在80℃以下者:

①将装有试样的试样环连同试样底板置于装有32℃±1℃甘油的恒温槽中至少15min;同时将金属支架、钢球、钢球定位环等也置于甘油中。

②在烧杯内注入预先加热至32℃的甘油,其液面略低于立杆上的深度标记。

③从恒温槽中取出装有试样的试样环,按上述的方法进行测定,准确至1℃。

5.结果整理

同一试样平行试验两次,当两次测定值的差值符合重复性试验精密度要求时,取其平均值作为软化点试验结果,准确至0.5℃。

(1)当试样软化点小于80℃时,重复性试验的允许差为1℃,复现性试验的允许差为4℃。

（2）当试样软化点等于或大于80℃时，重复性试验的允许差为2℃，复现性试验的允许差为8℃。

※※※

工作任务三结束

※※※

2）脆点

脆点表示低温变形能力。沥青在低温时的变形能力是路用性能的一项重要指标。目前对沥青低温变形多采用达到条件脆裂时的温度表示，此温度称为脆点。

所以脆点是指沥青材料由黏塑状态转变为固体状态达到条件脆裂时的温度。

脆点试验是将沥青试样涂在金属片上，置于有冷却设备的脆点仪内，摇动脆点仪的曲柄，使涂有沥青的金属片产生弯曲，随制冷剂温度降低，沥青薄膜温度逐渐降低。沥青薄膜在规定弯曲条件下产生断裂时的温度，即为脆点。

在工程实际应用时，要求沥青具有较高的软化点和较低的脆点。

4. 大气稳定性

大气稳定性是指石油沥青在热、阳光、空气、氧气和潮湿等因素的长期综合作用下抵抗老化的性能。

沥青中各组分在热、阳光、空气、氧气等综合作用下，将发生低分子化合物逐渐转变成高分子物质的变化，也就是说油分和树脂逐渐减少，而沥青质逐渐增多。因此，使石油沥青随着时间的增长，使流动性和塑性逐渐减小，硬度及脆性逐渐增大，这个过程称为石油沥青的"老化"。所以，大气稳定性可以从抗"老化"性能来说明。

石油沥青大气稳定性通常用以下方面来评定：

（1）石油沥青蒸发后质量损失；

（2）蒸发后针入度与原针入度比。

其测定方法是首先测定沥青试样质量及针入度，然后将试样置于加热损失试验专用的烘箱中（在160℃下蒸发5h），经冷却后测其质量及针入度。

①计算蒸发损失质量占原质量的百分率，称蒸发损失。

②计算蒸发后针入度占原针入度的百分率称针入度比。

蒸发损失百分率越小，蒸发后针入度比越大，则表示大气稳定性越好，"老化"进展越慢。

5. 溶解度

为了评定沥青的品质，应了解石油沥青的溶解度。溶解度是指石油沥青在三氯乙烯中溶解的百分率（即有效物质含量）。那些不溶解的物质为有害物质，（沥青碳似碳物）会降低沥青的性能。应加以限制。

6. 闪燃点

为了保证施工安全，应掌握石油沥青在施工中的闪燃点。闪点（闪火点）是指加热沥青挥发出可燃气体与空气组成混合气体，此混合气体在规定条件下与火接触，产生闪火（闪光）时的沥青温度（℃）。燃点（着火点）指沥青加热产生的混合气体与火接触能持续燃烧5s以上时，此时沥青温度即为燃点（℃）。闪、燃点温度相差10℃左右。

闪、燃点的高低能表明沥青引起火灾的可能程度。在运输沥青或储存沥青及其施工中加热等方面,都需加以控制。

7. 含水量

沥青中含有水分,施工中挥发太慢,影响施工速度,所以要求沥青中含水量不宜过多。在加热过程中,如水分过多,易产生溢锅现象,使材料受到损失,易引起火灾。所以在熔化沥青时应加快搅拌速度,促进水分蒸发,控制加热温度。

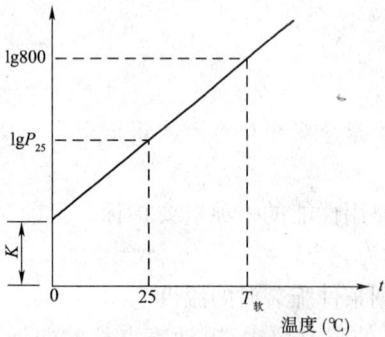

8. 针入度指数

应用经验的针入度和软化点试验结果,提出一种能表征沥青的感温性和胶体结构的指标称"针入度指数"。由普费等人经过大量试验发现,沥青在不同温度下的针入度值,若以对数为纵坐标表示针入度,以横坐标表示温度,可以得到图 3-12 的直线关系。以式(3-1)表示:

$$\lg P = AT + K \tag{3-1}$$

图 3-12 针入度—温度关系图

式中:A——针入度温度感应性系数,由针入度和软化点确定;

K——截距。

据试验研究认为,沥青达至软化点时,此时的针入度约等于 800(1/10mm)。因此,斜率 A 可由式(3-2)表示如下:

$$A = \frac{\lg 800 - \lg P(25℃ \cdot 100g \cdot 5s)}{T_软 - 25℃} \tag{3-2}$$

式中:$\lg P(25℃ \cdot 100g \cdot 5s)$——在 25℃、100g 及 5s 条件下测定的针入度,1/10mm;

$\quad\quad T_软$——沥青达到软化点时的温度;

$\quad\quad 25℃$——为测定针入度时的标准温度。

针入度温度感应性系数(A)与针入度指数(PI)的关系由式(3-3)表示:

$$A = \frac{20 - \text{PI}}{10 + \text{PI}} \cdot \frac{1}{50} \tag{3-3}$$

按以上各式计算针入度指数:

$$\text{PI} = \frac{30}{1 + 50A} - 10 \tag{3-4}$$

按针入度指数可将沥青划分为三种胶体状态,即:

PI < -2 为溶胶结构;

PI $> +2$ 为凝胶结构;

PI $= -2 \sim +2$ 为溶凝胶结构。

9. 劲度模量

劲度模量是表示沥青的黏性和弹性联合效应的指标。沥青的弹性形变部分和永久形变部分的比例,取决于应力、荷载作用时间和温度(当形变量较小,荷载作用时间较短时,以弹性形变为主,反之,以黏性形变为主)。

所以黏—弹性材料的抗形变能力,以荷载作用时间(t)和温度(T)作为应力(σ)与应变(ε)之比的函数,并称此比值为劲度模量(S)。因此,劲度模量 S 值表示为:

$$S = \left(\frac{\sigma}{\varepsilon}\right)_{t,T} \tag{3-5}$$

1)荷载作用时间(t)对沥青劲度的影响

在一定温度下,沥青材料的劲度模量在荷载作用时间很短时完全是弹性形变情况,当荷载长时间作用时完全是黏性形变情况。

2)温度对沥青劲度模量的影响

沥青的劲度模量随温度升高而降低,随温度降低而升高。

沥青劲度模量最常用的求算方法是 V. D 波尔劲度模量诺模图(图3-13)。利用此诺模图时需要有下列4个参数:

(1)针入度为800时的温度 T_{800}。对于用作沥青混合料的沥青,此时大致取其等于软化点。

(2)针入度指数 PI。通过计算或试验确定。

(3)温度(路面实际温度与环球法软化点之间的温差)。

(4)加载时间频率。对于路上的交通,有代表性的是0.02s(车速50~60km/h)。

根据上述参数求其劲度模量(图3-13),可作为实际工程中的参考数值。

【例3-1】 已知沥青软化点为70℃,针入度指数为2,路面温度 T 为 -10℃,荷载作用频率为 $10s^{-1}$,求沥青的劲度模量(图3-13)。

解:①在 d 线上找到加载时间为 $10^{-1}s$ 的点为 a;

②已知路面温度与软化点之间的温差为80℃,在 B 线上找到80℃之点为 b;

③在针入度指数的标尺上找到 $+2$,作一水平线;

④连接 ab 两点,并延长至与针入度指数 $+2$ 的水平线相交点的劲度曲线顺至顶端,即为劲度模量(读数为 2×10^8)。

(五)道路用液体石油沥青的技术标准

1.道路石油沥青分级

道路石油沥青分为 A 级、B 级、C 级三个等级,各自的适用范围应符合表3-1的规定。

道路石油沥青的适用范围 表3-1

沥 青 等 级	适 用 范 围
A 级沥青	各个等级的公路,适用于任何场合和层次
B 级沥青	1.高速公路、一级公路沥青下面层及以下的层次,二级及二级以下公路的各个层次; 2.用作改性沥青、乳化沥青、改性乳化沥青、稀释沥青的基质沥青
C 级沥青	三级及三级以下公路的各个层次

2.道路石油沥青标号

道路石油沥青按针入度划分为160号、130号、110号、90号、70号、50号、30号七个标号,同时对各标号沥青的延度、软化点、闪点、含蜡量、薄膜加热试验等技术指标也提出相应的要求。具体要求见表3-2。

道路用液体石油沥青适用于透层、黏层及拌制冷拌沥青混合料。按其凝结速度分为快凝、中凝、慢凝三个等级。除黏度外,对蒸馏的馏分及残留物性质,闪点和水分等也提出相应的要求。技术要求见表3-3。

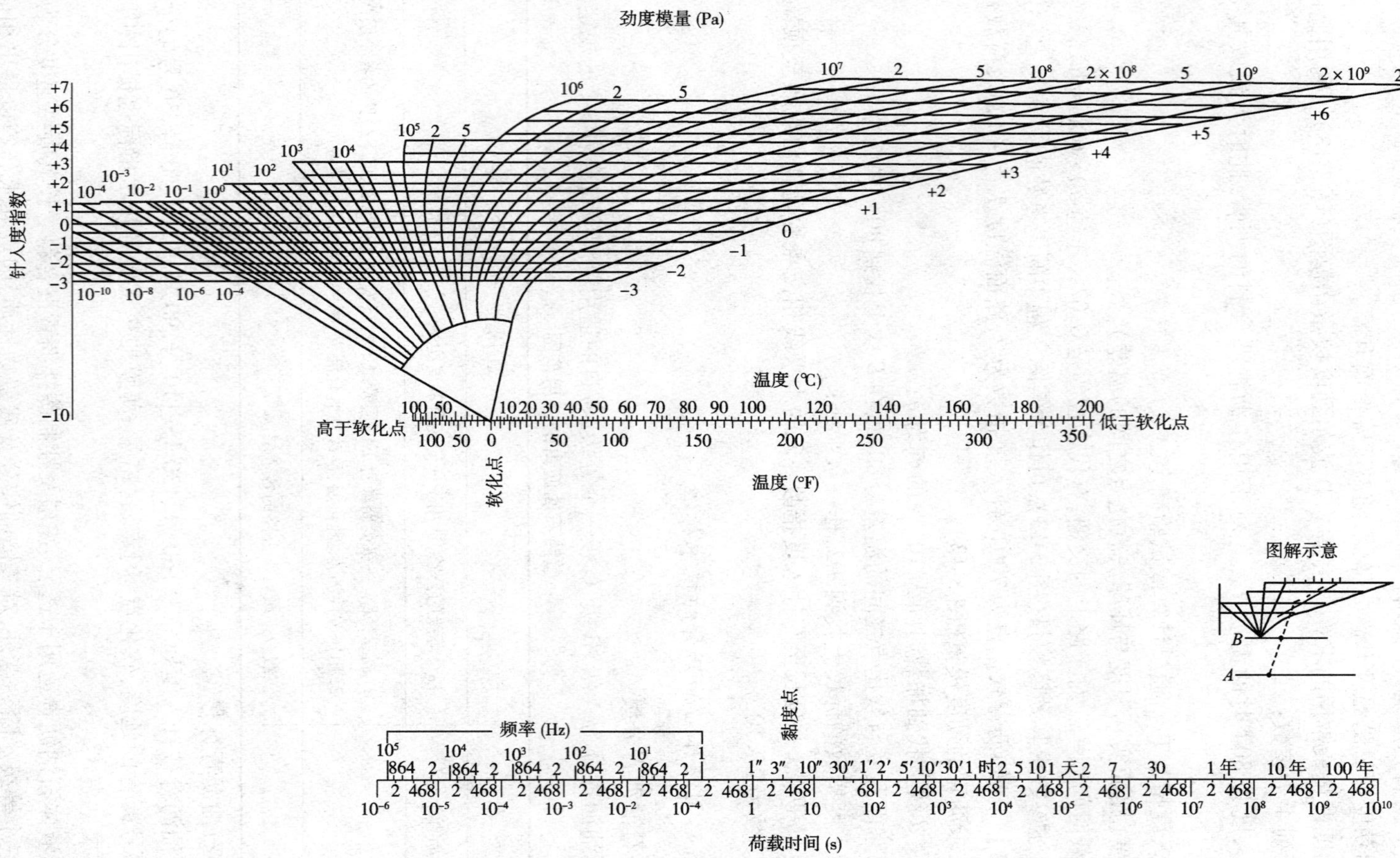

图 3-13 沥青劲度模量诺模图

表 3-2

道路石油沥青技术要求

指标	单位	等级	160号[4]	130号[4]	110号	90号[3]	70号	50号[4]	30号[4]	试验方法[1]
针入度(25℃,5s,100g)[6]	0.1mm		140~200	120~140	100~120	80~100	60~80	40~60	20~40	T 0604
适用的气候分区[6]			注[4]	注[4]	2-1　3-2　2-2	1-1　1-2　1-3　2-2　2-3	1-3　1-4　2-2　2-3　2-4	1-4	注[4]	附录A[5]
针入度指数 PI[2]		A	-1.5~+1.0（全部标号）							T 0604
		B	-1.8~+1.0（全部标号）							
软化点(R&B) 不小于	℃	A	38	40	43	45　45　45　44　44	46　46　43　45　45	49	55	T 0606
		B	36	39	42	43　43　43　42　42	44　44　43　43　43	46	53	
		C	35	37	41	42	43	45	50	
60℃动力黏度[2] 不小于	Pa·s	A	—	60	120	160　160　160　140　140	180　180　160　160　160	200	260	T 0620
10℃延度[2] 不小于	cm	A	50	50	40	45　30　20　30　20	20　15　25　20　15	15	10	T 0605
		B	30	30	30	30　20　15　20　15	15　10　20　15　10	10	8	
15℃延度 不小于	cm	A,B	80	80	60	100	40	80	50	T 0605
		C				50		30	20	
蜡含量(蒸馏法) 不大于	%	A	2.2（全部标号）							T 0615
		B	3.0（全部标号）							
		C	4.5（全部标号）							
闪点 不小于	℃		230	230	230	245	260	260	260	T 0611
溶解度 不小于	%		99.5（全部标号）							T 0607
密度(15℃)	g/cm³		实测记录							T 0603
TFOT(或RTFOT)后[5]										
质量变化 不大于	%		±0.8（全部标号）							T 0610 或 T 0609
残留针入度比 不小于	%	A	48	54	55	57	61	63	65	T 0604
		B	45	50	52	54	58	60	62	
		C	40	45	48	50	54	58	60	
残留延度(10℃) 不小于	cm	A	12	12	10	8	6	4	—	T 0605
		B	10	10	8	6	4	2	—	
残留延度(15℃) 不小于	cm	C	40	35	30	20	15	10	—	T 0605

注：[1] 试验方法按照现行《公路工程沥青及沥青混合料试验规程》(JTJ 052—2000)规定的方法执行。用于仲裁试验求取PI时的5个温度的针入度关系的相关系数不得小于0.997。
[2] 经建设单位同意，表中PI值、60℃动力黏度、10℃延度可作为选择性指标，也可不作为施工质量检验指标。
[3] 70号沥青可根据需要，要求供应商提供针入度范围为60~70或70~80的沥青，50号沥青可要求供应针入度范围为40~50或50~60的沥青。
[4] 30号沥青仅适用于沥青稳定基层。130号和160号沥青除寒冷地区可直接在中低级公路上直接应用外，通常用作乳化沥青、稀释沥青、改性沥青的基质沥青。
[5] 老化试验以TFOT为准，也可以RTFOT代替。
[6] 气候分区见相关规范。

道路用液体石油沥青技术要求

表 3-3

序号	项目	快凝 AL(R)-1	快凝 AL(R)-2	中凝 AL(M)-1	中凝 AL(M)-2	中凝 AL(M)-3	中凝 AL(M)-4	中凝 AL(M)-5	中凝 AL(M)-6	慢凝 AL(S)-1	慢凝 AL(S)-2	慢凝 AL(S)-3	慢凝 AL(S)-4	慢凝 AL(S)-5	慢凝 AL(S)-6	试验方法 JTJ 052—2000
1	黏度(s) $C_{25,5}$	<20	—	<20	—	—	—	—	—	<20	—	—	—	—	—	T 0621
	$C_{60,5}$	—	5～15	—	5～15	16～25	26～40	41～100	101～200	—	5～15	16～25	26～40	41～100	101～200	
2	蒸馏体积(%) 225℃前	>20	>15	<10	<7	<3	<2	0	0	—	—	—	—	—	—	T 0632
	315℃前	>35	>30	<35	<25	<17	<14	<8	<5	—	—	—	—	—	—	
	360℃前	>45	>35	<50	<35	<30	<25	<20	<15	<40	<35	<25	<20	<15	<5	
3	蒸馏后残留物性质 针入度(25℃)(1/10mm)	60～200	60～200	100～300	100～300	100～300	100～300	100～300	100～300	—	—	—	—	—	—	T 0604
	延度(25℃)(cm)	>60	>60	>60	>60	>60	>60	>60	>60	—	—	—	—	—	—	T 0605
	浮标度(5℃)(s)	—	—	—	—	—	—	—	—	<20	<20	<30	<40	<45	<45	T 0631
4	闪点(TOC)(℃) 不低于	30	30	65	65	65	65	65	65	70	70	100	100	120	120	T 0633
5	含水率(%) 不大于	0.2	0.2	0.2	0.2	0.2	0.2	0.2	0.2	2.0	2.0	2.0	2.0	2.0	2.0	T 0612

注:①本表引自中华人民共和国交通行业标准(JTG F40—2004)。
②黏度使用道路沥青黏度计测定,$C_{T,d}$ 的脚标第一个数字 T 代表温度(℃),第二数字代表孔径(mm)。
③闪点(TOC)为泰格开口杯(Teg Open Cup)法。

二、煤沥青

煤沥青(俗称柏油)是炼焦炭和制煤气的副产品,煤在干馏过程中的挥发物质,经冷凝成为黑色黏性液体称为煤焦油。煤焦油经分馏加工提取轻油、中油、重油、蒽油后,所得残渣为煤沥青。根据蒸馏程度不同可分为低温沥青、中温沥青、高温沥青。在工程中多采用黏稠或半固体的低温沥青。

(一)煤沥青的化学组分与结构

煤沥青与石油沥青同是复杂的高分子碳氢化合物及非金属的衍生物。但由于两者组分不同,故在性能上存在某些差别。

1.煤沥青的化学组分

煤沥青的化学组分主要包括游离碳、固态树脂、可溶性树脂油分等。

(1)游离碳。系高分子有机化合物的固态微粒,不溶于任何有机溶剂,具有足够的稳定性,在高温下才能分解。由于含有游离碳能使煤沥青的黏滞度增加,耐热性提高,但游离碳含量过多,使煤沥青出现脆性。煤沥青中的游离碳相当于石油沥青中的沥青质。

(2)固态树脂。固态树脂是煤沥青中的结晶物质,在沥青中能增加其黏滞性。固态树脂类似于石油沥青中的沥青质。

(3)可溶性树脂。可溶性树脂为赤褐色黏塑状物质,溶于氯仿,稳定性较差,能使煤沥青具有塑性,类似石油沥青中的树脂。

(4)油分。油分主要是由液体未饱和的芳香族碳氢化合物所组成,使煤沥青具有流动性。在油分中包含有萘油、蒽油和菲油等。当萘油含量<15%时,可溶于油分中;当含量>15%,温度低于10℃时变成晶体,使煤沥青的稠度增加。萘在常温下易挥发。蒽油含量低于15%~25%时,可降低煤沥青的黏滞性;若超过此含量,蒽油结晶,也使煤沥青黏度增加。

此外,煤沥青中含少量碱性物质(吡啶、喹啉等)和酸性物质(酚),酚有毒且能溶于水。

煤沥青中的酸碱物质都属表面活性物质,相当于石油沥青中沥青酸与酸酐,其含量高于石油沥青。所以煤沥青表面活性比石油沥青高,与石料的黏附力较好。

2.煤沥青的结构

煤沥青的物理—化学结构是复杂的胶体分散体系,游离碳和固态树脂是分散相,油分是分散介质。可溶性树脂溶解于油分中,并吸附在固体分散相微粒表面,有助于分散体系的稳定性。

(二)煤沥青的技术要求及其特性

1.煤沥青的技术要求

道路用煤沥青适用于透层,也可用于三级及三级以下的公路铺筑表面处治或贯入式沥青路面,但不能用于热拌热铺沥青混合料。

道路用煤沥青的质量应符合表3-4的要求。

2.煤沥青的特性

由于煤沥青的组分不同于石油沥青组分,故与石油沥青相比,在性能上存在以下差别:

(1)大气稳定性差。由于煤沥青中含有较多不饱和碳氢化合物。在热、阳光、氧气等长期综合作用下,煤沥青的组分变化较大,易老化变脆。

（2）温度稳定性差。由于可溶性树脂含量较多，受热易软化，故温度稳定性差。

（3）塑性较差。因含有较多的游离碳，所以在使用时因受力变形而开裂。

道路用煤沥青技术要求   表 3-4

试验项目		T-1	T-2	T-3	T-4	T-5	T-6	T-7	T-8	T-9	试验方法
黏度（s）	$C_{30,5}$	5~25	26~70								T 0621
	$C_{30,10}$			5~25	26~50	51~120	121~200				
	$C_{50,10}$							10~75	76~200		
	$C_{60,10}$									35~65	
蒸馏试验馏出量（%）	170℃前	<3	<3	<3	<2	<1.5	<1.5	<1.0	<1.0	<1.0	T 0641
	270℃前	<20	<20	<20	<15	<15	<15	<10	<10	<10	
	300℃前	30~45	15~35	<30	<25	<25	<20	<20	<15		
300℃蒸馏残渣软化点（环球法）（℃）		30~45	30~45	35~65	35~65	35~65	35~65	40~70	40~70	40~70	T 0606
水分（%）　不大于		1.0	1.0	1.0	1.0	1.0	0.5	0.5	0.5	0.5	T 0612
甲苯不溶物（%）　不大于		20	20	20	20	20	20	20	20	20	T 0646
含萘量（%）　不大于		5	5	5	4	4	3.5	3	2	2	T 0645
焦油酸含量（%）　不大于		4	4	4	3	2.5	2.5	1.5	1.5	1.5	T 0642

（4）煤沥青与矿质材料表面黏附性能好。煤沥青组分中含有酸碱等表面活性物质，故与矿质材料表面黏结力较强。

（5）防腐性能好。由于煤沥青中含有酚、蒽油、萘油等成分，所以防腐性好，故选用于地下防水层及防腐材料等。

（6）酚、萘成分的含量。

①酚含量。酚易溶于水，破坏路面强度，酚也是一种有毒物质，故在含量中加以限制。

②萘含量。萘也是有害物质。萘在煤沥青中低温时易结晶析出，使煤沥青产生假黏度失去塑性，在常温下易升华，促使"老化"加速，降低煤沥青的性质，故对萘含量应加以限制。

三、乳化沥青

乳化沥青是指沥青的微粒（微粒 1μm 左右）在机械强烈搅拌作用下，分散在有乳化剂的水中，形成水包油状的沥青乳液。乳化沥青特点如下：

①使用乳化沥青修路时，不需加热，可以在常温状态下进行喷洒、贯入或拌和摊铺，简化了施工程序，操作简便，节省了能源和资源。

②与湿集料拌和，具有足够的黏结力。

③无毒、无臭，保护环境，减少污染，施工安全。

④节省资源，降低成本，增加结构沥青。

⑤稳定性差，储存期不超过半年，储存温度在 0℃以上。

⑥乳化沥青修筑路面，成型期间较长。

由于以上的优点，乳化沥青不仅适用于铺筑路面，而且在路堤的边坡保护、层面防水，金属材料表面防腐等工程中得到了广泛应用。

（一）乳化沥青组成材料

乳化沥青主要由沥青、水、乳化剂三个组分组成。

1. 沥青

沥青在乳化沥青中占55%～70%，是乳化沥青的基本组分。用于乳化沥青中的沥青，要求石油沥青的针入度或软化点较低，如：60号或60号与其他牌号掺配的石油沥青。关于沥青中活性组分的含量对沥青乳化难易性有直接的关系，通常认为沥青中活性组分含量较低的沥青不易乳化。活性组分含量以酸值表示。

2. 水

水在乳化沥青中起着润湿、溶解及缓和化学反应的作用。所以要求乳化沥青的水应当纯净，不含其他杂质，每升水中氧化钙含量不得超过80mg。水的一般用量为30%～70%。

3. 乳化剂

（1）乳化剂的作用。乳化剂是表面活性剂，具有不对称的分子结构的特殊功能。乳化剂一端为极性亲水基团，另一端为非极性亲油基团，这两个基团具有使互不相溶的沥青与水连接起来的特殊功能。在沥青、水分散体系中，沥青微粒被乳化剂分子的亲油基吸引，此时以沥青微粒为固体核，乳化剂包裹在沥青颗粒表面形成吸附层。乳化剂的另一端与水分子吸引，形成一层水膜，它可机械地阻碍颗粒的聚集。这种沥青胶体结构，稳定分散在水溶液中，构成相对稳定的分散体系。如图3-14所示。

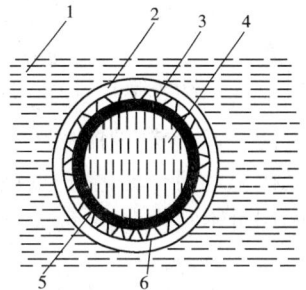

图3-14　乳化沥青颗粒示意图
1-水；2-水膜；3-乳化剂；4-沥青；5-乳化剂的非极性端；6-乳化剂的极性端

（2）乳化剂分类。沥青乳化剂分类有很多方法，但最常用的方法，是按离子的类型分类。

按离子类型分类，是指沥青乳化剂溶解于水溶液时，凡是能电离成离子的称为离子型沥青乳化剂，凡是不能电离成离子的称为非离子型乳化剂。

离子型乳化剂按生成的离子电荷种类又分为阴离子型、阳离子型、两性离子型三种。

①阴离子型沥青乳化剂，其最重要的亲水性基团有羧酸盐（—COONa）、硫酸酯盐（—OSOaNa）、磺酸盐（—SOaNa）三种。乳化液是碱性的。

阴离子乳化剂的特点是材料来源广、造价低，但制成乳化沥青易凝聚，对水要求不宜太硬（每升水中氧化钙含量不超过80mg）。这种乳液使沥青微粒上带有阴离子电荷，当乳液与集料表面接触时，由于湿润集料表面普遍带有阴离子电荷，同性相斥的原因，使沥青微粒不能尽快地黏附到集料表面上。若要使沥青微粒裹覆到集料表面，必须待乳液中水分蒸发后才能实现。由此可见，乳液中沥青微粒带负电荷，湿集料表面也带负电荷，两者在有水膜的情况下，难以相互结合。所以这种沥青乳液与集料的裹覆只是单纯的黏附。沥青与集料之间的黏附力低，在施工中如遇上阴湿或低温季节，乳液中的水分蒸发缓慢，则影响路面的早期成型。

②阳离子乳化剂的特点是这种沥青乳液是使沥青的微粒上带有阳离子电荷，当与集料表面接触时，异性相吸的作用，使沥青微粒吸附在集料的表面上。乳液中沥青微粒带正电荷，湿集料表面带负电荷，两者在有水膜的情况下，仍可以吸附结合。因而，在阴湿或低温季节（5℃以上），阳离子沥青乳液仍可照常施工，所以说阳离子乳化沥青发挥了阴离子乳化沥青的优点，同时又弥补了它的缺点。目前，世界上有许多国家均大量应用阳离子乳化沥青铺筑道路。

阳离子型沥青乳化剂，按其不同结构及性能，主要分为六类：烷基胺类；酰胺类；咪唑啉类；

环氧乙烷二胺类;胺化木质素类;季铵盐类。

③两性离子型沥青乳化剂在水中溶解时,电离成离子或离子胶团,与亲油基相连的亲水基团,既带有阴电荷,又带有阳电荷。两性离子型乳化剂按其分子结构及性能,可分为氨基酸型、甜菜碱性以及咪唑啉型三种。甜菜碱型和咪唑啉型乳化剂,无论在酸性、中性及碱性条件下都可溶于水。氨基酸型乳化剂在中性溶液中不发生变化,但是在微酸性溶液中易沉淀,如果继续添加酸使溶液变成强酸,则沉淀重新溶解。所以,在酸性溶液中把氨基酸型两性乳化剂作为阳离子型乳化剂使用是完全可以的。

非离子型沥青乳化剂在水中溶解时,乳化剂不能电离成离子,而是靠分子本身所含有的羟基和醚基作为弱水性亲水基。非离子型乳化剂按其不同结构和特性,可分为两类:聚乙二醇型和多醇型。

4.稳定剂

用单一乳化剂制备乳化沥青乳液,乳液颗粒不易均匀,乳液易发生絮凝或沉降现象。如果在单一乳化剂中添加无机盐类制备沥青乳液,就可得到颗粒均匀而微细的乳液。并增强乳液颗粒周围的双电层效应,增加颗粒之间的相互排斥力,减缓颗粒之间的合—凝聚速度,提高乳化能力,改善乳液的稳定性,增强了与集料的黏附能力。这种无机盐类称为无机稳定剂。常用无机稳定剂有氯化铵、氯化钠、氯化钙、氯化镁、氯化铬等氯化物,均可作无机稳定剂。稳定剂的用量不宜过多,一般为沥青乳液的 0.1% ~ 0.15% 为宜。

(二)乳化沥青形成机理

沥青的微粒能够均匀地分散在水中并形成稳定的分散系,其主要原因如下。

1.乳化剂在沥青—水系统的界面上的吸附作用

由于沥青与水的表面张力相差较大,在一般情况下是不能互溶的。当加入一定量的乳化剂后,乳化剂能规律地定向排列在沥青和水的界面上。由于乳化剂属表面活性物质,具有不对称的分子结构,分子一端是极性基因,是亲水的,另一端是非极性基因,是亲油的,所以当乳化剂加入沥青与水组成的溶液中,即产生吸附作用。乳化剂分子吸附在沥青—水界面上,形成吸附层,从而降低了沥青和水之间的表面张力差。

2.界面膜的稳定作用

乳化液在沥青微滴表面吸附,在界面上形成界面膜,此膜具有一定的强度,对沥青微滴起着保护作用,使微滴在互相碰撞时不易凝聚,并提高沥青乳液的稳定性。

3.沥青微滴界面电荷的稳定作用。

沥青微滴表面均带有相同电荷,使微滴间互相排斥,起到分散微滴的作用。

(三)乳化沥青技术性质与技术要求

1.乳化沥青技术性质

乳化沥青在使用中,与砂石集料拌和成型后,在空气中逐渐脱水,水膜变薄,使沥青微粒靠拢,将乳化剂薄膜挤裂而凝成连续的沥青黏结膜层。此膜层形成的速度与质量、温度和湿度、脱水的速度及所处环境的通风情况有关。成膜后的乳化沥青应具有一定的耐热性、黏结性、抗裂性、韧性及防水性。

2.乳化沥青技术要求

乳化沥青的质量应符合表3-5的规定。在高温条件下宜采用黏度较大的乳化沥青,寒冷条件下宜使用黏度较小的乳化沥青。

道路用乳化沥青技术要求　　　　　　　表 3-5

试验项目		单位	阳离子 喷洒用 PC-1	阳离子 喷洒用 PC-2	阳离子 喷洒用 PC-3	阳离子 拌和用 BC-1	阴离子 喷洒用 PA-1	阴离子 喷洒用 PA-2	阴离子 喷洒用 PA-3	阴离子 拌和用 BA-1	非离子 喷洒用 PN-2	非离子 拌和用 BN-1	试验方法
破乳速度			快裂	慢裂	快裂或中裂	慢裂或中裂	快裂	慢裂	快裂或中裂	慢裂或中裂	慢裂	慢裂	T 0658
粒子电荷			阳离子(+)				阴离子(−)				非离子		T 0653
筛上残留物(1.18mm 筛)不大于		%	0.1				0.1				0.1		T 0652
黏度	恩格拉黏度计 E_{25}		2~10	1~6	1~6	2~30	2~10	1~6	1~6	2~30	1~6	2~30	T 0622
黏度	道路标准黏度计 $C_{25,3}$	S	10~25	8~20	8~20	10~60	10~25	8~20	8~20	10~60	8~20	10~6	T 0621
蒸发残留物	残留分含量,不小于	%	50	50	50	55	50	50	50	55	50	55	T 0651
蒸发残留物	溶解度,不小于	%	97.5				97.5				97.5		T 0607
蒸发残留物	针入度(25℃)	0.1mm	50~200	50~300	45~150		50~200	50~300	45~150		50~300	60~300	T 0604
蒸发残留物	延度(15℃),不小于	cm	40				40				40		T 0605
与粗集料的黏附性,裹附面积,不小于			2/3			—	2/3			—	2/3	—	T 0654
与粗、细粒式集料拌和试验			—			均匀	—			均匀	—		T 0659
水泥拌和试验的筛上剩余,不小于		%	—				—				—	3	T 0657
常温储存稳定性 1d 不大于		%	1				1				1		T 0655
常温储存稳定性 5d 不大于		%	5				5				5		T 0655

注:①P 为喷洒型,B 为拌和型,C、A、N 分别表示阳离子、阴离子、非离子乳化沥青;

②黏度可选用恩格拉黏度计或沥青标准黏度计之一测定;

③表中的破乳速度与集料和黏附性、拌和试验的要求、所使用的石料品种有关,质量检验时应采用工程上实际的石料进行试验,仅进行乳化沥青产品质量评定时可不要求此三项指标;

④储存稳定性根据施工实际情况选用试验时间,通常采用 5d,乳液生产后能在当天使用时也可用 1d 的稳定性;

⑤当乳化沥青需要在低温冰冻条件下储存或使用时,尚需按 T 0656 进行 −5℃ 低温储存稳定性试验,要求没有粗颗粒、不结块;

⑥如果乳化沥青是将高浓度产品运到现场经稀释后使用时,表中的蒸发残留物等各项指标指稀释前乳化沥青的要求。

（四）乳化沥青在集料表面分裂机理

分裂是指从乳液中分裂出来的沥青微滴在集料表面聚结成一层连续的沥青薄膜,这一过程称为分裂(俗称破乳)。乳液产生分裂的外观特征是它的颜色由棕褐色变成黑色。

1.乳液与集料表面的吸附作用

（1）阴离子乳液（沥青微滴带负电荷）与带正电荷碱性集料（石灰岩、玄武岩等）有较好的黏结性。

（2）阳离子乳液（沥青微滴带正电荷）与带负电荷的酸性集料（花岗岩、石英岩等）具有较好的黏结性，同时对碱性集料也有较好的亲和力。

2.水分的蒸发作用

洒布在路上的乳化沥青，水分蒸发速度的快慢与温度、湿度、风速等条件有关。在温度较高、有风的环境中，水分蒸发较快，反之较慢。通常当沥青乳液中水分蒸发到沥青乳液的80% ~ 90%时，乳化沥青即开始凝结。

（五）乳化沥青的应用

乳化沥青适用于沥青表面处治路面、沥青贯入式路面、冷拌沥青混合料路面，修补裂缝，喷洒透层、黏层与封层等。乳化沥青的品种和适用范围宜符合表3-6的规定。

乳化沥青品种及适用范围 表3-6

分　类	品种及代号	适用范围
阳离子乳化沥青	PC—1	表处、贯入式路面及下封层用
	PC—2	透层油及基层养生用
	PC—3	黏层油用
	BC—1	稀浆封层或冷拌沥青混合料用
阴离子乳化沥青	PA—1	表处、贯入式路面及下封层用
	PA—2	透层油及基层养生用
	PA—3	黏层油用
	BA—1	稀浆封层或冷拌沥青混合料用
非离子乳化沥青	PN—2	透层油用
	BN—I	与水泥稳定集料同时使用（基层路拌或再生）

四、改性沥青

随着国民经济的高速发展，现代公路和道路发生许多变化：交通流量和行驶频度急剧增长，货运车的轴重不断增加，普遍实行分车道单向行驶，要求进一步提高路面抗流动性，即高温下抗车辙的能力；提高柔性和弹性，即低温下抗开裂的能力；提高耐磨耗能力和延长使用寿命。现代建筑物普遍采用大跨度预应力屋面板，要求屋面防水材料能适应大位移，更耐受严酷的高低温气候条件，耐久性更好，有自黏性，方便施工，减少维修工作量。使用环境发生的这些变化对石油沥青的性能提出了严峻的挑战。对石油沥青改性，使其适应上述苛刻使用要求，引起了人们的重视。经过数十年研究开发，已出现品种繁多的改性道路沥青、防水卷材和涂料，表现出一定的工程实用效果。但鉴于改性后的材料价格通常比普通石油沥青高2 ~ 7 倍，用户对材料工程性能尚未能充分把握，改性沥青产量增长缓慢。目前改性道路沥青主要用于机场跑道、防水桥面、停车场、运动场、重交通路面、交叉路口和路面转弯处等特殊场合的铺装应用。近来欧洲将改性沥青应用到公路网的养护和补强，较大地推动了改性道路沥青的普遍应用。改性沥青防水卷材和涂料主要用于高档建筑物的防水工程。随着科学技术进步和经济建设事业的发展,将进一步推动改性沥青的品种开发和生产技术的发展。

(一)改性沥青的分类及特性

改性沥青是指掺加橡胶、树脂、高分子聚合物、磨细的橡胶粉或其他填料等外掺剂(改性剂),或采取对沥青轻度氧化加工等措施,使沥青的性能得以改善而制成的沥青结合料。

改性剂是指在沥青中加入的天然的或人工的有机或无机材料,可熔融分散在沥青中改善或提高沥青路面性能(与沥青发生反应或裹覆在集料表面上)的材料。

从狭义来说,现在所指道路改性沥青一般是指聚合物改性沥青。按照改性剂的不同一般分为以下几类。

1.热塑性橡胶类改性沥青

热塑性橡胶类改性沥青其改性剂主要是苯乙烯嵌段共聚物,如苯乙烯—丁二烯—苯乙烯(SBS)、苯乙烯—异戊二烯—苯乙烯(SIS)、苯乙烯—聚乙烯/丁基—聚乙烯(SE/BS)。其中SBS常用于路面沥青混合料;SIS主要用于热熔黏结料;SE/BS则应用于抗氧化、抗高温变形要求高的道路。目前世界各国用于道路沥青改性使用最多的是SBS改性沥青。例如首都机场高速公路及八达岭高速公路用的就是SBS改性沥青。

SBS类改性沥青最大特点是高温稳定性和低温抗裂性能都好,且有良好的弹性恢复性能,抗老化性能良好。SBS使沥青软化点提高,使5℃延度大幅度增大,且薄膜加热后的针入度比保留90%以上。

2.橡胶类改性沥青

橡胶类改性沥青通常称为橡胶沥青,其中使用最多的是丁苯橡胶(SBR)和氯丁橡胶(CR)。它不仅是世界上最早出现并广泛应用的改性沥青品种,也是在我国较早得到研究和推广的品种。其中SBR是世界上应用最广泛的改性剂之一,尤其是它胶乳形式的使用越来越广泛。CR具有极性,常掺入煤沥青中使用,已成为煤沥青的改性剂。

SBR改性沥青最大特点是低温性能得到改善,所以主要适宜在寒冷气候条件下使用,例如青藏公路上就铺筑了橡胶沥青路面。

3.热塑性树脂类改性沥青

聚乙烯(PE)、聚丙烯、聚氯乙烯、聚苯乙烯和乙烯——乙酸乙烯共聚物(EVA)等在道路沥青的改性中被使用,这一类热塑性树脂的共同特点是加热后软化,冷却时硬化变硬。此类改性剂的最大特点是使沥青结合料在常温下黏度增大,从而使高温稳定性增加。遗憾的是并不能使沥青混合料的弹性增加,且加热后易离析,再次冷却时产生众多的弥散体。不过这些局限性一定程度上已被接受。例如浙江杭州钱江二桥就使用了ESSO公司的EVA改性沥青铺筑桥面铺装。

4.掺加天然沥青的改性沥青

在沥青中通常可掺加天然沥青进行改性,如:湖沥青(如特立尼达湖沥青TLA)、岩石沥青(如美国的Gilsonite)和海底沥青(如BMA)等。

掺加TLA的混合沥青有良好的高温稳定性及低温抗裂性能,耐久性好;掺加岩石沥青的沥青有抗剥离、耐久性、高温抗车辙、抗老化特点;BMA适用于重交通道路、飞机场跑道、抗磨耗层等,最小铺筑厚度可减薄到2cm,由此降低工程造价。

5.其他改性沥青

(1)掺多价金属皂化物的改性沥青 多价金属与一元羧酸所形成的盐类称为金属皂。将一定的金属皂溶解在沥青中,可使延度增加,脆点降低,明显提高与集料的黏附性能,增加沥青混合料的强度,提高沥青路面的柔性和疲劳强度。

(2)掺炭黑的改性沥青 炭黑是由石油、天然气等碳氢化合物经高温不完全燃烧而生成的高含碳量粉状物质,在改性好的 SBS 改性沥青中混入炭黑综合改性,可使改性沥青的黏度增大,回弹性能提高。

(3)加玻纤格栅的改性沥青 将一种自黏结型的玻璃纤维格栅,用一种专门的摊铺机铺设,铺在沥青混合料层中,耐热、黏结性好。这些格栅对提高高温抗车辙能力及低温抗裂性能都有良好效果,同时还可防治沥青路面的反射性裂缝。

(二)改性沥青的技术要求

道路改性沥青一般是指聚合物改性沥青,其技术要求见表3-7。

聚合物改性沥青技术要求 表3-7

指 标	单位	SBS 类（Ⅰ类）				SBR 类（Ⅱ类）			EVA、PE 类（Ⅲ类）				试验方法
		Ⅰ-A	Ⅰ-B	Ⅰ-C	Ⅰ-D	Ⅱ-A	Ⅱ-B	Ⅱ-C	Ⅲ-A	Ⅲ-B	Ⅲ-C	Ⅲ-D	
针入度(25℃,100g,5s)	0.1mm	>100	80~100	60~80	30~60	>100	80~100	60~80	>80	60~80	40~60	30~40	T 0604
针入度指数 PI　不小于			-1.2	-0.8	-0.4	0	-1.0	-0.8	-0.6	-1.0	-0.8	-0.6	-0.4	T 0604
延度(5℃,5cm/min)　不小于	cm	50	40	30	20	60	50	40					T 0605
软化点 $T_{R\&B}$　不小于	℃	45	50	55	60	45	48	50	48	52	56	60	T 0606
运动黏度(135℃)　不大于	Pa·s	3											T 0625 T 0619
闪点　不小于	℃	230				230			230				T 0611
溶解度　不小于	%	99				99							T 0607
弹性恢复(25℃)　不小于	%	55	60	65	75	—			—				T 0662
黏韧性　不小于	N·m	—				5			—				T 0624
韧性　不小于	N·m	—				2.5			—				T 0624
储存稳定性离析,48h 软化点差　不大于	℃	2.5							无改性剂明显析出、凝聚				T 0661
TFOT(或 RTFOT)后残留物													
质量变化　不大于	%	±1.0											T 0610 或 T 0609
针入度比(25℃)　不小于	%	50	55	60	65	50	55	60	50	55	58	60	T 0604
延度(5℃)　不小于	cm	30	25	20	15	30	20	10	—				T 0605

(三)改性沥青的应用和发展

改性沥青可用于做排水或吸音磨耗层及其下面的防水层;在老路面上做应力吸收膜中间层,以减少反射裂缝;在重载交通道路的老路面上加铺薄和超薄沥青面层,以提高耐久性;在老路面上或新建一般公路上做表面处治,以恢复路面使用性能或减少养护工作量等。使用改性沥青时,应当特别注意路基、路面的施工质量,以避免产生路基沉降和其他早期损坏。否则,使用改性沥青就会达不到应有的效果。

SBS 改性沥青无论在高温、低温、弹性等方面都优于其他改性剂,尤其是现在,SBS 的价格比以前有了大幅度的降低,仅成本这一项,它就可以和 PE、EVA 竞争,所以我国改性沥青的发展方向应该以 SBS 作为主要方向。

单元 2　沥青混合料

学习目标

1. 学生能够了解沥青混合料的组成结构、组成材料、技术性质和设计方法;
2. 掌握沥青混合料的技术性质、技术标准和组成设计;掌握试验检测项目和检测方法。

任务描述

准备沥青混合料组成设计所需材料,装在托盘中,让学生观察材料的性状,并对组成设计进行描述,做相关试验。

学习引导

本学习任务沿着以下脉络进行学习:

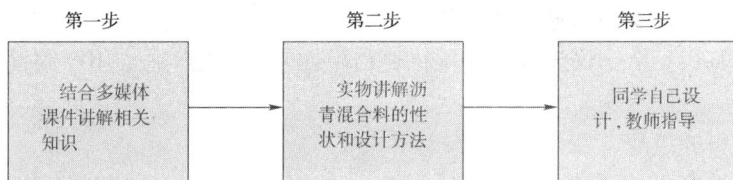

第一步	第二步	第三步
结合多媒体课件讲解相关知识	实物讲解沥青混合料的性状和设计方法	同学自己设计,教师指导

一、概述

沥青混合料是以沥青为结合料,经合理选择级配组成的矿质混合料(如碎石、石屑、砂等),在一定温度下经拌和而成的路面材料。将沥青混合料摊铺、碾压成具有整体性能的路面即成为各种类型的沥青路面。

(一)沥青混合料的特点

1. 沥青混合料的优点

(1)具有良好的力学性能。采用沥青混合料修筑的路面平整、无接缝,具有足够的力学强度及其形变的稳定性。

(2)耐久性。沥青混凝土具有较好的塑性,因而降低了路面与车轮的磨损率。由于沥青混凝土具有不透水性,所以防止了路基软化塌陷,因而提高了路面使用期限。

(3)良好的抗滑性。沥青混合料修成的路面,具有一定的粗糙度,能保证高速行车的安全性。

（4）便于分期修筑路面及再生利用。沥青混合料路面可随交通量的发展分期修建。可在原有路面上进行加厚，这样能充分发挥原有路面的作用。对原有沥青混合料，可以再生利用，以节省能源及投资。

（5）沥青混合料修成的路面，晴天无尘，雨天不泞，便于汽车高速行驶。

2. 沥青混合料的缺点

沥青混合料路面目前还存在一定的缺点，主要是：

（1）沥青老化。由于沥青材料是一种胶体结构物体系，在大气因素的作用下，随时间的增长，沥青的分子会发生氧化和聚合作用，使低分子化合物转变为高分子化合物。即：油分、树脂含量减少，沥青质、沥青碳含量增多。这种转化继续进行，使沥青质继续增加，沥青塑性逐渐降低，脆性增加，黏聚力减小，路面表层产生松散，引起路面破坏。今后如何改善沥青性质，提高沥青路面的气候稳定性，成为当前重要的研究课题。

（2）温度稳定性差。夏季高温时易软化，路面易产生车辙、波浪等现象。冬季低温时易脆裂，在车辆重复荷载作用下易产生裂缝。

上述存在的问题，我国公路研究机构和生产部门进行了大量的研究和试验，提出了一些改进办法和措施。

（二）沥青混合料的分类

1. 按胶结料的种类分

按胶结材料种类的不同，沥青混合料可分为石油沥青混合料和煤沥青混合料。

石油沥青混合料是以石油沥青为结合料的沥青混合料，是高级公路及城市道路沥青路面中使用最多的一种材料，它可用作路面面层的上层或下层联结层及磨耗层等。

煤沥青混合料是以软煤沥青为结合料的沥青混合料，由于煤沥青老化速度快，所以一般用于面层的下层或基层。由于煤沥青与矿质材料黏附性较好，所以适合用于路面维修中的抢修工程。

2. 按矿质材料的级配类型分

按矿质材料的级配类型，沥青混合料可分为连续级配沥青混合料和间断级配沥青混合料。

3. 按矿质材料最大粒径分

按矿质材料最大粒径，沥青混合料可分为粗粒式沥青混合料、中粒式沥青混合料、细粒式沥青混合料和砂粒式沥青混合料。

根据《公路工程集料试验规程》（JTG E42—2005）的定义：集料的最大粒径是指通过百分率为 100% 的最小标准筛筛孔尺寸，集料的公称最大粒径是指全部通过或允许少量不通过（一般允许筛余不超过 10%）的最小标准筛筛孔尺寸。通常公称最大粒径比最大粒径小一粒级。例如：某集料在 16mm 筛孔的通过率为 100%，在 13.2mm 筛孔上的筛余量小于 10%，则此集料的最大粒径为 16mm，而公称最大粒径为 13.2mm。

按公称最大粒径，沥青混合料可分为以下几种：

（1）特粗式沥青混合料：公称最大粒径等于或大于 31.5mm 的沥青混合料。

（2）粗粒式沥青混合料：公称最大粒径为 26.5mm 的沥青混合料。

（3）中粒式沥青混合料：公称最大粒径为 16mm 或 19mm 的沥青混合料。

（4）细粒式沥青混合料：公称最大粒径为 9.5mm 或 13.2mm 的沥青混合料。

(5)砂粒式沥青混合料:公称最大粒径小于4.75mm的沥青混合料。

粗粒式沥青混合料一般用于高级路面的基层、双层式沥青面层的下层;中粒式沥青混合料一般用于路面的面层或双层式沥青面层的下层;细粒式沥青混合料可用于双层式沥青路面面层;砂粒式沥青混合料一般用于高级路面上的磨耗层。

4.按沥青混合料的密实度分

按沥青混合料的密实度,沥青混合料可分为密级配沥青混合料、开级配沥青混合料和半开级配的沥青混合料。

密级配沥青混合料是指剩余空隙率小于6%的混合料,其矿料一般为连续级配,并含有较多的矿粉。当采用性能较好的道路石油沥青为结合料时,这种混合料的力学性能及耐久性都好,常用于高级路面的面层上层。按密级配原理设计组成的各种粒径颗粒的矿料与沥青拌和而成设计空隙率较小(对不同交通及气候情况、层位可作适当调整)的密实式沥青混凝土混合料(以AC表示)和密实式沥青稳定碎石混合料(以ATB表示)。按关键性筛孔通过率的不同又可分为粗型(C型)或细型(F型)密级配沥青混合料等。

开级配沥青混合料是指剩余空隙率大于10%的混合料,其混合料的矿质材料级配大多为间断级配,细粒较少。路面工程中常用的黑色碎石大多为开级配混合料。

半开级配沥青混合料是指剩余空隙率为6%~12%的混合料,其混合料的矿质材料级配大多为间断密级配。在沥青混合料矿料级配范围中,Ⅱ型沥青混凝土多属这一类混合料(以AM表示)。

5.按矿粉含量多少分

按矿粉含量,沥青混合料可分为沥青混凝土和沥青碎石混合料。

沥青混凝土的矿质集料中规定应加入一定数量的矿粉,使混凝土具有最佳密实度,空隙率在10%以下,其强度主要靠沥青本身的黏聚力及沥青与矿料之间的黏附力而形成。矿料中粗粒含量少,其强度、耐久性均优于沥青碎石。

沥青碎石混合料,在矿质材料中,没有或很少有矿粉成分,粗集料较多,空隙率大于10%。这种结构渗水性较大,强度较沥青混凝土低,但热稳性好。

6.按应用情况分

按应用情况分,沥青混合料可分为普通沥青混合料及特种沥青混合料。

特种沥青混合料是指在特殊情况下使用的沥青混合料,常用的有以下几种:

(1)摊铺沥青混凝土。这种材料是使用标号较高的沥青和较多的石粉,经过高温拌和而成黏稠状并有一定流动性的混合料,主要用于钢桥桥面上的铺装及积雪寒冷地区路面的磨耗层。

(2)碾压式沥青混凝土。它是在沥青、石粉和砂所组成的砂质沥青砂浆中掺入近乎单粒径的混合料,在其上面压入预涂沥青碎石。其抗滑性、耐磨性好,主要用于寒冷地区和山岭地区的路面。

(3)半柔半刚性沥青混合料。这是在已铺筑的开级配沥青混凝土表面的集料空隙间,灌注以水泥为主并加以树脂的薄层砂浆,硬化后而成具有坚固表层的沥青面层材料。

(4)彩色混合料。这是以沥青及合成树脂为结合料,集料为彩色石子,并加入不同颜色的颜料为填充料拌制的混合料。这种材料常用于人行横道线或公园内道路的路面。

7.按沥青混合料施工温度分

按沥青混合料施工温度,沥青混合料可分为热拌热铺沥青混合料、热拌冷铺沥青混合料和冷拌冷铺沥青混合料。

热拌热铺沥青混合料,是指沥青和矿料都需加热到要求的温度才能拌和均匀,并要求保持一定的温度才能摊铺和易于压实的沥青混合料。一般要求标号较高的黏稠石油沥青或软煤沥青。

热拌冷铺沥青混合料,一般是指在工地现场用加热到规定温度的沥青与冷矿料进行拌和的混合料。因拌和的温度偏低,故宜采用稠度较低的沥青为结合料。

冷拌冷铺沥青混合料,是指结合料和矿料都无需加热,或对沥青略为加热进行拌和(也称常温拌和)的混合料。这类混合料所用的沥青一般为稀释沥青或乳化沥青。

目前公路工程中最常用的是热拌沥青混合料。

二、热拌热铺沥青混合料

热拌热铺沥青混合料是按密实骨架原则设计的矿质混合料与高稠度的石油沥青,经过高温加热拌和后,趁热摊铺,碾压而成。

(一)热拌热铺沥青混合料组成结构及其强度理论

1. 热拌热铺沥青混合料组成结构
1)结构理论
热拌热铺沥青混合料是由级配良好的矿质骨架和最佳用量的沥青胶结料所构成,具有空间网络结构的一种多相分散体系。

目前沥青混合料组成结构理论有两种:

第一种为表面理论,指沥青混合料是由粗集料、细集料和矿粉组成密实的矿质骨架,利用沥青胶结料的黏聚力,在加热的状态下,与矿质集料进行拌和,经压实后成为具有一定强度的整体型材料。

第二种为胶浆理论,指沥青混合料是多级空间网络状结构的多级分散系。主要分为三个分散系:

(1)粗分散系:以粗集料为分散相,分散在沥青砂浆的介质中。

(2)细分散系:以细集料为分散相,分散在沥青胶浆的介质中。

(3)微分散系:以矿粉填充料为分散相,分散在高稠度的沥青介质中。

前一种理论是突出矿质集料的骨架作用,起主导作用的是矿粉的强度及其级配的密实度。

后一种理论是突出沥青胶结物在混合料中的作用,起主导作用的是沥青与填充料之间的关系。

2)沥青混合料组成结构类型
沥青混合料组成结构可分为下列三种类型。

(1)密实悬浮结构,是指矿质集料由大到小组成连续型密级配的混合料结构。混合料中粗集料数量较少,不能形成骨架。这种沥青混合料黏聚力较大,内摩阻力较小。

(2)骨架空隙结构,是指矿质集料属于连续型开级配的混合料结构。矿质集料中粗集料较多,可形成矿质骨架,细集料较少,不足以填满空隙。所以此结构混合料空隙率大、耐久性差,沥青与矿料的黏聚力差,热稳性较好。这种结构沥青混合料的强度主要取决于内摩擦角。

(3)密实骨架结构,是指此结构具有较多数量的粗集料形成空间骨架,同时又有足够的细集料填满骨架的空隙,因此形成较高的密实骨架结构。这种结构表现为密实度大,具有较高的黏聚力和内摩阻力,在沥青混合料中是最理想的一种结构类型。

三种类型沥青混合料的组成结构如图 3-15 所示。

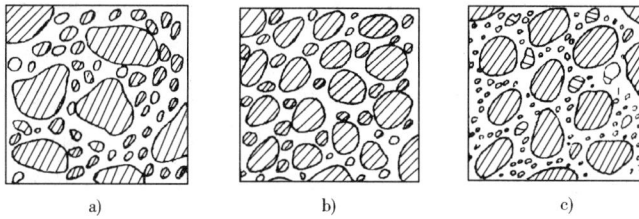

图 3-15　沥青混合料组成结构示意图
a)密实悬浮结构;b)骨架空隙结构;c)密实骨架结构

2. 热拌热铺沥青混合料的强度理论

沥青混合料是由不同粗度粒径矿质集料与沥青胶浆组成具有空间网络结构的一种分散体系。

沥青混合料的强度理论,主要是要求沥青混合料在高温时,必须具备抗剪强度和抵抗变形的能力,称为高温强度和稳定性。沥青混合料路面结构破坏的原因,主要是由于在高温时塑性变形而产生推挤波浪等现象,此时抗剪强度降低。在低温时,塑性变形能力差,使沥青混合料路面易产生裂缝现象,大大降低了抗拉强度。

目前对于沥青混合料强度的研究,一般采用库伦内摩擦理论进行分析。通过三轴剪切强度研究得出结论:沥青混合料的抗剪强度(τ)主要取决于沥青与矿质集料物理、化学交互作用而产生的黏聚力(c),以及矿质集料在沥青混合料中分散程度不同而产生的内摩擦角(ϕ),如式(3-6)所示:

$$\tau = c + \tan\phi \tag{3-6}$$

3. 影响沥青混合料抗剪强度的因素

沥青混合料抗剪强度的影响因素,主要是材料的组成、车辆荷载、温度、环境条件等。

1)沥青的黏度对沥青混合料抗剪强度的影响

材料的技术性质,以及外界因素如沥青混合料中的矿质集料是分散在沥青中的分散系,因此它的强度与分散相的浓度和分散介质的黏度有着密切的关系。在其他因素固定的情况下,沥青混合料的黏结力(c)随着沥青材料的黏结力增大而增大。同时内摩擦角随黏结力增大应有所提高,因沥青黏度大,表示沥青内部胶团互相位移时,分散介质抵抗剪切作用力大,使沥青混合料的黏滞阻力增大,因而具有较高抗剪强度。

2)沥青与矿料之间的吸附作用

(1)沥青与矿料的物理吸附。一切固态物质的相界面上,都具有将周围物质的分子或离子吸引到表面上来的能力。因此,液体与固体的相互作用,主要是由于分子间引力的作用而产生的,故称为物理吸附。其吸附过程,就是当沥青材料与矿料之间在分子引力的作用下,所形成的一种定向多层吸附层。

物理吸附作用的大小,主要取决于沥青中的表面活性物质及矿料与沥青分子亲和性的大小。沥青表面活性物质含量越多,矿料与沥青分子亲和性就越大,则物理吸附作用就越强,混合料黏结力也就越高。但是,水的作用能破坏沥青与矿料的吸附作用。所以,物理吸附作用只能当混合料在干燥状态下才具有一定的黏附力。这种吸附不能保证其水稳定性。

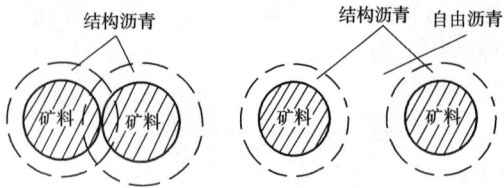

图 3-16　沥青与矿料交互作用示意图

（2）沥青与矿料的化学吸附。沥青与矿料交互作用后,沥青在矿料表面形成一层扩散结构膜(图 3-16),在此结构膜以内的沥青称为结构沥青,在结构膜以外的沥青为自由沥青。

如果矿料颗粒之间的黏结力是由结构沥青提供,颗粒间的黏结力较大;若颗粒间的黏结力是由自由沥青提供,则黏结力较小。

据上述沥青与矿料之间相互作用的原理,在配制沥青混合料时,应控制沥青用量,使混合料能形成结构沥青,减少自由沥青。

沥青与矿料相互作用下不仅与沥青的化学性质有关,而且与矿料的性质也有关。沥青中的表面活性物质(沥青酸、沥青酸酐)与碱性矿料化学成分能产生化学反应形成化学吸附层,而对酸性矿料只能形成物理吸附作用,在水的作用下是可以破坏沥青与矿料的吸附黏结性,这种吸附作用是一种可逆的作用。它只能使混合料在干燥状态下才具有一定的黏附力。所以在沥青混合料中,当采用石灰石矿粉时,矿粉之间能通过结构沥青来联结,因而具有较高的黏聚力。

3）矿料的级配类型及表面状态对沥青混合料抗剪强度的影响

矿质集料在沥青混合料中,由于分布情况不同,将影响沥青混合料的抗剪强度。此外,在沥青混合料中,矿质集料的粗度、形状对沥青混合料的抗剪强度也有明显的影响。通常集料颗粒具有棱角,近似正方体,表面有明显的粗糙度,修成路面有很大的内摩擦角,提高了混合料的抗剪强度。所以混合料中,矿质集料粗,配制成的沥青混合料就具有较高的内摩擦角。

4）矿料比面对沥青混合料抗剪强度的影响

在相同沥青用量情况下,矿料表面积越大,形成沥青膜越薄,在沥青中结构沥青占的比率越大,所以沥青混合料的黏聚力也越高。在混合料中,矿粉的比面比粗集料大得多,粗集料比面为 $0.5 \sim 3 m^2/kg$,而矿粉的比面为 $300 \sim 2\,000 m^2/kg$。所以矿粉的性质和用量对混合料的抗剪强度影响很大。为了增加矿粉的比面,必须提高矿粉的细度。但矿粉含量不宜过多,过多将使沥青混合料结团,不易施工。

5）沥青用量对沥青混合料抗剪强度的影响

当沥青用量少时,沥青不足以形成结构沥青的膜层来黏结矿料。若沥青用量适当,将形成结构沥青,沥青与矿料间的黏附力增强。当沥青用量过多,将形成自由沥青,沥青将矿料颗粒推开,沥青与矿料的黏结力随自由沥青的增加而降低。同时随沥青用量增加,内摩擦角也降低,因而影响了混合料的抗剪强度。

6）温度及加荷速度对沥青混合料抗剪强度的影响

随温度升高,沥青的黏聚力(c)值减小,而变形能力增强。当温度降低,可使混合料黏聚力提高,强度增加,变形能力降低。但过低温度会使沥青混合料路面开裂。由于加荷频率高,可使沥青混合料产生过大的应力和塑性变形,弹性恢复很慢,产生不可恢复的永久变形。

（二）热拌热铺沥青混合料组成材料的技术要求

为了保证沥青混合料的技术性质,首先要选择满足质量要求的各组成材料。

1.沥青材料

拌制沥青混合料选用沥青材料时,要根据当地的气候条件、混合料的类型、交通性质及其施工条件,来选择沥青的品种、标号及黏度。通常交通量较大,较热的气候区应采用稠度较高的沥青;反之,应采用稠度较低的沥青。沥青路面使用性能气候分区由一、二、三级区划组合而成,以综合反映该地区的气候特征,见表3-8。每个气候分区用3个数字表示:第一个数字代表高温分区,第二个数字代表低温分区,第三个数字代表雨量分区。数字越小,表示气候因素对沥青路面的影响越严重。如我国上海市属1-3-1气候分区,为夏炎热冬冷潮湿区,对沥青混合料的高温稳定性和水稳定性要求较高。

当缺乏所需标号的沥青时,可采用不同标号掺配的调和沥青,其掺配比例由试验决定。

沥青路面使用性能气候分区

表3-8

气候分区指标		气候分区			
按照高温指标	高温气候区	1		2	3
	气候区名称	夏炎热区		夏热区	夏凉区
	七月平均最高温度(℃)	>30		20~30	<20
按照低温指标	低温气候区	1	2	3	4
	气候区名称	冬严寒区	冬寒区	冬冷区	冬温区
	极端最低气温(℃)	<-37.5	-37.5~-21.5	-21.5~-9.0	>-9.0
按照雨量指标	雨量气候区	1	2	3	4
	气候区名称	潮湿区	湿润区	半干区	干旱区
	年降雨量(mm)	>1 000	1 000~500	500~250	<250

2. 粗集料

(1)沥青混合料的粗集料要求洁净、干燥、无风化、无杂质,并且具有足够的强度和耐磨性,形状要接近正立方体,针片状颗粒的含量应符合表3-9的要求,且要求表面粗糙,有一定的棱角。

沥青混合料用粗集料质量技术要求

表3-9

指 标	单位	高速公路及一级公路		其他等级公路	试验方法
		表面层	其他层次		
石料压碎值 不大于	%	26	28	30	T 0316
洛杉矶磨耗损失 不大于	%	28	30	35	T 0317
表观相对密度 不小于	—	2.60	2.50	2.45	T 0304
吸水率 不大于	%	2.0	3.0	3.0	T 0304
坚固性 不大于	%	12	12	—	T 0314
针片状颗粒含量(混合料) 不大于 其中粒径大于9.5mm 不大于 其中粒径小于9.5mm 不大于	%	15 12 18	18 15 20	20 — —	T 0312
水洗法<0.075mm颗粒含量 不大于	%	1	1	1	T 0310
软石含量 不大于	%	3	5	5	T 0320

注:①坚固性试验可根据需要进行;

　　②用于高速公路、一级公路时,多孔玄武岩的视密度可放宽至2.45t/m³,吸水率可放宽至3%,但必须得到建设单位的批准,且不得用于SMA路面;

　　③对S14即3~5规格的粗集料,针片状颗粒含量可不予要求,<0.075mm含量可放宽到3%。

我国行业标准《公路沥青路面施工技术规范》(JTG F40—2004)规定其各项质量要求应符合表3-9,沥青混合料的粗集料的规格应符合表3-10 的要求。

沥青面层用粗集料规格 表3-10

规格	公称粒径（mm）	通过下列筛孔(方孔筛,mm)的质量百分率(%)								
		37.5	31.5	26.5	19	13.2	9.5	4.75	2.36	0.6
S6	15～30	100	90～100	—	—	0～15		0～5		
S7	10～30	100	90～100	—	—	—	0～15	0～5		
S8	15～25		100	90～100		0～15	—	0～5		
S9	10～20			100	90～100	—	0～15	0～5		
S10	10～15				100	90～100	0～15	0～5		
S11	5～15				100	90～100	40～70	0～15	0～5	
S12	5～10					100	90～100	0～15	0～5	
S13	3～10					100	90～100	40～70	0～20	0～5
S14	3～5						100	90～100	0～15	0～3

(2)选用岩石应尽量选用碱性岩石。由于碱性岩石与沥青具有较强的黏附力,组成沥青混合料可得到较高的力学强度。在缺少碱性岩石的情况下,也可采用酸性岩石代替,但必须对沥青或粗集料进行适当的处理,以增加混合料的黏聚力。粗集料与沥青的黏附性应符合表3-11 的规定。对高速公路、一级公路沥青路面的表面层(或磨耗层)的粗集料的磨光值也应满足表3-11 的规定。

粗集料与沥青的黏附性、磨光值的技术要求 表3-11

雨量气候区	1(潮湿区)	2(湿润区)	3(半干区)	4(干旱区)	试验方法
年降雨量(mm)	>1 000	1 000～500	500～250	<250	
粗集料的磨光值PSV,不小于高速公路、一级公路表面层	42	40	38	36	T 0321
粗集料与沥青黏附性 不小于 高速公路、一级公路表面层	5	4	4	3	T 0616
高速公路、一级公路的其他层次及其他等级公路的各个层次	4	4	3	3	T 0663

3.细集料

热拌沥青混合料的细集料一般采用天然砂、机制砂和石屑,天然砂可采用河砂或海砂。通常采用粗砂、中砂,其规格符合表3-12 的要求,在热拌密级配沥青混合料中天然砂的用量,不宜超过集料总量的20%。石屑是指采石场破碎石料时通过4.75mm 或2.36mm 的筛下部分,其规格应符合表3-13 的要求。细集料与粗集料和填料配制成矿质混合料,其级配应符合要求。当一种细集料不能满足级配要求时,可采用两种或两种以上的细集料掺和使用。我国行业标准《公路沥青路面施工技术规范》(JTG F40—2004)对细集料的技术要求见表3-14。

4.矿粉

矿粉是采用石灰岩或岩浆岩中的强基性岩石(碱性岩石)磨细制得的矿粉。矿粉应干燥、洁净,其质量应符合表3-15 的要求。若使用粉煤灰作为填料时,其用量不得超过填料总量的50%,烧失量应小于12%,与矿粉混合后塑性指数小于4%,其余质量要求与矿粉相同,高速公路、一级公路沥青面层不宜采用粉煤灰做填料。

筛孔尺寸（mm）	通过各孔筛的质量百分率（%）		
	粗砂	中砂	细砂
9.5	100	100	100
4.75	90～100	90～100	90～100
2.36	65～95	75～90	85～100
1.18	35～65	50～90	75～100
0.6	15～30	30～60	60～84
0.3	5～20	8～30	15～45
0.15	0～10	0～10	0～10
0.075	0～5	0～5	0～5

沥青混合料用机制砂或石屑规格   表 3-13

规格	公称粒径（mm）	水洗法通过各筛孔的质量百分率（%）							
		9.5	4.75	2.36	1.18	0.6	0.3	0.15	0.075
S15	0～5	100	90～100	60～90	40～75	20～55	7～40	2～20	0～10
S16	0～3	—	100	80～100	50～80	25～60	8～45	0～25	0～15

注：当生产石屑采用喷水抑制扬尘工艺时，应特别注意含粉量不得超过表中要求。

沥青混合料用细集料质量要求   表 3-14

项　　目	单位	高速公路、一级公路	其他等级公路	试验方法
表观相对密度　不小于	—	2.50	2.45	T 0328
坚固性（>0.3mm）　不小于	%	12	—	T 0340
含泥量（小于0.075mm的含量）　不大于	%	3	5	T 0330
砂当量　不小于	%	60	50	T 0334
亚甲蓝值　不大于	g/kg	25		T 0346
棱角性（流动时间）　不小于	s	30		T 0345

沥青混合料用矿粉质量要求   表 3-15

项　　目	单位	高速公路、一级公路	其他等级公路	试验方法
表观密度　不小于	t/m³	2.50	2.45	T 0352
含水率　不大于	%	1	1	T 0103 烘干法
粒度范围　<0.6mm	%	100	100	T 0351
<0.15mm	%	90～100	90～100	
<0.075mm	%	75～100	70～100	
外观	—	无团粒结块	—	
亲水系数	—	<1		T 0353
塑性指数	—	<4		T 0354
加热安定性	—	实测记录		T 0355

（三）热拌热铺沥青混合料的技术性能和技术标准

沥青混合料的技术性能，主要包括施工和易性、高温稳定性、低温抗裂性、耐久性和抗滑性。

1. 施工和易性

沥青混合料施工和易性，是指沥青混合料在施工过程中容易拌和、摊铺和压实的性能。和易性好与差，主要决定于矿料的级配、沥青的品种及用量、施工环境条件以及混合料的性质等。

施工环境条件主要是考虑施工设备、机具及施工时的气温、湿度、风速等情况，来确定各施工程序。在施工时混合料的合适温度，必然要影响到沥青黏滞性，所以温度的变化将影响施工和易性。

在矿料配制过程中，如粗细集料多，缺少中间粒径，混合料易分层，此时粗粒大部分集中在表面，细粒大部分集中在底部；如细集料太少，沥青层就不容易均匀地分布在粗颗粒表面，影响黏聚性及密实性；若细集料过多，则拌和困难。当矿粉用量过多，沥青用量少，混合料变得疏松，不易压实。所以，矿料的级配、沥青的品种及沥青用量，是在满足一定强度和变形性质下需通过试验来确定的，在施工中不能随意更改。

我国通过各地施工经验总结，对于不同品种的沥青提出一定的加热温度、拌和及压实时沥青混合料温度要求，见表3-16。

热拌沥青混合料的施工温度(℃)　　　　　　　　　　表3-16

施工工序		石油沥青的标号			
		50 号	70 号	90 号	110 号
沥青加热温度		160~170	155~165	150~160	145~155
矿料加热温度	间隙式拌和机	集料加热温度比沥青温度高 10~30			
	连续式拌和机	矿料加热温度比沥青温度高 5~10			
沥青混合料出料温度		150~170	145~165	140~160	135~155
混合料储料仓储存温度		储料过程中温度降低不超过 10			
混合料废弃温度　高于		200	195	190	185
运输到现场温度　不低于		150	145	140	135
混合料摊铺温度不低于	正常施工	140	135	130	125
	低温施工	160	150	140	135
开始碾压的混合料内部温度　不低于	正常施工	135	130	125	120
	低温施工	150	145	135	130
碾压终了的表面温度　不低于	钢轮压路机	80	70	65	60
	轮胎压路机	85	80	75	70
	振动压路机	75	70	60	55
开放交通的路表温度　不高于		50	50	50	45

注：①沥青混合料的施工温度采用具有金属探测针的插入式数显温度计测量。表面温度可采用表面接触式温度计测定。当采用红外线温度计测量表面温度时，应进行标定；
　　②表中未列入的130号、160号及30号沥青的施工温度由试验确定。

2. 高温稳定性

高温稳定性是指沥青混合料在夏季高温条件下，在车轮重复荷载作用下，能抵抗车辙及车轮水平荷载推挤的能力。

1) 沥青混合料受温度的影响

沥青混合料是一种黏弹性材料，其强度随温度升高而急剧下降。尤其在交通量大、重车比例大的高等级道路上，在每年的高温季节，由于行车道上的轮迹带承受大量重车的反复作用，沥青混合料的强度大幅度下降,轮迹带逐渐变形下凹,路面产生破坏。

2)提高高温稳定性的措施

(1)使用温度稳定性好的沥青是提高沥青混凝土温度稳定性和抗剪强度的主要措施。在规定沥青标号范围内使用较稠的沥青可以提高沥青混凝土的抗变形能力。

(2)最佳矿料级配可以增加内摩擦角和矿料颗粒间的嵌锁作用,提高了沥青混凝土的抗剪稳定性。所以在条件允许的情况下,增加碎石用量可以提高沥青混凝土的抗车辙能力。

(3)使用碱性岩石可以提高沥青混凝土的温度稳定性和高温下抗变形能力。

(4)使用碱性岩石(石灰岩、冶金矿渣)磨成矿粉,提高沥青混凝土温度稳定性。

3)评定沥青混合料高温稳定性的方法

目前我国评定沥青混合料高温稳定性的方法有马歇尔试验、沥青混合料单轴压缩试验、沥青混合料三轴压缩试验、沥青混合料车辙试验。

但最普遍采用的方法是沥青混合料马歇尔试验。马歇尔试验能表明沥青混合料稳定度和流值两项指标。稳定度是表示沥青混凝土强度的指标;流值是表示沥青混凝土变形的指标。此种方法较其他试验设备、试验方法简单,所以马歇尔试验当前已被广泛采用。

※※※※※※※※※※※※※※※※※※※※※※※※※※※※※※※※※※

工作任务一 沥青混合料试件制作方法(击实法)

※※※※※※※※※※※※※※※※※※※※※※※※※※※※※※※※※※

1.适用范围

(1)本方法适用于标准击实法或大型击实法制作沥青混合料试件,以供试验室进行沥青混合料物理力学性质试验使用。

(2)标准击实法适用于马歇尔试验、间接抗拉试验(劈裂法)等所使用的 ϕ101.6mm × 63.5mm 圆柱体试件的成型。大型击实法适用于 ϕ152.4mm ×95.3mm 的大型圆柱体试件的成型。

2.仪器设备

(1)标准击实仪:由击实锤、ϕ98.5mm 平圆形压实头及带手柄的导向棒组成。用人工或机械将压实锤举起,从 457.2mm ±1.5mm 高度沿导向棒自由落下击实,标准击实锤质量为 4 536g ±9g。

(2)大型击实仪:由击实锤、ϕ149.5mm 平圆形压实头及带手柄的导向棒(直径 15.9mm)组成。用机械将压实锤举起,从 457.2mm ±2.5mm 高度沿导向棒自由落下击实,大型击实锤质量为 10 210g ±10g。

自动击实仪是将标准击实锤及标准击实台安装一体并用电力驱动使击实锤连续击实试件且可自动记数的设备,击实速度为 60 次/min ±5 次/min。

(3)试验室用沥青混合料拌和机:能保证拌和温度并充分拌和均匀,可控制拌和时间,容量不小于 10L,如图 3-17 所示。搅拌叶自转速度为 70 ~80r/min,公转速度为 40 ~50r/min。

(4)脱模器:电动或手动,可无破损地推出圆柱体试件,备有标准圆柱体试件及大型圆柱体试件尺寸的推出环。

(5)试模:由高碳钢或工具钢制成,每组包括内径 101.6mm ±0.2mm,高87mm 的圆柱形金属筒、底座(直径约 120.6mm)和套筒(内径 101.6mm、高70mm)各 1 个。

大型圆柱体试件的试模套筒外径为 165.1mm,内径为 155.6mm ±0.3mm,总高为83mm。试模内径为 152.4mm ±0.2mm,总高为115mm,底座板厚12.7mm,直径为 172mm。

（6）烘箱：大、中型各一台，装有温度调节器。

（7）天平或电子秤：用于称量矿料的，感量不大于0.5g；用于称量沥青的，感量不大于0.1g。

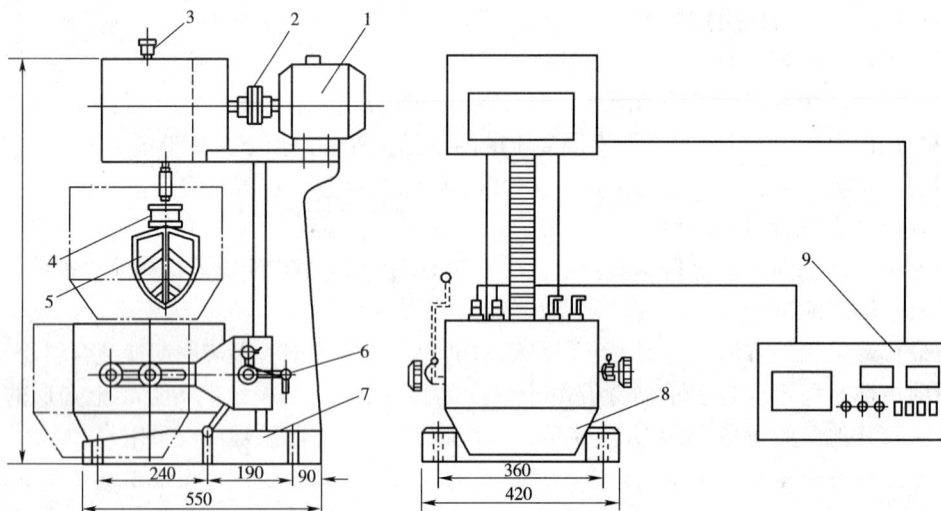

图3-17 试验室用沥青混合料拌和机（尺寸单位：mm）

1-电机；2-联轴器；3-变速箱；4-弹簧；5-拌和叶片；6-升降手柄；7-底座；8-加热拌和锅；9-温度时间控制仪

（8）沥青运动黏度测定设备：毛细管黏度计、赛波特重油黏度或布洛克菲尔德黏度计。

（9）温度计：分度为1℃。宜采用有金属插杆的热电偶沥青温度计，金属插杆的长度不小于300mm。量程0～300℃，数字显示或度盘指针的分度为0.1℃，且有留置读数功能。

（10）其他：插刀或大螺丝刀电炉或煤气炉、沥青熔化锅、拌和铲、标准筛、滤纸（或普通纸）胶布、卡尺、秒表、粉笔、棉纱等。

3. 试验准备

（1）确定制作沥青混合料试件的拌和与压实温度。

当缺乏沥青黏度测定条件时，试件的拌和与压实温度可按表3-17选用，并根据沥青品种和标号作适当调整。针入度小、稠度大的沥青取高限，针入度大、稠度小的沥青取低限，一般取中值。对改性沥青，应根据改性剂的品种和用量，适当提高混合料的拌和与压实温度，对大部分聚合物改性沥青，需要在基质沥青的基础上提高15～30℃左右，掺加纤维时，尚需再提高10℃左右。

沥青混合料拌和及压实温度参考表　　　　　　　　　　表3-17

沥青结合料种类	拌和温度（℃）	压实温度（℃）
石油沥青	130～160	120～150
煤沥青	90～120	80～110
改性沥青	160～175	140～170

常温沥青混合料的拌和及压实在常温下进行。

（2）在试验室人工配制沥青混合料时，材料准备按下列步骤进行：

①将各种规格的矿料置于105℃±5℃的烘箱中烘干至恒重（一般不少于4～6h）。根据需要，粗集料可先用水冲洗干净后烘干。也可将粗细集料过筛后用水冲洗再烘干备用。

②按规定试验方法分别测定不同粒径规格粗、细集料及填料（矿粉）的各种密度，按规定

方法测定沥青的密度。

③将烘干分级的粗细集料,按每个试件设计级配要求称其质量,在一金属盘中混合均匀,矿粉单独加热,置烘箱中预热至沥青拌和温度以上约15℃(采用石油沥青时通常为163℃;采用改性沥青时通常需180℃)备用。

④将按规定方法采集的沥青试样,加热至规定的沥青混合料拌和温度备用,但不得超过175℃。

(3)用沾有少许黄油的棉纱擦净试模、套筒及击实座等,置于100℃左右烘箱中加热1h备用。常温沥青混合料用试模不加热。

4. 试验步骤

(1)拌制黏稠石油沥青或煤沥青混合料。

①将沥青混合料拌和机预热至拌和温度以上10℃左右备用(对试验室试验研究、配合比设计及采用机械拌和施工的工程,严禁用人工炒拌法热拌沥青混合料)。

②将每个试件预热的粗细集料置于拌和机中,用小铲适当混合,然后再加入需要数量的已加热至拌和温度的沥青(如沥青已称量在一专用容器内时,可在倒掉沥青后用一部分热矿粉将沾在容器壁上的沥青擦拭一起倒入拌和锅中),开动拌和机一边搅拌一边将拌和叶片插入混合料中拌和1~1.5min,然后暂停拌和,加入单独加热的矿粉,继续拌和至均匀为止,并使沥青混合料保持在要求的拌和温度范围内。标准的总拌和时间为3min。

(2)马歇尔标准击实法的成型步骤。

①将拌好的沥青混合料,均匀称取一个试件所需的用量(标准马歇尔试件约1 200g,大型马歇尔试件约4 050g)。当已知沥青混合料的密度时,可根据试件的标准尺寸计算并乘以1.03得到要求的混合料数量。当一次拌和几个试件时,宜将其倒入经预热的金属盘中,用小铲适当拌和均匀并分成几份,分别取用。在试件制作过程中,为防止混合料温度下降,应连盘放在烘箱中保温。

②从烘箱中取出预热的试模及套筒,用沾有少许黄油的棉纱擦拭套筒、底座及击实锤底面,将试模装在底座上,垫一张圆形的吸油性小的纸,按四分法从四个方向用小铲将混合料铲入试模中,用插刀或大螺丝刀沿周边插捣15次,中间10次。插捣后将沥青混合料表面整平成凸圆弧面。对大型马歇尔试件,混合料分两次加入,每次插捣次数同上。

③插入温度计,至混合料中心附近,检查混合料温度。

④待混合料温度符合要求的压实温度后,将试模连同底座一起放在击实台上固定,在装好的混合料上面垫一张吸油性小的圆纸,再将装有击实锤及导向棒的压实头插入试模中,然后开启电动机或人工将击实锤从457mm的高度自由落下,击实至规定的次数(75、50或35次)。对大型马歇尔试件,击实次数为75次(相应于标准击实50次的情况)或112次(相应于标准击实75次的情况)。

⑤试件击实一面后,取下套筒,将试模掉头,装上套筒,然后以同样的方法和次数击实另一面。

⑥试件击实完成后,立即用镊子取掉上下面的纸,用卡尺量取试件离试模上口的高度并由此计算试件高度,如高度不符合要求时,试件应作废,并调整试件的混合料质量,以保证高度符合63.5mm±1.3mm(标准试件)或95.3mm±2.5mm(大型试件)的要求。

调整后混合料质量=(要求试件高度×原用混合料质量)/所得试件的高度

(3)卸去套筒和底座,将装有试件的试模横向放置冷却至室温后(不少于12h),置脱模机上脱出试件。

（4）将试件仔细置于干燥洁净的平面上，供试验用。

※※※※※※※※※※※※※※※※※※※※※※※※※※※※※※※※※※※

工作任务一结束

※※※※※※※※※※※※※※※※※※※※※※※※※※※※※※※※※※※

工作任务二 ## 压实沥青混合料密度试验（表干法）

※※※※※※※※※※※※※※※※※※※※※※※※※※※※※※※※※※※

1. 适用范围

（1）表干法适用于测定吸水率不大于2%的各种沥青混合料试件的毛体积相对密度或毛体积密度。

（2）本方法测定的毛体积密度适用于计算沥青混合料试件的空隙率、矿料间隙率等各项体积指标。

2. 仪器设备

（1）浸水天平或电子秤：当最大称量在3kg以下时，感量不大于0.1g；最大称量3kg以上时，感量不大于0.5g；最大称量10kg以上时，感量5g，应有测量水中重的挂钩。

（2）水中重称重装置：网篮、溢流水箱（图3-18）和试件悬吊装置。

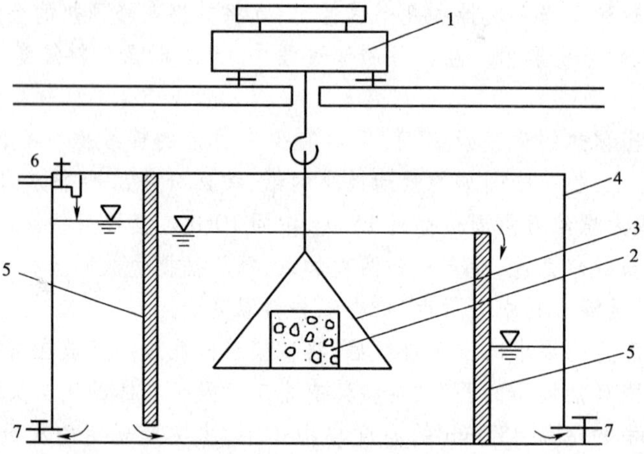

图3-18　溢流水箱及下挂法水中重称量方法示意图

1-浸水天平或电子秤；2-试件；3-网篮；4-溢流水箱；5-水位搁板；6-注水口；7-放水阀门

（3）其他：秒表、毛巾、电风扇或烘箱等。

3. 试验步骤

（1）选择适宜的浸水天平或电子秤，最大称量应不小于试件质量的1.25倍，且不大于试件质量的5倍。

（2）除去试件表面的浮粒，称取干燥试件的空中质量（m_a），根据选择的天平的感量读数，准确至0.1g、0.5g或5g。

（3）挂上网篮，浸入溢流水箱中，调节水位将天平调平或复零，把试件置于网篮中（注意不要晃动水)浸水中约 3 ~ 5min,称取水中质量(m_w)。若天平读数持续变化,不能很快达到稳定,说明试件吸水较严重,不适用于此法测定,应改用蜡封法测定。

(4)从水中取出试件,用洁净柔软的拧干湿毛巾轻轻擦去试件的表面水(不得吸走空隙内的水),称取试件的表干质量(m_f)。

(5)对从路上钻取的非干燥试件可先称取水中质量(m_w),然后用电风扇将试件吹干至恒重(一般不少于 12h,当不需进行其他试验时,也可用 60℃ ±5℃烘箱烘干至恒重),再称取空气中质量(m_a)。

4.结果整理

(1)计算试件的吸水率,取 1 位小数。

试件的吸水率即试件吸水体积占沥青混合料毛体积的百分率,按式(3-7)计算。

$$S_a = \frac{m_f - m_a}{m_f - m_w} \times 100 \tag{3-7}$$

式中:S_a——试件的吸水率,%;

m_a——干燥试件的空中质量,g;

m_w——试件的水中质量,g;

m_f——试件的表干质量,g。

(2)计算试件的毛体积相对密度和毛体积密度,取 3 位小数。

当试件的吸水率符合 $S_a <2\%$ 要求时,试件的毛体积相对密度和毛体积密度按式(3-8)及式(3-9)计算;当吸水率 $S_a >2\%$ 要求时,应改用蜡封法测定。

$$r_f = \frac{m_a}{m_f - m_w} \tag{3-8}$$

$$\rho_f = \frac{m_a}{m_f - m_w} \times \rho_w \tag{3-9}$$

(3)试件的空隙率按式(3-10)计算,取 1 位小数。

$$VV = \left(1 - \frac{r_f}{r_t}\right) \times 100 \tag{3-10}$$

式中:VV——试件的空隙率,%;

r_t——沥青混合料理论最大相对密度,当实测理论最大相对密度有困难时,也可采用按式(3-12)或(3-13)计算的最大理论相对密度;

r_f——试件的毛体积相对密度,用表干法测定,当试件吸水率 $S_a >2\%$ 时,由蜡封法或体积法测定;当按规定容许采用水中重法测定时,也可用表观相对密度代替。

(4)确定矿料的有效相对密度 r_{se},按式(3-11)计算。

$$r_{se} = \frac{100 - P_b}{\dfrac{100}{r_t} - \dfrac{P_b}{r_b}} \tag{3-11}$$

式中:r_{se}——合成矿料有效相对密度;

P_b——试验采用的沥青用量(占混合料总量的百分数),%;

r_t——试验沥青用量条件下实测得到的最大相对密度,无量纲;

r_b——沥青的相对密度(25℃/150℃),无量纲。

(5)确定沥青混合料的最大理论相对密度,按式(3-12)、式(3-13)计算。

$$r_{ti} = \frac{100 - P_{ai}}{\dfrac{100}{r_{se}} + \dfrac{P_{ai}}{r_b}} \qquad (3\text{-}12)$$

$$r_{ti} = \frac{100}{\dfrac{P_{si}}{r_{se}} + \dfrac{P_{bi}}{r_b}} \qquad (3\text{-}13)$$

式中：r_{ti}——相对于计算沥青用量时沥青混合料的最大理论相对密度,无量纲;

P_{ai}——所计算的沥青混合料中的油石比,%;

P_{bi}——所计算的沥青混合料的沥青用量,%;

r_{se}——矿料的有效相对密度;

r_b——沥青的相对密度(25℃/150℃),无量纲。

$$P_{bi} = \frac{P_{ai}}{(H P_{ai})}$$

P_{si}——所计算的沥青混合料的矿料含量,%;

$$P_{si} = 100 - P_{bi}$$

(6)矿料的合成毛体积相对密度 r_{sb} 按式(3-14)计算。

$$r_{sb} = \frac{100}{\dfrac{P_1}{r_1} + \dfrac{P_2}{r_2} + \cdots + \dfrac{P_n}{r_n}} \qquad (3\text{-}14)$$

式中： r_{se}——矿料的合成毛体积相对密度;

r_1、r_2、$\cdots r_n$——各种矿料相应的毛体积相对密度,粗集料按(JTG E42 T0304—2005)测定,机制砂及石屑按(JTG E42 T0330—2005)方法测定,也可以用筛出的 2.36 ~ 4.75mm 部分的毛体积相对密度代替,矿粉(含消石灰、水泥)以表观相对密度代替。

(7)试件中的矿料间隙率可按式(3-15)计算。

$$VMA = \left(1 - \frac{r_f}{r_{sb}} \times P_s\right) \times 100 \qquad (3\text{-}15)$$

式中：VMA——沥青混合料试件的矿料间隙率,%;

P_s——沥青混合料中各种矿料占沥青混合料总质量的百分率之和,即 $\sum P_i$,%;

r_{sb}——意义同前。

(8)试件的有效沥青饱和度按式(3-16)计算。

$$VFA = \frac{VMA - VV}{VMA} \times 100 \qquad (3\text{-}16)$$

式中：VFA——沥青混合料试件的有效沥青饱和度,%;

VMA、VV的意义同前。

(9)试件中的粗集料骨架间隙率可按式(3-17)计算,取 1 位小数。

$$VCA_{mix} = \left(1 - \frac{r_f}{r_{ca}} \times P_{ca}\right) \times 10 \qquad (3\text{-}17)$$

式中：VCA_{mix}——沥青混合料中粗集料骨架之外的体积(通常指小于 4.75mm 的粗细集料、矿粉、沥青及空隙)占总体积的比例,%;

P_{ca}——沥青混合料中粗集料的比例(由计算,为矿料级配中 4.75mm 筛余量,即 100 减去 4.75mm 通过率之差),%;

r_{ca}——矿料中所有粗集料颗粒部分对水的合成毛体积相对密度,按式(3-18)计算。

$$r_{ca} = \frac{P_{1c} + P_{2c} + \cdots + P_{nc}}{\dfrac{P_{1c}}{r_{1c}} + \dfrac{P_{2c}}{r_{2c}} + \cdots + \dfrac{P_{nc}}{r_{nc}}}$$

(3-18)

式中：P_{1c}、$\cdots$、P_{nc}——各种粗集料在矿料配合比中的比例，%；

r_{1c}、$\cdots$、r_{nc}——相应的各种粗集料对水的毛体积相对密度。

应在试验报告中注明沥青混合料的类型及采用的测定密度的方法。

※※※※※※※※※※※※※※※※※※※※※※※※※※※※※※※※※※※※

工作任务二结束

※※※※※※※※※※※※※※※※※※※※※※※※※※※※※※※※※※※※

工作任务三　沥青混合料马歇尔稳定度试验

※※※※※※※※※※※※※※※※※※※※※※※※※※※※※※※※※※※※

1. 目的与适用范围

（1）本方法适用于马歇尔稳定度试验和浸水马歇尔稳定度试验，以进行沥青混合料的配合比设计或沥青路面施工质量检验。

（2）本方法适用于标准马歇尔试件圆柱体和大型马歇尔试件圆柱体。

2. 仪器设备

（1）沥青混合料马歇尔；试验仪：符合国家标准《沥青混合料马歇尔试验仪》（GB/T 11823）技术要求的产品，对用于高速公路和一级公路的沥青混合料宜采用自动马歇尔试验仪，用计算机或 X-Y 记录仪记录荷载—位移曲线，并具有自动测定荷载与试件垂直变形的传感器、位移计，能自动显示或打印试验结果。对 $\phi63.5\text{mm}$ 的标准马歇尔试件，试验仪最大荷载不小于 25kN，测定精度为 100N，加载速率应能保持 50mm/min ± 5mm/min。钢球直径 16mm，上下压头曲率半径为 50.8mm。当采用 $\phi152.4\text{mm}$ 大型马歇尔试件时，试验仪最大荷载不得小于 50kN，读数准确度为 100N。上下压头的曲率内径为 152.4mm ± 0.2mm，上下压头间距 19.05mm ± 0.1mm（图 3-19）。

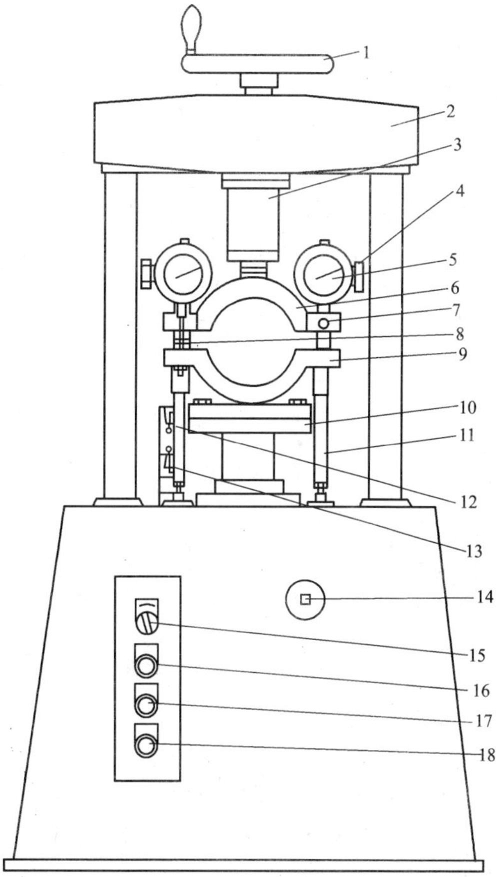

（2）恒温水槽：控温准确度为 1℃，深度不小于 150mm。

（3）真空饱水容器：包括真空泵及真空干燥器。

图 3-19　马歇尔稳定度仪

1-手摇装置；2-上荷载架；3-荷载控制传杆器；4-千分表固定螺钉；5-千分表；6-上压头；7-固定螺钉；8-夹架；9-下压头；10-承压板；11-支柱；12-上微动螺钉；13-下微动螺钉；14-手轮轴；15-电源开关；16-上升开关；17-下降开关；18-停止开关

（4）其他：烘箱、天平、温度计、卡尺、棉纱、黄油等。

3. 试验准备和试验步骤

1）标准马歇尔试验方法

（1）试验准备。

①按标准击实法成型马歇尔试件，标准马歇尔试件尺寸应符合要求。

②测量试件的直径及高度。用卡尺测量丝；试件中部的直径，用马歇尔试件高度测定器或用卡尺在十字对称的4个方向量测离试件边缘10mm处的高度，准确至0.1mm，并以其平均值作为试件的高度。如试件高度不符合63.5mm±1.3mm或95.3mm±2.5mm的要求或两侧高度差大于2mm时，此试件应作废。

③按本规程规定的方法测定试件的密度、空隙率、沥青体积百分率、沥青饱和度、矿料间隙率等物理指标。

④将恒温水槽调节至要求的试验温度，对黏稠石油沥青或烘箱养生过的乳化沥青混合料为60℃±1℃，对煤沥青混合料为33.8℃±1℃。

（2）试验步骤。

①将试件置于已达规定温度的恒温水槽中保温，保温时间对标准马歇尔试件需30～40min，对大型马歇尔试件需45～60min。试件之间应有间隔，底下应垫起，离容器底部不小于5cm。

②将马歇尔试验仪的上下压头放入水槽或烘箱中达到同样温度。将上下压头从水槽或烘箱中取出擦拭干净内面。为使上下压头滑动自如，可在下压头的导棒上涂少量黄油。再将试件取出置于下压头上，盖上上压头，然后装在加载设备上。

③在上压头的球座上放妥钢球，并对准荷载测定装置的压头。

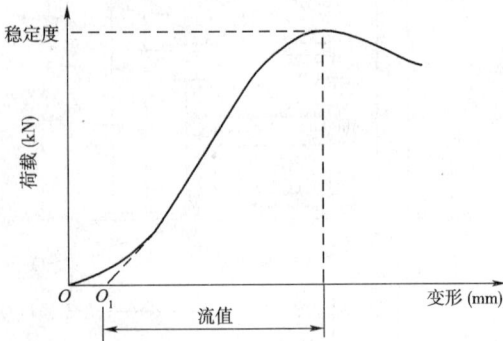

图3-20 马歇尔试验结果的修正方法

④当采用自动马歇尔试验仪时，将计算机采集的数据绘制成压力和试件变形曲线，或由 X-Y 记录仪自动记录的荷载—变形曲线，按图3-20所示的方法在切线方向延长曲线与横坐标相交于 O_1，将 O_1 作为修正原点，从 O_1 起量取相应于荷载最大值时的变形作为流值（FL），以 mm 计，准确至0.1mm。最大荷载即为稳定度（MS），以 kN 计，准确至0.01kN。

⑤当采用压力环和流值计时，将流值计安装在导棒上，使导向套管轻轻地压住上压头，同时将流值计读数调零。调整压力环中百分表，对零。

⑥启动加载设备，使试件承受荷载，加载速度为50mm/min±5mm/min。计算机或 X-Y 记录仪自动记录传感器压力和试件变形曲线，并将数据自动存入计算机。

⑦当试验荷载达到最大值的瞬间，取下流值计，同时读取压力环中百分表读数及流值计的流值读数。

⑧从恒温水槽中取出试件至测出最大荷载值的时间，不得超过30s。

2）浸水马歇尔试验方法

浸水马歇尔试验方法与标准马歇尔试验方法的不同之处在于，试件在已达规定温度恒温水槽中的保温时间为48h，其余均与标准马歇尔试验方法相同。

4.结果整理

1)计算

(1)试件的稳定度及流值。

①当采用自动马歇尔试验仪时,将计算机采集的数据绘制成压力和试件变形曲线。求由 X-Y 记录仪自动记录的荷载—变形曲线。曲线上最大荷载为稳定度(MS),以 kN 计,准确到 0.01kN;曲线上相应于荷载最大值时的变形作为流值(FL),以 mm 计,准确到 0.1mm。

②采用压力环和流值计测定时,根据压力环标定曲线,将压力环中百分表的读数换算为荷载值,或者由荷载测定装置读取的最大值即为试样的稳定度(MS),以 kN 计,准确至 0.01kN。由流值计及位移传感器测定装置读取的试件垂直变形,即为试件的流值(FL),以 mm 计,准确至 0.1mm。

(2)试件的浸水残留稳定度按式(3-19)计算。

$$MS_0 = \frac{MS_1}{MS} \times 100 \tag{3-19}$$

式中:MS_0——试件的浸水残留稳定度,%;

　　　MS_1——试件浸水 48h 后的稳定度,kN。

2)报告

(1)当一组测定值中某个测定值与平均值之差大于标准差的 k 倍时,该测定值应予舍弃,并以其余测定值的平均值作为试验结果。当试件数目 n 为 3、4、5、6 个时,k 值分别为 1.15、1.46、1.67、1.82。

(2)采用自动马歇尔试验仪时,试验结果应附上荷载—变形曲线原件或自动打印结果,并报告马歇尔稳定度、流值、马歇尔模数,以及试件尺寸、试件密度、空隙率、沥青用量、沥青体积百分率、沥青饱和度、矿料间隙率等各项物理指标。

※※※※※※※※※※※※※※※※※※※※※※※※※※※※※※※※※※※※※※

工作任务三 结束

※※※※※※※※※※※※※※※※※※※※※※※※※※※※※※※※※※※※※※

工作任务四　　沥青混合料车辙试验

※※※※※※※※※※※※※※※※※※※※※※※※※※※※※※※※※※※※※※

1.目的与适用范围

(1)本方法适用于测定沥青混合料的高温抗车辙能力,供沥青混合料配合比设计的高温稳定性检验使用。

(2)本方法适用于用轮碾成型机碾压成型的长 300mm、宽 300mm、厚 50mm 的板块状试件,也适用于现场切割制作长 300mm、宽 150mm、厚 50mm 的板块状试件。

2.仪器设备

1)车辙试验机

如图 3-21 所示,车辙试验机主要由下列部分组成。

(1)试件台:可牢固地安装两种宽度(300mm 及 150mm)的规定尺寸试件的试模。

（2）试验轮：橡胶制的实心轮胎，外径 $\phi 200mm$，轮宽 50mm，橡胶层厚 15mm。橡胶硬度（国际标准硬度）20℃时为 84±4,60℃时为 78±2。试验轮行走距离为 230mm±10mm，往返碾压速度为 42 次/min±1 次/min(21 次往返/min)。允许采用曲柄连杆驱动试验台运动（试验轮不移动）或链驱动试验轮运动（试验台不动）的任一种方式。

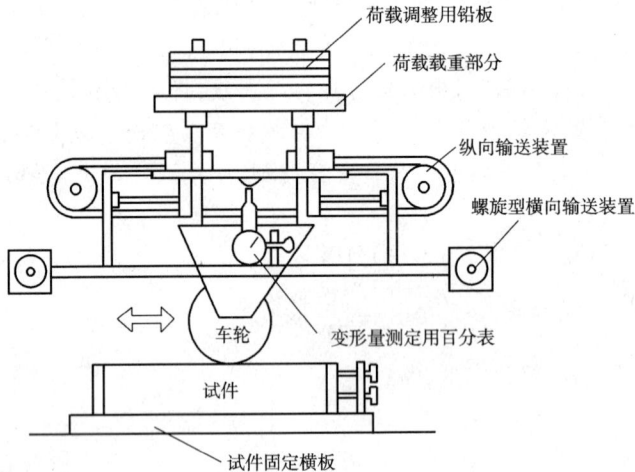

图 3-21　车辙试验机结构示意图

注：轮胎橡胶硬度应注意检验，不符合要求者应及时更换。

（3）加载装置：使试验轮与试件接触压强在 60℃时为 0.7MPa±0.05MPa，施加的总荷重为 78kg 左右，根据需要可以调整。

（4）变形测量装置：自动检测车辙变形并记录曲线的装置，通常用 LVDT、电测百分表或非接触位移计。

（5）温度检测装置：自动检测并记录试件表面及恒温室内温度的温度传感器、温度计，精密度为 0.5℃。

2）恒温室

车辙试验机必须整机安放在恒温室内，装有加热器、气流循环装置及装有自动温度控制设备，能保持恒温室温度 60℃±1℃（试件内部温度为 60℃±5℃），根据需要也可为其他需要的温度。

3．试验准备

（1）试验轮接地压强测定。测定在 60℃时进行，在试验台上放置一块 50mm 厚的钢板，其上铺一张毫米方格纸，上铺一张新的复写纸，以规定的 700N 荷载后试验轮静压复写纸，即可在方格纸上得出轮压面积，并由此求得接地压强。

（2）用轮碾成型法制作车辙试验试块。在试验室或工地制备成型的车辙试件，其标准尺寸为 300mm×300mm×50mm。也可从路面切割得到 300mm×150mm×50mm 的试件。

（3）试件成型后，连同试模一起在常温条件下放置的时间不得少于 12h。对聚合物改性沥青混合料，放置的时间以 48h 为宜，使聚合物改性沥青充分固化后方可进行车辙试验，但室温放置时间也不得长于一周。

注：为使试件与试模紧密接触，应记住四边的方向位置不变。

4．试验步骤

（1）将试件连同试模一起，置于已达到试验温度 60℃±1℃的恒温室中，保温不少于 5h，也不得多于24h。在试件的试验轮不行走的部位上,粘贴一个热电偶温度计(也可在试件制作时预先将热电偶导线埋入试件一角),控制试件温度稳定在60℃±0.5℃。

(2)将试件连同试模移置于轮辙试验机的试验台上,试验轮在试件的中央部位,其行走方向须与试件碾压或行车方向一致。开动车辙变形自动记录仪,然后启动试验机,使试验轮往返走,时间约1h,或最大变形达到25mm时为止。试验时,记录仪自动记录变形曲线(图3-22)及试件温度。

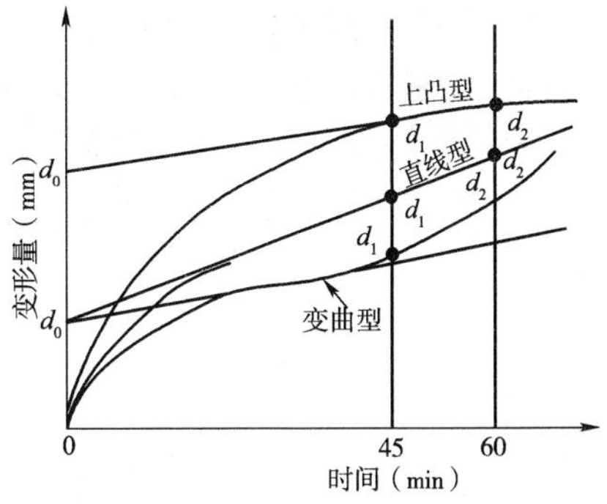

图3-22 车辙试验自动记录的变形曲线

注:对300mm宽且试验时变形较小的试件,也可对一块试件在两侧1/3位置上进行两次试验取平均值。

5. 结果整理

1)计算

(1)从图3-22上读取45min(t_1)及60min(t_2)时的车辙变形d_1及d_2,准确至0.01mm。

当变形过大,在未到60min变形已达25mm时,则以达到25mm(d_2)时的时间为t_2,将其前15min视为t_1,此时的变形量为d_1。

(2)沥青混合料试件的动稳定度按式(3-20)计算。

$$DS = \frac{(t_2 - t_1) \times N}{d_2 - d_1} \times C_1 \times C_2 \qquad (3\text{-}20)$$

式中:DS——沥青混合料的动稳定度,次/mm;

$\quad d_1$——对应于时间t_1的变形量,mm;

$\quad d_2$——对应于时间t_2的变形量,mm;

$\quad C_1$——试验机类型修正系数,曲柄连杆驱动试件的变速行走方式为1.0,链驱动试验轮的等速方式为1.5;

$\quad C_2$——试件系数,试验室制备的宽300mm的试件为1.0,从路面切割的宽150mm的试件为0.8;

$\quad N$——试验轮往返碾压速度,通常为42次/min。

2)报告

(1)同一沥青混合料或同一路段的路面,至少平行试验3个试件,当3个试件动稳定度变异系数小于20%时,取其平均值作为试验结果。变异系数大于20%时应分析原因,并追加试验。如计算动稳定度值大于6 000次/mm时,记作:>6 000次/mm。

(2)试验报告应注明试验温度、试验轮接地压强、试件密度、空隙率及试件制作方法等。

3)精密度或允许差

重复性试验动稳定度变异系数的允许差为20%。

※※

工作任务四结束

※※

4)低温抗裂性

沥青混合料随着温度的降低,变形能力下降。路面由于低温而收缩以及行车荷载的作用,在薄弱部位产生裂缝,从而影响道路的正常使用。因此,要求沥青混合料具有一定的低温抗裂性。

沥青混合料的低温裂缝是由混合料的低温脆化、低温缩裂和温度疲劳引起的。混合料的低温脆化是指其在低温条件下,变形能力降低;低温缩裂通常是由于材料本身的抗拉强度不足而造成的;对于温度疲劳,可以模拟温度循环进行疲劳破坏。因此,在沥青混合料组成设计中,应选用稠度较低、温度敏感性低、抗老化能力强的沥青。评价沥青混合料低温变形能力的常用方法之一是低温弯曲试验。

5)耐久性

沥青混合料的耐久性,是指其在长期的荷载作用和自然因素影响下,保持正常使用状态而不出现剥落和松散等损坏的能力。

影响沥青混合料耐久性的因素有:沥青的化学性质、矿料的矿物成分、沥青混合料的组成结构(残留空隙率、沥青饱和度)等。其中空隙率越小,可以越有效地防止水分渗入和日光紫外线对沥青的老化作用等,但一般沥青混合料中均应残留一定的空隙,以备夏季沥青材料膨胀。

沥青路面的使用寿命与沥青含量有很大关系。当沥青用量低于要求用量时,将降低沥青的变形能力,使沥青混合料的残留空隙率增大。

我国现行规范采用空隙率、沥青饱和度和残留稳定度等指标来表征沥青混合料的耐久性(相关内容参见沥青混合料密度试验)。

6)抗滑性

用于高等级公路沥青路面的沥青混合料,其表面应具有一定的抗滑性,才能保证汽车高速行驶的安全性。

沥青混合料路面的抗滑性与矿质集料的表面性质、混合料的级配组成以及沥青用量等因素有关。为提高路面抗滑性,配料时应特别注意矿料的耐磨光性,应选择硬质有棱角的矿料。

我国现行行业标准《公路沥青路面施工技术规范》(JTG F40—2004)指出:沥青用量对抗滑性影响也非常敏感,沥青用量超过最佳用量的0.5%,即可使摩阻系数明显降低。

另外,含蜡量对沥青混合料抗滑性有明显影响,应选用含蜡量低的沥青,以免沥青表层出现滑溜现象。我国现行行业标准《公路沥青路面施工技术规范》(JTG F40—2004)的道路石油沥青技术要求中对沥青含蜡量作出明确规定。

我国现行行业标准《公路沥青路面施工技术规范》(JTG F40—2004)对热拌沥青混合料的技术要求列于表3-18、表3-19。

(四)热拌热铺沥青混合料的组成设计

沥青混合料配合比设计的主要任务是确定各种矿料的用量及最佳级配,以及沥青的最佳用量,从而获得满足强度、变形性能及耐久性要求的沥青混合料。

设计内容主要包括两个方面:①选定矿料粒级,确定矿料混合料的配合比例;②在选定沥青品种及标号后,确定已定级配矿料的最佳沥青含量。

沥青混合料配合比设计是采用马歇尔试验进行配合比设计的方法,适用于密级配沥青混凝土及沥青稳定碎石混合料。沥青混合料配合比设计包括:目标配合比设计、生产配合比设计和生产配合比验证三个阶段。下面着重介绍目标配合比设计。

沥青混合料类型＼试验项目	密级配热拌沥青混合料（AC）						密级配沥青碎石（ATB）	沥青碎石（AM）	排水式开级配（OGFC）
	高速公路、一级公路、城市快速路、主干路				其他等级道路	行人道路			
	中轻交通	重交通	中轻交通	重交通					
	夏炎热区		夏热区及夏凉区						
击实次数（双面）次	75	75	75	75	50	50	75（112）	50	50
空隙率（%）深100mm以内	3~5	4~6	2~4	3~5	3~6	2~4	3~6	6~10	≥18
空隙率（%）深100mm以下	3~6	3~6	2~4	3~6	3~6	—			
沥青饱和度（%）	见表5-5的要求						55~70	40~70	—
矿料间隙率（%）	见表5-5的要求						≥11	—	—
稳定度（kN）≥	8	8	8	8	5	3	7.5（15）	3.5	3.5
流值（mm）	2~4	1.5~4	2~4.5	2~4	2~4.5	2~5	1.5~4	—	—

注：表中所指"见表5-5的要求"，其中"表5-5"指《公路沥青路面施工技术规范》（JTG F40—2004）中的表。

密级配热拌沥青混合料的沥青饱和度与矿料间隙率的要求　　　　表 3-19

集料公称最大粒径（mm）		4.75	9.5	13.2	16.0	19.0	26.5	31.5	37.5	50
沥青饱和度 VFA（%）		70~85		65~75		55~70				
在右侧设计空隙率时的矿料间隙率 VMA（%）≥	空隙率 VV（%） 2	15	13	12	11.5	11	10	9.5	9	8.5
	3	16	14	13	12.5	12	11	10.5	10	9.5
	4	17	15	14	13.5	13	12	11.5	11	10.5
	5	18	16	14.5	14.5	14	12	12.5	12	11.5
	6	19	17	16	15.5	15	14	13.5	13	12.5

1. 矿料配合比设计步骤

（1）根据道路等级及路面使用要求，选择适宜的沥青混合料类型及其推荐的级配范围，见《公路沥青路面施工技术规范》（JTG F40—2004）。设计时取级配范围的中间值为标准值。

（2）选择符合规范规定技术性质要求的各种矿料，即粗集料、细集料及矿粉。

（3）分别测定各种选用矿料的颗粒组成及表观密度。

（4）用试算法及图解法确定各矿料的配合比例。

（5）确定合成级配。

（6）调整配合比例。当合成级配不在选定的级配范围之内时，应对各种矿料用量进行调整，使已确定的级配包括在选定的级配范围之中。

其调整方法是将某种矿料占矿质混合料的百分率，分别乘以某矿料的表观密度后，除以各矿料配合比分别与各矿料表观密度乘积的总和，为各矿料修正后的配合比。即：

$$矿料修正配合比 = \frac{各矿料配合比（a）\times 各矿料表观密度（b）}{\sum ab} \times 100$$

2. 矿料配合比设计方法

目前最常用的方法有两种：①数解法中的试算法；②图解法中修正平衡面积法。

3. 最佳沥青用量的确定

(1)通常确定沥青最佳用量采用"试验法"。此法是在按已确定的矿质混合料级配中的沥青用量范围内,以每隔0.5%为一组取5个不同的沥青用量制备马歇尔试件。

(2)按规定的试验方法,测定试件的密度,计算空隙率、沥青填空隙的饱和度、矿料间隙率等物理指标。

注:①对Ⅰ型沥青混合料试件应采用水中重法测定。

②表面较粗但较密实的Ⅰ型或Ⅱ型沥青混合料,使用了吸水性集料的Ⅰ型沥青混合料试件应采用表干法测定。

③吸水率大于2%的Ⅰ型或ⅠⅠ型沥青混合料、沥青碎石混合料等不能用表干法测定的试件应采用蜡封法测定。

④空隙率较大的沥青碎石混合料、开级配沥青混合料试件,可采用体积法测定。

(3)进行马歇尔试验,测定马歇尔稳定度及流值等物理力学性质。

(4)按图3-23的方法,以沥青用量为横坐标,以测定的各项指标为纵坐标,分别将试验结果点绘于图中,连成圆滑曲线。

(5)求取相应于密度最大值的沥青用量为 a_1,求取相应于稳定度最大值的沥青用量为 a_2,求取相应于规定空隙率范围内中值的沥青用量为 a_3。

按式(3-21)求取三者的平均值作为最佳沥青用量的初始值 OAC_1。

$$OAC_1 = (a_1 + a_2 + a_3)/3 \qquad (3-21)$$

求出各项指标均符合规范规定的沥青混合料技术标准的沥青用量范围 $OAC_{min} \sim OAC_{max}$,按式(3-22)求取中值 OAC_2。

$$OAC_2 = (OAC_{min} + OAC_{max})/2 \qquad (3-22)$$

按最佳沥青用量初始值 OAC_1,在图中求取相应的各项指标值,当各项指标均符合规范规定的马歇尔设计配合比技术标准时,由 OAC_1 及 OAC_2 综合决定最佳沥青用量值 OAC。

当不符合马歇尔设计配合比技术标准时,应调整级配,重新进行配合比设计,直至各项指标均符合要求为止。

4. 综合决定最佳沥青用量

由 OAC_1 及 OAC_2 综合决定最佳沥青用量 OAC 时,应根据实践经验和公路等级、气候条件考虑下列情况:

(1)调查当地各项条件相接近的工程的沥青用量及使用效果,论证适宜的最佳沥青用量;检查计算得到的最佳沥青用量是否相近,如相差甚远,应查明原因,必要时重新调整级配,进行配合比设计。

(2)对炎热地区公路以及高速公路、一级公路的重载交通路段,山区公路的长大坡度路段,预计有可能产生较大车辙时,宜在空隙率符合要求的范围内将计算的最佳沥青用量减小0.1% ~0.5%作为设计沥青用量。此时,除空隙率外的其他指标可能会超出马歇尔试验配合比设计技术标准,配合比设计报告或设计文件必须予以说明。但配合比设计报告必须要求采用重型轮胎压路机和振动压路机组合等方式加强碾压,以使施工后路面的空隙率达到未调整前的原最佳沥青用量时的水平,且渗水系数符合要求。如果试验段试拌试铺达不到此要求时,宜调整所减小的沥青用量的幅度。

(3)对寒区公路、旅游公路、交通量很少的公路,最佳沥青用量可以在 OAC 的基础上增加0.1% ~0.3%,以适当减小设计空隙率,但不得降低压实度要求。

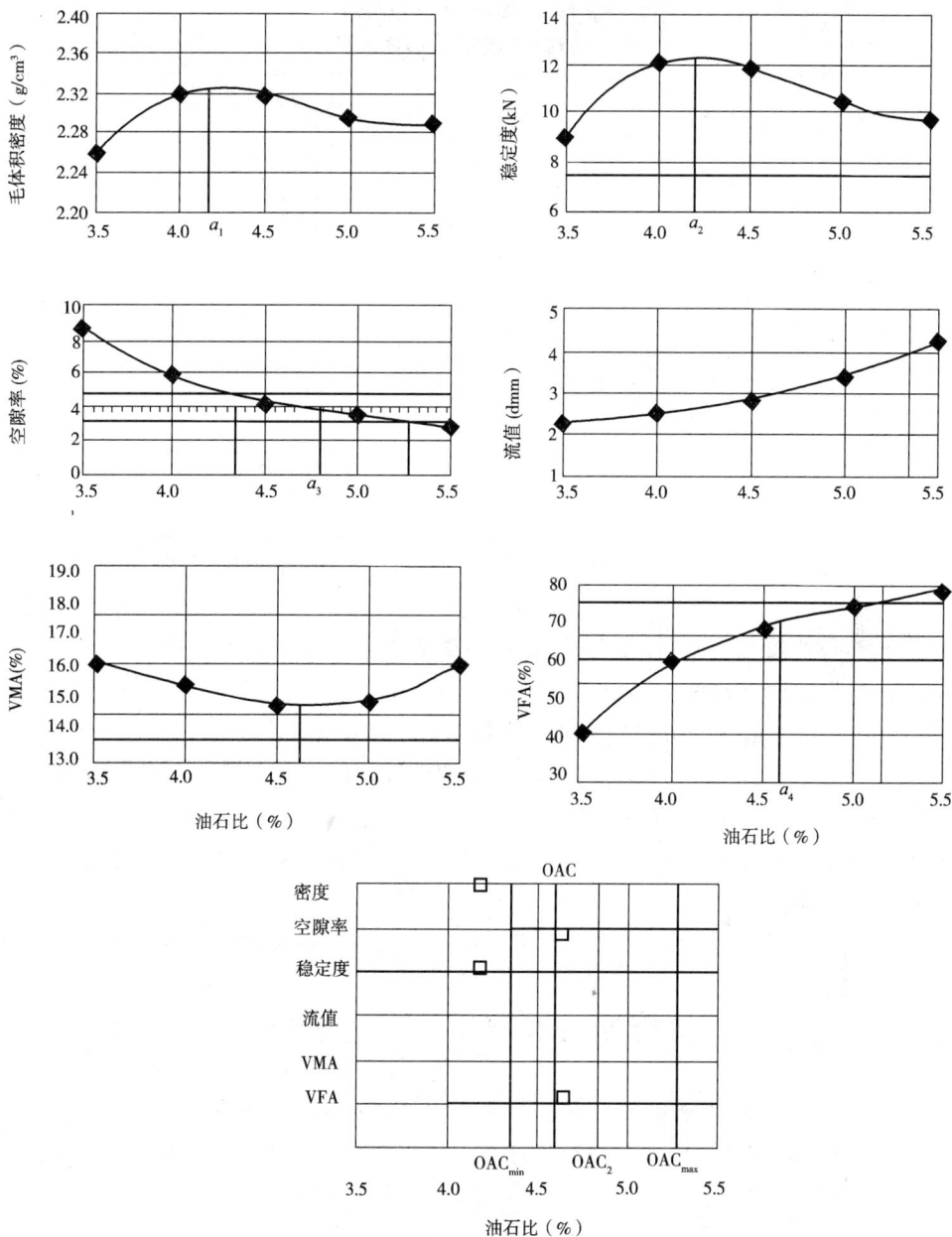

图 3-23 沥青用量与马歇尔试验结果关系图 $a_1 + a_2 + a_3$

注:图中 $a_1 = 4.2\%$,$a_2 = 4.25\%$,$a_3 = 4.8\%$,$a_4 = 4.7\%$,$OAC_1 = 4.49\%$(由 4 个平均值确定),$OAC_{min} = 4.3\%$,

  $OAC_{max} = 5.3\%$,$OAC_2 = 4.8\%$,$OAC = 4.64\%$。此例中相对于空隙率4%的油石比为4.6%

5. 热拌热铺沥青混合料的组成设计检验

(1)对用于高速公路和一级公路的密级配沥青混合料,需在配合比设计的基础上按要求进行各种使用性能的检验,不符合要求的沥青混合料,必须更换材料或重新进行配合比设计。

(2)高温稳定性检验。对公称最大粒径等于或小于 19mm 的混合料,必须按最佳沥青用量 OAC 制作车辙试件进行车辙试验,动稳定度应符合规范的要求。

(3)水稳定性检验。按最佳沥青用量 OAC 制作试件,必须进行浸水马歇尔试验和冻融劈裂试验,残留稳定度及残留强度比均应符合表 3-20 的规定。

沥青混合料水稳定性检验技术要求 表 3-20

气候条件与技术指标	相应下列气候分区的技术要求			
年降雨量(mm)及气候分区	>1 000	500 ~ 1 000	250 ~ 500	<250
	1. 潮湿区	2. 湿润区	3. 半干区	4. 干旱区
浸水马歇尔试验残留稳定度(%) 不小于				
普通沥青混合料	80		75	
SMA 混合料 普通沥青	75			
SMA 混合料 改性沥青	80			
冻融劈裂试验的残留强度比(%) 不小于				
普通沥青混合料	75		70	
SMA 混合料 普通沥青	75			
SMA 混合料 改性沥青	80			

(4)低温抗裂性能检验。对公称最大粒径等于或小于 19mm 的混合料,可以按规定方法进行低温弯曲试验。

(5)渗水系数检验。可以利用轮碾机成型的车辙试件进行渗水试验。

(6)钢渣活性检验。对使用钢渣作为集料的沥青混合料,应按现行试验规程(T 0363)进行活性和膨胀性试验,钢渣沥青混凝土的膨胀量不得超过 1.5%。

(7)根据需要,可以改变试验条件进行配合比设计检验。如按调整后的最佳沥青用量、变化最佳沥青用量 OAC ±0.3%、提高试验温度、加大试验荷载、采用现场压实密度进行车辙试验,在施工后的残余空隙率(如 7% ~8%)的条件下进行水稳定性试验和渗水试验等,但不宜用规范规定的技术要求进行合格评定。

※※※

工作任务五　　进行沥青混合料配合比设计

※※※

[题目]　试设计一级公路沥青路面面层用细粒式沥青混凝土混合料配合比组成。

[原始资料]

(1)道路等级:一级公路。

(2)路面类型:沥青混凝土。

(3)结构层位:两层式沥青混凝土的上面层。

(4)气候条件:最高月平均气温为 30℃,最低月平均气温为 -2℃。

(5)材料性能

①沥青材料:可供应 70 号和 90 号的道路石油沥青,经检验各项指标符合要求。

②碎石和石屑:Ⅰ级石灰岩轧制碎石,饱水抗压强度 150MPa,洛杉矶磨耗率 10%,黏附性(水煮法)5 级,视密度 2.75g/m³。

③细集料:洁净河砂,粗度属中砂,含泥量小于 1%,视密度 2.69g/m³。

④矿粉:石灰石粉,粒度范围符合要求,无团粒结块,视密度 2.56g/m³。

粗细集料和矿粉的级配组成,经筛分试验结果列于表3-21。

原材料	筛 孔 尺 寸(mm)									
	16.0	13.2	9.5	4.75	2.36	1.18	0.6	0.3	0.15	<0.075
	通过筛孔(方孔筛,mm)的百分率(%)									
碎石	100	95.4	60.3	0.3	0	0	0	0	0	0
石屑	100	100	100	80.0	37.6	20.9	12.6	8.4	6.4	4.0
砂	100	100	100	97.8	85.5	69.9	47.0	31.0	22.9	15.3
矿 粉	100	100	100	100	100	100	100	100	100	82.0

[设计要求]

(1)根据道路等级、路面类型和结构层次确定沥青混凝土的类型和矿质混合料的级配范围。

(2)根据现有各种矿质材料的筛析结果,用图解法或试算法确定各种矿质材料的配合比。

(3)根据规范推荐的相应沥青混凝土类型的沥青用量范围,通过马歇尔试验的物理—力学指标,确定最佳沥青用量。

(4)根据一级公路路面用沥青混合料要求,对矿质混合料的级配进行调整,按水稳定性检验和抗车辙能力校核。

※※

┌─────────────────┐
│ 工作任务五结束 │
└─────────────────┘

※※

(五)热拌热铺沥青混合料的拌制及运输

1.热拌沥青混合料的拌制

1)拌和场地

热拌沥青混合料必须在沥青拌和厂(场、站)采用拌和机械拌制。拌和厂的设置应符合有关环境保护、消防、安全等措施。其具体条件如下:

(1)拌和厂应设置在空旷、干燥、运输条件良好的地方。

(2)沥青应分品种、分标号密闭储存。各种矿料应分别堆放,不得混杂。矿粉等填料不得受潮。集料应采取防雨措施。

(3)拌和厂应有良好的排水设施。以防受水的影响降低混合料的性质。

(4)拌和厂应配备试验室,并配置足够的仪器设备及应有可靠的电力供应。

2)拌和机械

热拌沥青混合料可采用间歇式拌和机或连续式拌和机拌制。要求各类拌和机均应有防止矿粉飞扬散失的密封性能及除尘设备,并有检测拌和温度的装置。连续式拌和机应具备根据材料含水率变化来调整矿料上料比例、上料速度和沥青用量的装置。高速公路和一级公路的沥青混凝土宜采用间歇式拌和机。当工程材料来源及质量不稳定时,不宜采用连续性拌和机。

3）拌和温度

沥青与矿料的加热温度，应调节到能使拌和的沥青混合料温度符合出厂温度的要求。当混合料温度过高，已影响沥青与集料的黏结力时，混合料不得使用，已铺筑的沥青路面应予铲除。对高速公路、一级公路，沥青混合料出厂温度超过正常温度高限的 30℃ 时，混合料应予废弃。

4）拌和时间

沥青混合料拌和时间应以混合料拌和均匀，所有矿料颗粒全部裹覆沥青结合料为度，并经试拌确定。间歇式拌和机每锅拌和时间由上料速度及拌和温度调节。

沥青混合料拌和应均匀一致，无花白料、无结团成块或粗细料分离现象，不符要求时不得使用，应及时调整。

5）沥青混合料的存放

拌和好的热拌沥青混合料若不立即铺筑时，可放入成品储料仓储存。储料仓无保温设备时，允许的储料时间应以符合摊铺温度要求为准。有保温设备的储料仓储料时间不宜超过 72h。出厂的沥青混合料应逐车用地磅称其质量，按现行试验方法测量料车中沥青混合料的温度，并签发一式三份的运料单，一份存拌和厂，一份交摊铺现场，一份交司机。

2. 热拌沥青混合料的运输

热拌沥青混合料应采用较大吨位的自卸汽车运输，车厢应清扫干净。车厢侧板和底板可涂一薄层油水（柴油与水的比例可为 1∶3）混合液，但不得有余液积聚在车厢底部。从拌和机向运料车上放料时，应每卸一斗混合料挪动一下汽车位置，以减少粗细集料的离析现象。

运料车应用篷布覆盖，用以保温、防雨、防污染。在夏季运输时间短于 0.5h 时，也可不加覆盖。

三、其他沥青混合料

（一）沥青玛蹄脂碎石混合料（SMA）

沥青玛蹄脂碎石混合料（SMA）是一种新型沥青混合料结构。20 世纪 90 年代初在我国首都机场高速公路首次应用。它是一种由沥青、纤维稳定剂、矿粉和少量的细集料组成的沥青玛蹄脂填充间断级配的粗集料骨架间隙而组成的沥青混合料。

1. SMA 混合料的特点

1）抗高温稳定性

在 SMA 的组成中，粗集料骨架（质量分数）占 70% 以上，混合料中粗集料相互之间的接触面很多，细集料很少，玛蹄脂部分仅填充了粗集料之间的空隙，交通荷载主要由粗集料骨架承受。由于粗集料之间互相良好的嵌挤作用，沥青混合料产生非常好的抵抗荷载变形的能力，即使在高温条件下，沥青玛蹄脂的黏度下降，对这种抵抗能力的影响也会减小，因而有较强的高温抗车辙能力。

2）抵抗低温稳定性

低温条件下的沥青混合料抗裂性能主要由结合料的拉伸性能决定。由于 SMA 的集料之间填充了丰富的沥青玛蹄脂，它包在粗集料表面，随着温度的下降，混合料收缩变形使集料被拉开时，玛蹄脂有较好的黏连作用，它的韧性和柔性使混合料有较好的低温变形性能。

3)良好的水稳定性

沥青混合料的水稳定性主要是防止水的侵蚀,提高沥青与集料之间的黏附性。SMA混合料的空隙率很小,几乎不透水,混合料受水的影响很小,再加上玛蹄脂与集料的黏结力好,使得混合料的水稳定性有较大的改善。

4)良好的耐久性

SMA的混合料内部被沥青玛蹄脂充分填充,且沥青膜较厚,混合料的空隙率很小,沥青与空气的接触少,因而沥青混合料的耐老化性能好,同时由于内部空隙小,其变形率小,因此有良好的耐久性。另外,由于SMA基本上是不透水的,对下面的沥青层和基层都有较强的保护作用和隔水作用,使路面能保持较高的整体强度和稳定性。

5)优良的表面特性

沥青混凝土路面有雨天行车溅水及车后产生水雾等性能,直接影响交通安全和环境保护。SMA混合料的集料方面要求采用坚硬、粗糙、耐磨的优质石料。在级配上采用间断级配,粗集料含量高,路面压实后表面构造深度大,抗滑性能好,拥有良好的横向排水性能;雨天行车不会产生较大的水雾和溅水,增加雨天行车的可见度,并减少夜间的路面反光,路面噪声可降低3~5dB,从而使SMA路面具有良好的表面特性。

2. SMA混合料对组成材料的要求

1)集料

包括粗集料和细集料,粗集料是构成SMA混合料骨架的主体材料,要求选用质地坚硬、表面粗糙、抗磨耗、耐磨光、形状接近立方体,有良好的嵌挤能力和破碎石料。破碎率一般要求为100%。对抗压碎的质量要求高,必须使用坚韧的、有棱角的优质石料,并严格限制其针片状含量。

SMA细集料一般是指2.36mm以下的集料,在SMA中所占比例往往不超过10%。宜采用专用的细料破碎机生产的机制砂,当采用普通石屑代替时,宜采用与沥青黏附性好的石灰岩石屑,且不得含有泥土、杂物。与天然砂混用时,天然砂的用量不宜超过机制砂或石屑的用量。天然砂具有较好的耐久性,但由于天然砂棱角不够,往往与沥青的黏附性较差,这对SMA的高温抗车辙能力不利。

2)填料

SMA需要的填料数量远远超过普通沥青混合料,这是由于纤维帮助矿粉沥青团粒起到了分散作用的缘故。填料必须采用由石灰石等碱性岩石磨细的矿粉,矿粉必须保持干燥,能从石粉仓自由流出,其质量要符合要求。

3)沥青

SMA混合料需要采用比常规AC混合料黏度(稠度)更大的沥青结合料。我国《SMA技术指南》规定:

(1)用于SMA的沥青结合料必须具有较高的黏度,与集料有良好的黏附性,以保证有足够的高温稳定性和低温韧性。对高速公路等承受繁重交通的重大工程,夏季特别炎热或冬季特别寒冷的地区,宜采用改性沥青。

(2)当不使用改性沥青结合料时,沥青的质量必须符合"重交通道路沥青技术要求",并采用比当地常用沥青标号稍硬1级或2级的沥青。

(3)当使用改性沥青时,用于改性沥青的基质沥青,必须符合"重交通道路沥青技术要求"。基质沥青的标号应通过试验确定,通常采用与普通沥青标号相当或针入度稍大的等级。

(4)用于 SMA 的聚合物改性沥青应符合《公路沥青路面施工技术规范》(JTG F40—2004)的要求。以提高沥青混合料的抗车辙能力作为主要目的时,要求改性沥青的软化点温度高于年最高路面温度。

4)纤维稳定剂

SMA 的纤维稳定剂一般有木质素纤维、矿物纤维、聚合物化学纤维三大类。由于木质素纤维防漏效果显著,且价格合理,因此,SMA 普遍采用木质素纤维作为稳定剂。其质量应符合规范要求的质量标准。

3. SMA 的应用

目前,SMA 被广泛地用于高速公路、城市快速路、干线道路的抗滑表层、公路重交通路段、重载及超载车多的路段、城市道路的公交汽车专用道、城市道路交叉口、公共汽车站、停车场、城镇地区需要降低噪声路段的铺装,特别是钢桥面铺装。在我国,自 1993 年初引入 SMA 后,许多省份都采用这种路面结构来修筑高速公路,如北京长安街、北京机场高速、北京二环改造、上海、深圳世纪大道、山东同三、竹曲高速等。但随着我国国民经济的不断发展,以前所修建的许多高速公路已经不堪重负,亟待修复。国外成功的经验表明,用 SMA 路面在原有路面上进行加铺是非常经济有效的一种方法。

(二)冷拌沥青混合料

冷拌沥青混合料也称常温沥青混合料,是指矿料与乳化沥青或液体沥青拌制,也可采用改性乳化沥青在常温状态下拌和、铺筑的沥青混合料。冷拌沥青混合料宜采用乳化沥青为结合料拌制乳化沥青混凝土混合料或乳化沥青碎石混合料。我国目前采用的常温沥青混合料,主要是乳化沥青拌制的沥青碎石混合料。

1. 组成材料及类型

(1)组成材料　集料与填料要求与热拌沥青碎石混合料相同,结合料宜采用乳化沥青。

(2)类型　冷拌沥青混合料宜采用密级配沥青混合料,当采用半开级配的冷拌沥青碎石混合料路面时,应铺筑上封层。

2. 配合比设计

(1)矿料混合料级配组成。乳化沥青碎石混合料的矿料级配组成与热拌沥青碎石混合料相同。

(2)沥青用量。乳化沥青碎石混合料的乳液用量应根据当地实际经验以及交通量、气候、集料情况、沥青标号、施工机械等条件确定,也可按热拌沥青混合料的沥青用量折算。实际的沥青用量残留物数量可较同规格热拌沥青混合料的沥青用量减少 10%~20%。

3. 应用

冷拌沥青混合料适用于三级及三级以下公路的沥青面层、二级公路的罩面层施工,以及各级公路沥青路面的基层、连接层或整平层。冷拌改性沥青混合料可用于沥青路面的坑槽冷补。

(三)桥面铺装材料

桥面铺装又称车道铺装,其作用是保护桥面板,防止车轮或履带直接磨耗桥面,并用来分散车轮集中荷载。通常有水泥混凝土铺装和沥青混凝土铺装,这里主要介绍沥青混凝土桥面铺装。

1. 沥青铺装层基本要求

(1)能与钢板紧密结合成为整体,变形协调一致。

(2)防水性能良好,防止钢桥面生锈。

(3)具有足够的耐久性和有较小的温度敏感性,满足使用条件下的高温抗流动变形能力、低温抗裂性能、水稳定性、抗疲劳性能、表面抗滑要求。

(4)钢板黏结良好,具有足够的抗水平剪切重复荷载及蠕变变形的能力。

2. 沥青铺装层构造

(1)黏层。黏层沥青可采用快裂的洒布型乳化沥青,或快凝和中凝液体石油沥青、煤沥青,其种类、标号应与面层所使用沥青相同。

(2)防水层。其厚度宜为 1.0~1.5mm。可做沥青涂胶类下封层,用高分子聚合物涂刷或铺设沥青防水卷材。

(3)保护层。其厚度宜为 1.0cm,主要为防止损伤防水层而设置。一般采用 AC-10 或 AC-5 型沥青混凝土或单层式沥青表面处治。

(4)沥青面层。可采用高温稳定性好的 AC-16 或 AC-20 型中粒式热拌热铺沥青混合料铺筑。面层所用沥青最好用改性沥青。

(四)水泥混凝土路面填缝材料——沥青胶黏剂

水泥混凝土路面,必须修筑纵向和横向的接缝,以防受温度的影响使路面破坏。为了使路表水不致渗入接缝而降低路面基层的稳定性,就必须在这些缝的上部(4~6cm)或全部用防水性材料沥青胶黏剂充填。

1. 沥青胶的特性

(1)沥青胶具有足够的弹性、柔韧性和黏结力。

(2)沥青胶在低温条件下,受交通的作用不产生脆裂。

(3)沥青胶具有较高的软化点(60~85℃)。在高温条件下,沥青胶不软化膨胀而挤出,以适应混凝土路面接缝间距离的变化。

2. 沥青胶的配合组成

水泥混凝土填缝用沥青胶黏剂可由沥青、石粉、石棉屑和橡胶屑配制而成。其组成各材料的比例详见表 3-22。

沥青胶组成各材料的比例　　　　　　　　　　　　　　表 3-22

编号	材 料 组 成	软化点(℃)
1	油-100 沥青 60%、石粉(石灰石)20%、7 级石棉屑 20%	70~85
2	油-100 沥青 60%、石粉(石灰石)20%、石棉屑 15%、橡胶屑 5%	60~70
3	油-60 甲沥青 60%、石粉(石灰石)25%、7 级石棉屑 15%	60~65

3. 沥青胶黏剂的制备

(1)首先将沥青脱水加热至 140~160℃(据沥青标号决定)。

(2)称取各材料的用量置于拌和锅中进行拌和,并将加热至要求温度的热沥青加入,拌和均匀为止(胶黏剂浇筑温度应高于 80~100℃)。

(3)掺有橡胶屑或橡胶粉的胶黏剂,应先将橡胶预先溶于有机溶剂中或与少量沥青溶解,然后加入热沥青中拌和。

(4)填缝用沥青胶黏剂也可制成预制条,在水泥混凝土摊铺切割温度缝后进行安装,然后将胶黏剂烫平。

（五）沥青碎石混合料

沥青碎石混合料是由不同粒径组成的矿质混合料（不包括矿粉）与适量的沥青按一定的比例配合，经均匀拌和后成为沥青碎石混合料。又称黑色碎石。

1. 沥青碎石混合料的特点

（1）高温稳定性好。在高温作用下，路面不易产生波浪、推挤、拥包。

（2）低温抗裂性好。在低温作用下，路面有一定的塑性，不易产生裂缝。

（3）经济。沥青用量少，不用矿粉，造价低，使用时间长。

（4）路面易保持粗糙，有利于高速行车安全。

（5）空隙较大。由于空隙率较大，所以易透水，因而降低了石料与沥青之间的黏附力。

2. 沥青碎石混合料组成材料的要求

（1）各矿料应满足强度的要求。通常选用Ⅰ级或Ⅱ级石料。并要求沥青与石料具有良好的黏附力。

（2）沥青材料。所用沥青的稠度较沥青混凝土低，其沥青用量应符合规范规定的要求。详见沥青混合料矿料级配及沥青用量范围规定。

（3）矿质混合料级配。级配应满足规范规定的要求。

3. 沥青碎石混合料强度形成

沥青碎石混合料强度主要依靠石料本身的强度及石料间的嵌挤锁结作用。其材料结构与沥青混凝土相似，但区别是较沥青混凝土空隙率大，空隙率大于10%，其次是材料中不掺矿粉。用这种混合料铺筑路面能充分发挥集料的颗粒嵌挤作用，提高温度稳定性，路面铺筑成型较快。

4. 沥青碎石混合料的类别及应用

1）沥青碎石混合料类别

（1）特粗式沥青碎石混合料，指最大集料粒径等于或大于37.5mm（圆孔筛45mm）的沥青碎石混合料。

（2）粗粒式沥青碎石混合料，指最大粒径为26.5mm或31.5mm（圆孔筛30~40mm）的沥青碎石混合料。

（3）中粒式沥青碎石混合料，指最大粒径为16mm或19mm（圆孔筛20mm或25mm）的沥青碎石混合料。

（4）细粒式沥青碎石混合料，指最大粒径为9.5mm或13.2mm（圆孔筛10mm或15mm）的沥青碎石混合料。

2）沥青碎石混合料的应用

沥青碎石混合料可作为沥青路面的联结层和基层。也可作不透水沥青路面的磨耗层，防滑面层等。

※※

工作任务六　　查阅其他沥青混合料资料并提交报告

※※

单元3　新型材料的应用

学习目标

1. 学生能够了解各种新型材料的组成、性能及在工程中的应用；
2. 学生能够根据各种新型材料的种类与性能选用相应的材料。

任务描述

准备各种新型材料，让学生观察材料的性状，并对其进行描述。

学习引导

本学习任务沿着以下脉络进行学习：

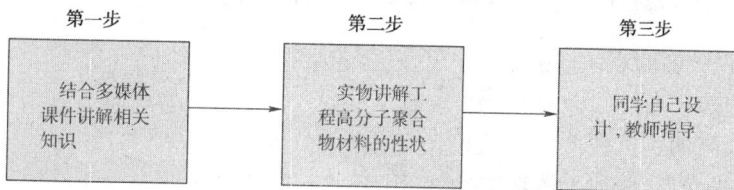

第一步	第二步	第三步
结合多媒体课件讲解相关知识	→ 实物讲解工程高分子聚合物材料的性状	→ 同学自己设计，教师指导

一、土工布

（一）土工布的基本概念

土工合成材料是以高分子聚合物为原料的新型建筑材料，广泛应用于土木工程各个领域。它的种类很多，其中有一类具有透水性的布状织物，称为"土工织物"，俗称"土工布"。织物的成分是人造聚合物，常用的有聚丙烯（丙纶）、聚酯（涤纶）、聚乙烯、聚酰胺（锦纶）、尼龙和聚偏二氯乙烯等。目前土工合成材料主要包括：土工织物（透水、布状），土工网、格、垫（粗格或网状），土工薄膜（不透水、膜状）和土工复合材料（以上材料的组合）。

（二）土工布的种类和特点

按照不同的制造工艺，可将土工布分为编织、有纺、无纺和复合织物四种。

1. 编织织物

编织织物由一股或多股纱线组成的线卷相互连锁而制成，又称"针织物"。使用单丝和复合长丝，能够织成各种管状织物。编织织物造价较低，但在工程领域中较少应用，近年美国已将其用于反滤与加筋材料。

2. 有纺织物

有纺织物是由经线和纬线相互交织而成的织物，与日用布相似，可分为平纹织物（经、纬线相互垂直）和斜纹织物。

（1）单丝有纺织物。织物的成分大多为聚酯或聚丙烯,单丝的横截面为圆形或长方形。单丝有纺织物一般为中等强度,主要用作反滤材料。

（2）复丝有纺织物。由许多细纤维的纱线织成。纤维原料多为聚丙烯和聚酯,薄膜丝原料为聚乙烯。主要用于加筋,在铺设时应注意使其最大强度方向与最大应力方向一致。此种织物价格较高,应用受到限制。

（3）扁丝有纺织物。由宽度大于厚度许多倍的纤维织造而成。常见的扁丝织物是聚丙烯薄膜织物,扁丝之间不经黏合易撕裂。但此织物具有较高强度和弹性模量,主要用作分隔材料。

3. 无纺织物

无纺织物是将纤维沿一定方向或随机地以某种方法相互结合而制成的织物。无纺织物的原料几乎全是聚酯、聚丙烯或由聚丙烯与尼龙纤维混纺制成。其价格较低,具有中、低强度和中等至较大的破坏延伸率,已广泛用作反滤、隔离和加筋材料。

4. 复合织物

复合织物是将编织织物、有纺织物和无纺织物等重叠在一起,用黏合或针刺等方法使其相互组合加工而成的织物。许多专门用于排水的复合织物由两层薄反滤层中间夹一厚透水层组成。反滤层一般是热黏合无纺织物,透水层是厚型针织物或特种织物。

（三）土工布在道路工程中的应用

织物在工程中可以起到多方面的作用,概括起来有以下几种。

1. 加筋作用

织物具有较高的抗拉强度和较大的破坏变形率,以适当方式将其埋在土中,作为加筋材料,可以控制土的变形,增加土体稳定性,可用于加筋土挡墙中。

2. 排水作用

织物是多孔隙透水介质,埋在土中可以汇集水分,并将水排出土体。织物不仅可以沿垂直于其平面的方向排水,也可以沿其平面方向排水,即具有水平排水功能。

3. 反滤作用

为防止土中细颗粒被渗流潜蚀(管涌现象),传统上使用级配粒料滤层。而有纺和无纺织物都能取代常规的粒料,起反滤层作用。工程中往往同时利用织物的反滤和排水两种作用。

4. 分隔作用

在岩土工程中,不同的粒料层之间经常发生相互混杂现象,使各层失去应有的性能。将织物铺设在不同粒料层之间,可以起分隔作用。例如,在软弱地基上铺设碎石粒料基层时,在层间铺设织物,可有效地防止层间土粒相互贯入和控制不均匀沉降。织物的分隔作用在公路软土路基处理中效果很好。

在一项工程中,可要求织物发挥多种作用,见表3-23。

织物在工程中的各种作用　　　　　　　　　　　　　　　　　　　表3-23

主要作用	工　程	次要作用	主要作用	工　程	次要作用
分隔	道路和铁路路基	反滤、排水、加筋	加筋	沥青混凝土路面	—
	填土、预压稳定	排水、加筋		路面底基层	反滤
	边坡防护、运动场、停车场	反滤、排水、加筋		挡土结构	排水
排水	挡土墙、垂直排水	分隔、反滤		软土地基	分隔、排水、反滤
	横向排水(铺在薄膜下)	加筋		填土地基	排水
	土坝	反滤	反滤	沟渠、基层、结构和坡脚排水	分隔、排水
	铺在水泥板下	—		堤岸防护	分隔

二、高分子聚合物改性水泥混凝土

水泥混凝土具有许多优良技术品质,所以广泛应用于高等级路面和大型桥梁工程中。但它最主要的缺点是抗拉(或抗弯)强度与抗压强度之比值较低,相对延伸率小,是一种典型的强而脆的材料。如能借助高聚物的特性,采用高聚物改性水泥混凝土,则可弥补上述缺点,使水泥混凝土成为强而韧的材料。

(一)聚合物浸渍混凝土(简称 PIC)

聚合物浸渍混凝土是已硬化的混凝土(基材)经干燥后浸入有机单体,用加热或辐射等方法使混凝土孔隙内的单体聚合而成的一种混凝土。

1. 基本工艺

(1)干燥。为使聚合物能渗填混凝土基材的孔隙,必须使基材充分干燥,温度为 $100 \sim 105℃$。

(2)浸渍,是使配制好的浸渍液填入混凝土孔隙中的工序。最常用的浸渍聚合物材料有甲基丙烯酸甲酯(MMA)、苯乙烯(S),此外还需加入引发剂、催化剂及交联剂等浸渍液。

(3)聚合,是使浸渍在基体孔隙中的单体聚合固化的过程。目前采用较多的是掺加引发剂的热聚合法。

2. 技术性能

聚合物浸渍混凝土,由于聚合物浸渍充盈了混凝土的毛细管孔和微裂缝所组成的孔隙系统,改变了混凝土的孔结构,因而使其物理—力学性状得到明显改善。一般情况下,聚合物浸渍混凝土的抗压强度为普通混凝土的 $3 \sim 4$ 倍,抗拉强度约提高 3 倍,抗弯强度约提高 $2 \sim 3$ 倍,弹性模量约提高 1 倍,抗冲击强度约提高 0.7 倍。此外,徐变大大减少,抗冻性、耐硫酸盐、耐酸和耐碱等性能有很大改善。主要缺点是耐热性差,高温时聚合物易分解。

(二)聚合物水泥混凝土(简称 PCC)

聚合物水泥混凝土是以聚合物(或单体)和水泥共同起胶结作用的一种混凝土。

它是在拌和混凝土混合料时将聚合物(或单体)掺入,因此生产工艺简单,便于现场使用。

1. 材料组成

聚合物水泥混凝土的材料组成,基本上与普通水泥混凝土相同,只增加了聚合物组分。常用的聚合物有下列三类。

(1)橡胶乳液类:天然胶乳(NR)、丁苯胶乳(SBR)和氯丁胶乳(CR)等。

(2)热塑性树脂类:聚丙烯酸酯(PAE)、聚酯酸乙烯酯(PVAC)等。

(3)热固性树脂类:环氧树脂(PE)类。

2. 技术性能

(1)抗弯拉强度高。掺加聚合物后,作为路面混凝土强度指标的抗弯拉强度,提高更为明显。

(2)冲击韧性好。掺加聚合物后,其脆性降低,柔韧性增加,因而抗冲击能力提高,这对作为承受动荷载的路面和桥梁用混凝土是非常有利的。

(3)耐磨性好。聚合物对矿质集料具有优良的黏附性,因而可以采用硬质耐磨的岩石作为集料,这样可提高路面混凝土的耐磨性和抗滑性。

(4)耐久性好。聚合物在混凝土中能起到阻水和填隙的作用,因而可提高混凝土的抗水性、耐冻性和耐久性。

（三）聚合物胶结混凝土（简称PC）

聚合物胶结混凝土是完全以聚合物为胶结材料的混凝土，常用的聚合物为各种树脂或单体，所以也称"树脂混凝土"。

1. 组成材料

（1）胶结材料。用于拌制聚合物混凝土的树脂或单体，常用的有环氧树脂（PE）、苯乙烯（S）等。

（2）集料。应选择高强度和耐磨的岩石，轧制的集料要有良好的级配，集料最大粒径不大于20mm。

（3）填料。其粒径宜为 $1 \sim 30 \mu m$，矿物成分有碱性的碳酸钙（$CaCO_3$）系和酸性氧化硅（SiO_2）系，需根据聚合物特性确定。

2. 技术性能

聚合物混凝土是以聚合物为结合料的混凝土，由于聚合特征，则其具有以下特点：

（1）表观密度轻。由于聚合物的密度较水泥的密度小，所以聚合物混凝土的表观密度较小。通常为 $2\,000 \sim 2\,200 kg/m^3$，如采用轻集料配制混凝土，更能减小结构断面和增大跨度，达到轻质高强的要求。

（2）力学强度高。聚合物混凝土的抗压、抗拉或抗弯拉强度比普通水泥混凝土值要高，特别是抗拉和抗弯拉强度尤为突出。这对减薄路面厚度或减小桥梁结构断面都有显著效果。

（3）与集料的黏附性强。由于聚合物与集料的黏附性强，可采用硬质岩石做混凝土路面抗滑层，提高路面抗滑性能。此外，还可采用硬质岩石做空隙式路面防滑层，以防止高速公路路面的漂滑和减小噪声。

（4）结构密实。由于聚合物不仅可填密集料间的空隙，而且可浸填集料的孔隙，使混凝土的结构密度增大，提高了混凝土的抗渗性、抗冻性和耐久性。

聚合物混凝土具有许多优良的技术性能，除了应用于有特殊要求的道路与桥梁工程结构外，也经常使用于路面和桥梁的修补工程。

三、高分子聚合物改性沥青混合料

（一）改性沥青混合料的分类

目前，应用于改善沥青性能的高分子聚合物，主要有树脂类、橡胶类和树脂—橡胶共聚物三类，各类常用聚合物名称分别列于表3-24。

常用聚合物名称　　　　　　　　　　　　　　　　表3-24

树脂类高聚物	橡胶类高聚物	树脂—橡胶共聚物
聚乙烯（PE） 聚丙烯（PP） 聚乙烯—乙酸乙烯酯共聚物（EVA）	丁苯橡胶（SBR） 氯丁橡胶（CR） 丁腈橡胶（NBR） 苯乙烯-异戊二烯橡胶（SIR） 乙丙橡胶（EPDR）	苯乙烯-丁二烯嵌段共聚物（SBS） 苯乙烯-异戊二烯嵌段共聚物（SIS）

1. 热塑性树脂类改性沥青

用作沥青改性的树脂,主要是热塑性树脂,较常用的有聚乙烯(PE)和聚丙烯(PP)。它们所组成的改性沥青性能,主要是提高沥青的黏度、改善高温抗流动性,同时可增大沥青的韧性,所以它们对改善沥青高温性能是有效的,但是低温性能改善有时并不明显。

2. 橡胶类改性沥青

橡胶沥青的性能,不仅取决于橡胶的品种和掺量,而且取决于沥青的性质。当前合成橡胶类改性沥青中,通常认为改性效果较好的是丁苯橡胶(SBR)。丁苯橡胶改性沥青的性能主要表现为:

(1)在常规指标上,针入度值减小,软化点升高,常温(25℃)延度稍有增加,特别是低温(5℃)延度有较明显的增加。

(2)不同温度下的黏度均有增加,随着温度降低,黏度差逐渐增大。

(3)热流动性降低,热稳定性明显提高。

(4)韧度明显提高,黏附性也有所提高。

3. 热塑性弹性体改性沥青

热塑性弹性体由于它兼具有树脂和橡胶的特性,所以它对沥青性能的改善优于树脂和橡胶改性沥青。现以苯乙烯——丁二烯嵌段共聚物(SBS)为例,说明其改善沥青性能的优越性。以90号沥青为基料,掺入5%的SBS改性沥青的技术性质列于表3-25。

SBS改性沥青的技术性质　　　　　　　　　　　表3-25

沥青名称	高温指标		低温指标		耐久性指标
	绝对黏度60℃ (Pa·s)	软化点 $T_{R\&B}$ (℃)	低温延度5℃ (cm)	脆点 (℃)	TFOT前后黏度比 $A = \dfrac{\eta_{(60℃)b}}{\eta_{(60℃)a}}$
原始沥青 ［针入度86(0.1mm)］	115	48	3.8	−10.0	2.18
改性沥青① ［针入度90(0.1mm)］	224	51	36.0	−23.0	1.08

注:①改性沥青由原始沥青与5%SBS及助剂组成。

从表中可知,改性沥青较原始沥青在路用性能上,主要有下列改善:

(1)提高了低温变形能力。改性沥青5℃时的延度增加,脆点降低。

(2)提高了高温使用的黏度。改性沥青60℃的黏度增加,软化点提高。

(3)提高了温度感应性。改性沥青在低温时的黏度较原始沥青降低(具有较好的变形能力),而高温(60℃)的黏度提高(具有较好的抗变形能力)。在更高温度(90℃以上)时,黏度与原始沥青相近(具有较好的易施工性)。

(4)提高了耐久性。掺加聚合物后沥青的耐久性指标 A 值变化小,表明其耐久性有了提高,这主要取决于聚合物中助剂(防老剂)的作用。

(二)改性沥青混合料的性能

采用不同高聚物的改性沥青,将其配制成沥青混合料,可以考察其使用于路面中的使用性能。现以SBS改性沥青为例,将该沥青配制沥青混合料,然后测定其技术性能,试验结果列于表3-26。

表 3-26

混合料名称	高温指标（$T=60℃$）			低温性能（$T=-10℃$）			
	稳定度 MS（kN）	流值 FL（1/10mm）	视劲度 T（kN/mm）	劈裂抗拉强度 σ_t（MPa）	竖向应变 δ_h（$\times10^{-2}$mm/mm）	侧向应变 ε_L（$\times10^{-2}$mm/mm）	断裂能 E_g（N/mm）
原始沥青混合料	8.30	31	2.72	2.90	6.9	2.0	1.00
改性沥青混合料①	8.45	29	2.87	2.75	16.0	9.0	2.19

注：①改性沥青混合料为中粒式 LH-10；改性沥青由原始沥青加 5% SBS 及助剂组成。

从表中试验结果可以看出，SBS 改性沥青混合料在技术性能上有如下几点改善：

（1）提高了高温时的稳定性。表 3-26 中 SBS 改性沥青混合料的马歇尔稳定度有所提高，流值有所减少，视劲度也有提高。

（2）提高了低温时的抗变形能力。从表 3-26 中看出，SBS 改性沥青混合料的抗拉强度稍有降低，变形量增大，断裂能增加。这就表明在低温下，它变得较原始沥青混合料更为柔韧，因此抵抗低温裂缝的能力也有所提高。

聚合物改性沥青可改善混合料性能，树脂类改性沥青对提高混合料的稳定性有明显的效果，橡胶类改性沥青对提高混合料的低温抗裂性都有一定的效果，树脂—橡胶高聚物能适当程度地兼顾高温稳定性和低温抗裂性两方面的性能。改性沥青制备的混合料应用于高等级路面，对防止高温车辙和低温裂缝有一定的效果。目前世界上已广泛地将改性沥青应用于道路路面中。

※※※※※※※※※※※※※※※※※※※※※※※※※※※※※※※※※※※※※

工作任务 **查阅高分子聚合物材料的资料并提交报告**

※※※※※※※※※※※※※※※※※※※※※※※※※※※※※※※※※※※※※

小 结

石油是石油沥青的原料，原油按其基属可分为石蜡基、中间基、环烷基等七类，环烷基石油是生产沥青最好的原料。石油沥青生产工艺有直馏、氧化、半氧化、溶剂脱和调配等工艺。当原油不适宜生产沥青时，采用半氧化、溶剂脱和调配等工艺，可得到性能较好的路用沥青。

石油沥青可分离为饱和分、芳香分、胶质和沥青质 4 个组分。由于这些组分的化学组成和相对含量不同，可使沥青构成溶胶、溶—凝胶和凝胶三种胶体结构。沥青的化学组分、化学结构和胶体结构对沥青的性能有密切的相关性。蜡组分对沥青的高温稳定性、低温抗裂性、与集料的黏附性等都有一定的影响。

黏度是沥青材料最重要的技术性质之一。根据黏度曲线（剪应力与剪变力关系）可评价沥青的流变类型。经典的三大指标（针入度、延度和软化点）在现代流变学研究中仍极有用。对高等级路面用沥青应掌握其感温性、感时性、劲度的含义及测定方法。

我国现行的沥青技术标准有：石油沥青、液体石油沥青、煤沥青和乳化沥青等标准。它们的技术分级和技术指标按其用途和使用方法而各不相同。

乳化沥青和改性沥青的组成、性能和制备方法，是现代沥青应用中被极为关注的课题。

沥青混合料是现代高等级路面最主要的路面材料，由于它最能满足现代汽车交通对路面的要求,因而广泛应用于高速公路、城市快速路、主干路和其他公路。

沥青混合料按其组成结构,可分为:"密实—悬浮"、"骨架—空隙"和"密实—骨架"三种类型。目前最常用的为密实—悬浮和骨架—空隙两种。密实—骨架结构虽具有许多优点,在现有条件下,还存在一定困难。

沥青混合料强度和稳定性主要材料参数为:黏聚力和内摩阻角。影响混合料材料参数的主要内因为:沥青的黏度、沥青与矿料交互作用能力、矿料比面、沥青用量和矿料表面特性。影响沥青混合料材料参数的主要外因为:温度和荷重变形速度。

沥青混合料的主要技术性质为:高温稳定性、低温抗裂性、耐久性、抗滑性和工作性。

沥青混合料组成材料技术要求:沥青材料应根据道路等级、交通特性、气候条件、施工方法等因素选择类型和标号。粗集料的压碎性和洛杉矶磨耗值应符合交通特性的要求。特别是抗滑层用粗集料应符合磨光值、道瑞磨耗值和冲击值的要求。细集料应洁净并注意与沥青的黏附性。填料应采用憎水性石料磨制的矿粉,细度应符合要求。由粗、细集料和填料组成的矿质混合料的级配,应符合规范的要求。

我国现行沥青混合料的配合比设计方法是采用马歇尔试验方法。其主要内容包括:①矿料组成设计,采用试算(电算)法或图解法决定各种矿料用量;②最佳沥青用量确定,通过马歇尔稳定度试验,初步确定沥青最佳用量;然后进行水稳性和动稳定度试验校核调整。

常温沥青混合料和稀浆封层用沥青混合料都是以乳化沥青为结合料的沥青混合料。由于能节约能源、保护环境、方便施工,是有发展前途的路面维修养护材料。为提高工程质量和降低工程造价,桥面铺装和水泥混凝土填缝料的配合组成也应予以重视。

高等级公路的发展,对路面和桥梁用建筑材料提出更高的要求。高聚物材料不仅可以替代传统的建筑材料,而且可以改善现有的建筑材料。

高聚物材料有其独特的组成结构,因而表现出优异的力学性质。在学习过程中,必须注意掌握高聚物材料的特征、形成反应、晶态与非晶态并存的特点、聚集态及不同温度下的物态转变、结构特性及其与力学性能的关系等高聚物材料的理论基础,才能进而在道路与桥梁工程中正确应用。

高聚物在道路与桥梁工程中的应用,除了直接作为道路与桥梁结构物构件或配件的材料外,更多的是作为改善水泥混凝土或沥青混合料性能的(改性剂)组分。

高聚物改性水泥混凝土按其组成和工艺主要有:高聚物浸渍水泥混凝土、高聚物—水泥混凝土和高聚物胶结混凝土三种。高聚物改性水泥混凝土除了可用于铺筑路面或制备桥梁构件外,也可用于路面和桥梁修补工程。

作为沥青改性剂的高聚物,主要有树脂类高聚物、橡胶类高聚物和树脂—橡胶聚合物合金三类。各类改性沥青均有其特点,但是树脂—橡胶聚合物合金改性沥青,由于兼有树脂和橡胶的特性,所以它易于兼具高温不发软和低温不脆裂两方面性能。采用这类改性沥青制备的混合料,用于高等级路面对防止高温车辙和低温裂缝有一定的效果。

复习思考题

1. 石油沥青有哪些技术性质?

2. 沥青的温度稳定性用何指标评定?在工程中对温度稳定性如何考虑?

3. 何谓沥青"老化"?说明"老化"过程。

4. 石油沥青胶体结构的胶团是如何构成的？

5. 自然因素对沥青的性能有何影响？

6. 为什么要控制沥青的加热温度和加热时间？

7. 表征黏稠石油沥青的黏滞性指标是什么？其常用试验条件是什么？

8. 试述沥青混凝土混合料的技术性质及技术指标。

9. 沥青混合料的抗剪强度取决于哪两个值？这两个值与哪些因素有关？

10. 马歇尔试验的目的是什么？主要测定什么指标？各指标表征什么？

11. 沥青混合料有哪几种结构类型？各有什么特点？

12. 简述沥青混合料中的最佳沥青用量如何确定？

13. 什么是土工布？简述土工布在道路工程中的作用。

14. 简述高分子聚合物改性水泥混凝土、高分子聚合物改性沥青混合料在道路工程中的应用。

参 考 文 献

[1] 中华人民共和国行业标准 JTG E41—2005　公路工程岩石试验规程[S]. 北京:人民交通出版社,1994.

[2] 中华人民共和国行业标准 JTG E42—2005　公路工程集料试验规程[S]. 北京:人民交通出版社,2005.

[3] 中华人民共和国行业标准 JTG B01—2003　公路工程技术标准[S]. 北京:人民交通出版社,2004.

[4] 中华人民共和国行业标准 GB/T 14684—2001　建筑用砂[S]. 北京:中国标准出版社,2001.

[5] 中华人民共和国行业标准 GB/T 14685—2001　建筑用卵石、碎石[S]. 北京:中国标准出版社,2001.

[6] 中华人民共和国国家标准 GB 175—1999　硅酸盐水泥、普通硅酸盐水泥[S]. 北京:中国标准出版社,1999.

[7] 中华人民共和国国家标准 GB 1344—1999　矿渣硅酸盐水泥、火山灰硅酸盐水泥和粉煤灰硅酸盐水泥[S]. 北京:中国标准出版社,1999.

[8] 中华人民共和国国家标准 GB 12598—1999　复合硅酸盐水泥[S]. 北京:中国标准出版社,1999.

[9] 中华人民共和国行业标准 JTG E51—2009　公路工程无机结合料稳定材料试验规程[S]. 北京:人民交通出版社,1994.

[10] 中华人民共和国国家标准 GB/T 17671—1999　水泥胶砂强度标准试验规程(1SO 法)[S]. 北京:中国标准出版社,1999.

[11] 中华人民共和国行业标准 JGJ 55—2000　普通混凝土配合比设计规程[S]. 北京:中国建筑出版社,2001.

[12] 中华人民共和国行业标准 JTG E30—2005　公路工程水泥及水泥混凝土试验规程[S]. 北京:人民交通出版社,2005.

[13] 中华人民共和国国家标准 GB/T 50081—2002　普通混凝土力学性能试验方法标准[S]. 北京:中国计划出版社,1991.

[14] 中华人民共和国国家标准 GBJ 97—1994　公路水泥混凝土路面施工及验收规范[S]. 北京:中国计划出版社,1994.

[15] 中华人民共和国行业标准 JTG F30—2003　公路水泥混凝土路面施工技术规范[S]. 北京:人民交通出版社,2003.

[16] 中华人民共和国行业标准 JTG D40—2002　公路水泥混凝土路面设计规范[S],北京:人民交通出版社,2002.

[17] 中华人民共和国行业标准 JTG D62—2004　公路钢筋混凝土及预应力混凝土桥涵设计规范[S]. 北京:人民交通出版社,2004.

[18] 中华人民共和国行业标准 JCJ 98—2000 砌筑砂浆配合比设计规程[S].北京:中国建筑工业出版社,2001.

[19] 中华人民共和国行业标准 JTJ 052—2000 公路工程沥青及沥青混合料试验规程[S].北京:人民交通出版社,2000.

[20] 中华人民共和国国家标准 GB 50092—96 沥青路面施工及验收规范[S].北京:中国计划出版社,1994.

[21] 中华人民共和国行业标准 JTG F40—2004 公路沥青路面施工技术规范[S].北京:人民交通出版社,2004.

[22] 中华人民共和国行业标准 JTJ 041—2000 公路桥涵施工技术规范[S].北京:人民交通出版社,2000.

[23] 中华人民共和国行业标准 JTJ 034—2000 公路路面基层施工技术规范[S].北京:人民交通出版社,2000.

[24] 中华人民共和国行业标准 JGJ/T 27—2001 钢筋焊接接头试验方法标准[S].北京:中国建筑工业出版社,2001.

[25] 中华人民共和国国家标准 CB/T 232—1999 金属材料弯曲试验方法[S].北京:中国标准出版社,1999.

[26] 李立寒,张南鹭.道路建筑材料[M].北京:人民交通出版社,2004.

[27] 邰连河.道路建筑材料[M].北京:人民交通出版社,1999.

[28] 申爱琴.水泥与水泥混凝土[M].北京:人民交通出版社,2004.

[29] 吴初航.水泥混凝土路面施工及新技术[M].北京:人民交通出版社,2000.

[30] 殷岳川.公路沥青路面施工[M].北京:人民交通出版社,2000.

[31] 西安建筑科技大学,等.建筑材料[M].北京:中国建筑工业出版社,1997.

[32] 习应祥,等.建筑材料[M].长沙:湖南大学出版社,1997.

[33] 张登良.沥青路面[M].北京:人民交通出版社,1998.

[34] 刘秉京.混凝土技术[M].北京:人民交通出版社,1998.

[35] 沙爱民.半刚性路面[M].北京:人民交通出版社,1998.

[36] 沙庆林.高等级公路半刚性基层沥青路面[M].北京:人民交通出版社,1998.

[37] 杨云芳.公路建筑材料[M].北京:人民交通出版社,2002.

[38] 史荚堂.金属材料及热处理[M].上海:上海科学技术出版社,2003.

[39] 姜志青.道路建筑材料[M].北京:人民交通出版社,2006.

[40] 李上红.道路建筑材料[M].北京:机械工业出版社,2005.